궁중반과상은 다담이라고도 하였는데 이것은 국수를 곁들인 술안주상이다. 11시에서 12시 사이에 다담, 오후 3시에서 4시 사이의 별다담, 저녁 8시에서 9시 사이의 다담으로 하루 일곱 끼니 중 세 차례 제공되었다.

상화병은 밀가루에 밑술을 넣고 반죽해 피를 만들고, 무·연두부·석이버섯·잣·소금·후추·생강·간장·참기름으로 소를 만들어 쪄 낸 일종의 발효 찐만두다. 6월 15일 유두일에 먹기도 한다.

열구자탕

조선왕조의 대표적 궁중음식으로 널리 알려진 열구자탕
(신설로)은 구한말 요릿집 음식으로 전락하면서 신선로
로 이름이 고정되었다.

절육

건어물이나 육포를 오려서 봉황 또는 꽃 모양 등으로
아름답게 만드는 것을 절육이라 한다. 절육은 조선왕
조의 연회 때에 반드시 올라가는 찬품의 하나였다.

진달래 화전

찹쌀가루에 진달래꽃을 많이 섞어 익반죽한 다음 둥
그렇게 빚어내어 참기름에 지져서 꿀을 바르는 것이
화전이다.

진달래 화채

녹말을 입혀 살짝 데쳐 낸 진달래(두견화)를 찬물에
식힌 후, 과일 섞은 꿀물이나 오미자국물에 잣과 함께
띄워 낸다.

화양적

조선왕조의 연회음식에서 차지하는 화양적의 위치는
곧 수련을 뜻하며, 조상신인 동명신을 맞이하기 위한
음식으로 확대 해석이 가능하다.

화전

조선왕조 궁중 화전은 찹쌀가루에 5가지 색을 내어 빚
어서 참기름에 튀겨 낸 다음 꿀에 재웠다 꺼낸 음식으
로, 그 위에 잣가루를 입히기도 하였다.

약과는 조선왕조의 조과류 중에서 가장 대표적인 것으로, 조선통신사가 일본을 방문할 때 왕복 6개월 걸리는 장기간의 여행에 대비해 가지고 갔으며, 각종 의례에도 반드시 올라가는 귀한 유밀과였다.

유밀과란 '기름과 꿀을 재료로 하여 만든 과자'란 뜻인데, 기름은 참기름을 뜻한다.

증편은 멥쌀가루를 술로 반죽하여 꿀·계피·건강·후춧가루·거피팥으로 만든 소를 넣어 찐 후 다양한 고명을 올려 꾸민 음식이다.

술을 이용해 만들어 빨리 쉬지 않아서 여름에 먹기 좋은 떡으로, 우리 조상들의 지혜가 엿보인다.

떡찜 재현 《주식시의》

살짝 데쳐 낸 흰떡에 부드럽게 삶아 낸 고기를 양념하여 채워 넣어서 준비한다.
냄비에 삶은 사태와 당근·무를 넣고 양념과 함께 중불로 끓이다가, 고기와 채소에 간이 배면 고기를 채워 넣은 떡을 넣고 졸이고, 마지막에 은행을 넣어 한소끔 끓여 낸다.

석탄병 재현 《주식시의》

《규합총서》에 "모양이 둥근 단단한 감을 깎아 말려 가루로 만든다. 멥쌀가루에 반반 섞고 설탕을 많이 섞는데, 만일 덜 달거든 좋은 꿀을 더 섞는다. 재래감귤과 설탕에 졸인 생강 과자를 얇게 저며 섞는다. 잣가루, 계핏가루를 섞어 안치고 대추와 황률 삶은 것을 가늘게 채 쳐 위에 가득히 흩고 찌면 차마 삼키기 아까운 맛이라 석탄병이라 한다."고 하였다.

요기떡 재현 《주식시의》

찹쌀가루에 다진 대추, 꿀에 갠 밤, 계피, 생강가루를 함께 넣어 꿀로 반죽한다.

반죽은 뭉치기 좋을 만큼 절구에 찧어서 다식판에 박고 꿀을 발라 재운다.

잣가루를 묻혀 찬합에 넣어 다니기도 했고 행차 때에도 썼다.

조리서에 떡이라고 하였으나 볶은 찹쌀가루를 이용한 다식에 가깝다.

비빔국수 재현 《주식시의》

동짓달 시식 중 하나인 골동면(비빔국수)은 메밀로 만든 압착면을 썼다.

《동국세시기》를 보면, '국수에 채 친 각종 채소·배·밤·소고기·돼지고기·참기름을 넣고 비빈 것을 골동면이라 하는데, 골동이란 뒤섞는다는 뜻이다.'라고 하였다.

김홍도, 《모당평생도》 중 〈돌잔치〉

장소는 대청인 듯하고, 바로 옆에는 정갈한 장독
대가 보인다. 장독의 크기로 보아 간장·된장·고추
장·장아찌인 것으로 생각된다. 활을 집은 아이의
모습을 온 식구들이 쳐다보고 있고, 마당엔 하녀
들도 함께 축하하고 있다.(출처:한국데이터베이스
산업진흥원)

김홍도, 《사계풍속도병》 중 〈설후야연〉

화로에 전립골 모양의 전철을 얹고 빙 둘러앉아
양념한 고기를 구워 먹는 것이 난로회이다.
이때 고기즙은 우묵한 가운데로 모이게 되고, 그
고기즙에 야채를 넣어 잠시 익혀 먹었다. 음력 10
월 초하루에 둘러앉아 고기를 구워 먹는 풍속이었
다. (출처:한국데이터베이스산업진흥원)

김홍도 《단원풍속도첩》 중 〈장터길〉

18세기 중반에는 오일장이 전국적으로 1,000여 곳이나 개설되었다. 행상들은 하루 왕복 거리를 두고 장시들을 차례로 돌아다니면서 물건을 팔았다. 장시 간의 거리는 30리 정도로 일일 생활권의 단위이기도 했다.(출처:국립중앙박물관)

김홍도 《단원풍속도첩》 중 〈우물가〉

김홍도 《단원풍속도첩》 중 〈고기잡이〉

그림에 보이는 비교적 어린 나이에 엿 파는 사람을 '매당아'라고도 불렀다. 《조선만화》에 묘사된 바에 따르면, 엿 장수는 두 가지 색의 엿을 판매하였다. 흰색의 엿은 일반의 엿이고, 검은 엿은 대추를 다져서 넣은 엿이다. 엿은 어린아이의 군것질로서는 최상의 등품으로 쳤다.

국밥은 고깃국에 밥을 만 음식으로, 콩나물이나 그 밖의 것들을 넣은 것도 있었다. 보통 김치가 곁들여지며, 돗자리를 깔고 토방을 세워 음식을 팔았다. 국밥집은 보통 짐꾼과 시골 사람들이 식사를 하는 규모가 작은 가게였다.

조선의 밥상

우리의 밥상은 어떻게 만들어져 왔을까

조선의 밥상

김상보 지음

우리의 밥상은 어떻게 만들어져 왔을까

음식문화로 살펴보는 조선시대, 조선 사람들

가람
기획

차례

머리말

　현재 우리들이 향유하고 있는 음식문화는 조선시대를 거쳐서 이어진 것입니다. 그러나 조선사회는 1894년 갑오경장을 겪었고, 1910년 한일병합이 되면서 치욕스러운 일본 제국주의의 식민지 지배하에 들어갔습니다. 1945년에 해방이 되었으니까 거의 반세기 이상 일본인에 의하여 우리의 문화가 유린당한 셈입니다.

　해방 후에도 순탄치가 않아 1950년 6·25전쟁을 치렀으며 그 이후 경제개발이라는 명분 아래 전통문화에 대한 자각이 상실된 채 근 30년을 허비하였습니다. 따라서 일본인 치하의 50년과 그 이후 30년을 합하면 약 80년의 문화적 공백기가 있었던 셈입니다.

　식생활문화도 예외가 될 수 없어서 어떠한 음식문화가 얼마나 왜곡·변질되어 왔는가도 모른 채, 현재 우리 눈앞에서 전개되고 있는 음식문화가 우리의 정통문화로 알고 있는 게 오늘의 현실입니다.

　가람기획으로부터 조선시대의 음식문화에 대한 원고 집필 의뢰가 왔을 때, 조선시대의 음식생활문화를 얼마만큼 진실로 쓸 수 있을까, 그리고 음식문화가 왜곡·변질된 상황을 어떻게 진실되게 전달할 수 있을까, 또한 과연 조선왕조 500여 년의 어느 시기를 조명하여 쓸 것인가에 대한 깊은 생각을 하지 않을 수 없었습니다.

조선왕조의 음식문화는 크게 다섯 시기로 구분됩니다. 조선 전기에서부터 임진왜란 전까지, 임진왜란 이후부터 병자호란까지, 병자호란 이후부터 정조조까지, 순조 이후부터 갑오경장 이전까지, 갑오경장 이후부터 한말까지가 그것인데, 그사이 외세의 침입이 세 번 있었고 그때마다 음식문화는 크게 달라졌다고 볼 수 있습니다.

격변기에 처해 있었던 조선시대이고 보니 각 시기마다 쓸 말도 많으나 조선왕조 500년 전체를 아우르지는 못해도, 임진왜란 이후부터 한말까지로 설정하여, 음식문화와 조선 민중의 삶에는 어떠한 관련이 있으며, 어떻게 음식문화가 전개되어 오늘에 이르렀는지를 폭넓게 예로 들어 기술하고자 노력하였습니다. 물론 조선 민중의 범위는 위로는 왕에서부터 아래로는 서민까지 포함됩니다.

이러한 관점에서 시작된 저의 집필 원고는 현재 알려진 음식문화에 대한 독자들의 올바른 이해와 접근을 위하여 몇 가지 사실적인 예를 구체적 사례로 들면서 설명하기도 하였습니다. 그러나 그것은 어디까지나 학문적 관점임을 밝힙니다.

일상식·영접식·혼례식·제례식·진연식으로 구성된 조선왕조의 궁중음식은 《의례》에 기반을 두고 있지만 각기 독특한 문화구조를 가지고 있습니다. 물이 높은 곳에서 낮은 곳으로 흐르듯이 궁중음식문화는 일반 서민에까지 영향을 미치며 오늘에 이르렀습니다. 그러므로 조선시대의 음식문화를 논하기에 앞서, 궁중음식문화에 대한 전반적인 이해가 선행되어야 할는지도 모릅니다. 또 임진왜란 이후 발달한 동족부락과 여기에 딸린 솔거노비·외거노비들의 문제 역시 임진왜란 이후의 연행사와 조선통신사에 의한 식품의 수출과 수입, 역관부의 편중에 따른 중인계급의 삶의 향상, 1800년대 이후 대두된 청나라와의 인삼무역에서 생겨난 거부상인과 부의 문제, 그리고 점차 야기되는 양반의 몰락과 양반계층의 증가, 무너지는 계급질서, 한말 궁중음식의 요릿집 음식화에 따른 왜곡·변질 문제 등등 어느 것 하나 음식문화와 관련하여 소홀하게 다룰 수 없는 것들입니다.

이 한 권의 책으로 조선시대의 음식문화가 독자들에게 얼마나 전달되고 이해될지는 걱정이 앞섭니다. 그러나 보다 세부적인 여러 말들은 다음 기회로 미루고자 합니다.

능력도 없고 학문의 깊이도 아직 먼 필자에게 선뜻 원고를 맡겨 주신 가람기획에 감사의 말씀을 드리지 않을 수 없습니다. 또 졸필의 글솜씨인 까닭에 많은 양의 표를 집어넣어 꾸몄던 원고를 하나하나 작업하여 세심하게 풀어 주신 김종년 선생님께도 깊은 감사를 드립니다.

김상보

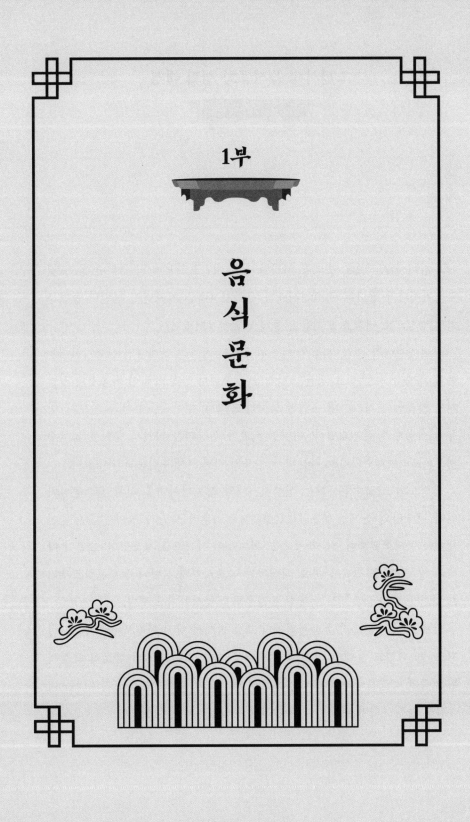

1부

음식문화

조선시대 음식문화 성립 배경

　인간이 본격적으로 조리를 시작한 것은 지금으로부터 약 1만 년 전, 오랜 구석기시대가 끝나고 중석기시대와 신석기시대를 거치면서 사반나 농경문화의 영향으로 내화용 토기를 만들게 되면서부터였다.

　구석기시대가 수렵·채집에 의한 식료食料 획득의 단계라면 신석기시대는 농업·목축을 통한 식료 생산의 단계였다. 그러나 한반도에 아직 농경이 정착되지 않았던 신석기시대 초기만 하더라도 참마·토란·칡·고사리·도토리·밤 등이 식량으로 활용되었다. 이러한 식료가 생산되는 지역의 문화를 조엽수림문화照葉樹林文化라고 하는데, 한반도가 바로 조엽수림문화 지대였다.

　한반도의 조엽수림문화는 신석기시대와 청동기시대를 거치면서 동남아열대 강우림의 근재농경문화根栽農耕文化로부터 토란과 참마를 받아들여 재배하기 시작했으며, 닭·돼지 등도 받아들여 가축으로 사육했다. 그뿐만 아니라 쌀·좁쌀 등 잡곡을 주로 재배하는 아프리카의 사반나 농경문화로부터도 영향을 받아 나름대로 독특한 농경문화를 형성하기도 했다.

　한편 이상의 연속적인 문화전파의 흐름 속에서 다시 이집트·이탈리아·터키·이란·이라크 등에서 밀·보리·무·배추·마늘 그리고 소를 중심으로 전개된 지중해 농경문화가 전파해 옴으로써 한반도의 조엽수림문화 지대에는 네종류의 농경문화가 혼재하는 복합적인 문화현상이 발생했으며, 지금으로부터 2,000여 년 전, 철기시대에 접어들 무렵부터 인도 및 중국 등 고도의 문화를 가진 강력한 고대제국의 영향을 받아 조엽수림문화 지대로서의 한반도의 독자성은 사멸해 버렸다.[1]

한반도에 논벼(水稻)가 언제부터 시작되었는지 확실하지 않다. 문헌에 따르면, 백제 다루왕 6년(33)에 국남國南의 주州와 군郡에서 처음으로 도전稻田을 실시하였다고 한다.[2] 그러나 이것은 국가적인 차원의 기록일 뿐이다. 민간에서는 그보다 훨씬 이전부터 저습지대에서 자라는 벼는 천수답에서 논벼로도 재배했을 것이며, 밭에 씨를 뿌려서 밭벼(陸稻)처럼 재배하다가 우기에 접어들어 논벼처럼 재배하기도 하는 건답乾畓재배도 있었을 것이다.

우리가 잘 아는 한반도의 고대 3국, 즉 신라·백제·고구려는 벼농사와 권력자가 교묘하게 결합되어 세워진 나라라고 할 수 있다. 청동기시대가 좁쌀농업과 권력자가 연계된 문화라면, 철기시대는 쌀 농업과 권력자가 연계된 문화인 것이다.

쌀은 다른 곡물과 비교해서 맛이 탁월하고 영양가도 높으며 계획적인 재배가 가능할 뿐만 아니라 계량·수송·분배·보존에 있어서도 뛰어난 장점이 있다. 그 때문에 벼농사가 점차 보급되면서 벼 이외의 다른 작물이 잡곡이 되고 벼가 주곡이 되는 가치의 역전 현상이 일어났다.

사실 쌀은 그 자체로 풍요의 상징이기도 했다. 벼농사가 시작된 철기시대 이래 지금으로부터 불과 100년 전까지만 하더라도 사람들은 날마다 쌀밥을 먹을 수 있는 것만으로도 가장 행복한 삶으로 여겼기 때문이다. 이처럼 쌀은 오랫동안 민중을 매료시키는 곡물로 대접받아 내려오면서 의례음식의 재료로서는 최상의 것으로 취급되었다. 그러므로 쌀을 이용한 각종 떡이 의례음식의 주인공이 된 것은 당연한 결과이다.

---

[1] 김상보, 《한국의 식생활문화사》, 11~144쪽, 광문각, 1997.
[2] 김부식, 《삼국사기》, 〈백제본기〉.

쌀을 주식으로 삼는 한편 부식으로 각종 저장발효식품이 발달했던 한반
도의 철기시대에는 한漢나라의 영향을 받아 오늘날 우리가 향유하고 있는
것과 거의 비슷한 밥상차림을 받았으리라 짐작된다. 튀김요리나 볶음요리와
같이 높은 열을 필요로 하는 음식은 철로 만든 그릇이 소용되는데 초기 철기
시대에는 아마도 청동기 조리기구를 이용해 기름에 볶거나 튀기는 음식도
해 먹었을 것이다.

6세기 초 중국 산둥반도에서 발간된 《제민요술齊民要術》[3]이란 책에는 이
런 유의 음식이 분명히 소개되어 있다. 그런데 이 책에 실린 음식은 당시 우
리 민족도 즐겼던 음식으로 볼 수 있다. 왜냐하면 그 무렵의 해양교류사나
백제사 및 고구려사 등을 종합적으로 검토해서 유추해 보았을 때 산둥반도
와 한반도는 뱃길을 통한 교류가 빈번한 데다가 같은 동이족이라는 동일한
문화권을 형성하고 있었기 때문이다.

하지만 지짐·튀김·볶음과 같은 보다 복잡한 요리는 당송 시대에 이르러
눈부신 발전을 보였다. 당나라 때 비로소 조리용 도구로 철냄비가 등장하고
철로 만든 밥솥이 널리 보급됨에 따라 조리기술의 비약적인 발전을 보였으
며, 송나라 때에는 제철공업의 획기적인 발달로 말미암아 철로 만든 조리기
구가 일반대중에게도 널리 보급된 것이다. 이에 따라 조리법은 점차 복잡해
지면서 남송 시대에 들어서면 음식의 종류도 무척 다양해진다.[4]

통일신라와 고려의 음식문화는 당송의 영향을 깊이 받으면서 더욱더 복
잡해지고 다양해졌다. 그런데 당송의 음식문화라는 것은 살생을 금지하는
불교사상에 힘입어 가능하면 고기 대신 채소와 곡류로써 음식을 개발하는
이른바 소선素膳 음식이 극도의 발달을 이룬 문화여서 통일신라와 고려의

---

[3] 《제민요술》은 중국에 현존하는 가장 오래된 종합 농업기술서로서 북위北魏의 북양태수였던
가사협이 지은 책이다. 제민齊民은 서민을 말하며, 오곡·야채·과수·향목香木·상마桑麻의 종식
법種植法, 가축의 사육법, 술·간장의 양조법 그리고 가공·판매·조리의 과정에 이르기까지 상세
히 기술하고 있다.
[4] 김상보, 《조선왕조 궁중연회식의궤 음식의 실제》, 18쪽, 수학사, 1995.

음식문화도 자연히 소선 음식 쪽으로 발달하는 경향을 보였다. 예컨대, 떡, 유밀과, 다식, 차, 나물, 해채류, 채소로 만든 국, 된장, 간장, 두부, 묵, 국수 등은 바로 불교의 영향을 받은 소선 음식의 범주에 들어가는 식품들이며, 이러한 전통은 조선시대로까지 이어져 음식문화 성립의 중요한 한 배경이 되었다.

고려 말 원나라의 침입은 이 땅에 육식의 부활을 가져왔다. 유교를 국교로 삼은 조선왕조는 도살이 합법화되면서 전통적인 소선 음식 문화에 덧붙여 그들 나름의 새로움을 선보이기 시작했다. 그리고 이와 같은 현상에는 이 무렵에 전래된 각종 외래종 식료의 영향도 컸다.

1493년 콜럼버스에 의해 스페인에 처음 도입된 고추는 17세기경 중국에 전해졌으며, 잇달아 한반도에도 전래되었다. 이처럼 고추를 필두로 담배·감자·옥수수 등 신대륙농경문화가 조선왕조 중기 및 후기에 전래되면서 조선시대의 식료는 그 어느 때보다 다양해진다. 고대로부터 조선시대까지의 농경복합문화 형성 과정을 표로 나타내면 다음과 같다.[5]

【한반도의 농경복합문화 형성 과정】

구석기시대 ⇨	신석기시대 ⇨	청동기시대 ⇨	초기철기 삼국시대 ⇨	조선시대
조엽수림문화	조엽수림문화 / 근재농경문화 / 사반농경문화	조엽수림문화 / 근재농경문화 / 사반농경문화 / 지중해농경문화	조엽수림문화 / 근재농경문화 / 사반농경문화 / 지중해농경문화	조엽수림문화 / 근재농경문화 / 사반농경문화 / 지중해농경문화 / 신대륙농경문화

유교를 통치의 근간으로 삼은 조선왕조는 유교식 제례문화를 왕실은 물론 일반 백성들에게도 널리 퍼뜨렸다. 이러한 제례문화의 보편화는 당연히

---

[5] 김상보, 《한국의 음식생활문화사》, 257쪽, 광문각, 1997.

제상에 희생물로 오르는 짐승들의 수요를 증가시켰으며, 아울러 제사에 따른 음복飮福 문화는 육류의 소비를 늘렸을 뿐만 아니라 그것을 재료로 한 조리법의 발달을 가져오기도 했다. 그러는 한편으로 조선시대 후기에 유입된 고추는 고춧가루를 많이 넣는 조리법의 개발을 가져왔고, 그로 말미암아 우리 민족의 식탁은 점차 붉어져 갔던 것이다.

음식을 만든 사람들

| 궁중 |

조선왕조가 개국하였으나 나라를 지탱할 법령은 아직 마련되지 않았다. 이에 1388년부터 1484년까지 약 100년간에 걸쳐 반포된 법령, 교지, 조례 및 관례 등을 총망라한 법전 편찬 작업이 시작되었는데, 세조 때 착수한 것이 30년이 지난 성종 때 완성되었으니 이것이 바로 《경국대전經國大典》이다.

성종 16년(1485) 정월 초하루에 전국적으로 공포된 《경국대전》은 그 후 여러 차례 보완을 거듭하기는 했으나 기본 골격은 유지한 채 1894년까지 조선왕조를 통치하는 기본 법령으로 준수된다. 즉 성종 이후에 편찬된 《대전속록大典續錄》, 《대전후속록大典後續錄》 등의 후속 법전은 어디까지나 《경국대전》의 내용을 추가 및 보완한 것에 지나지 않는 것이다. 하지만 청일전쟁(1894~1895)이 일어나 청군이 일본군에게 완패한 1894년 11월, 일본에 의해 강제로 왕실 사무를 국정에서 분리하고 왕실조직을 개편하는 등의 개혁안이 공포되었으니 이것이 갑오경장이다. 다시 말해 일본의 무력간섭에 의해 타율적으로 추진된 근대화 운동인 1894년의 대경장 이전에는 성종 16년부터 시행된 《경국대전》이 조선왕조의 기본 법전으로 준수되고 있었던 것이다. 따라서 갑오경장 이전 조선왕조 500년 동안 행해졌던 생활문화를 이해하기 위해서는 《경국대전》의 연구가 가장 중요한 일임은 물론이다. 《경국대전》에 나타난 사옹원·내시부·내명부의 직제를 통해 조선왕조 일상식의 조리와 음식 배선에 대해 살펴보기로 하자.

—— 사옹원

사옹원司饔院은 궁중의 음식을 맡아 운영하는 기관이었다. 여기에는 총책임자인 제거가 있었고, 제거 밑에는 재부·선부·조부·임부·팽부가 있어서 조리 관련의 일을 담당했으며, 이들 밑에는 잡역에 동원되는 노비들로 구성된 자비(差備)들이 있었다. 자비들은 특별한 일을 맡기고자 임시로 고용된 천구賤口(천인)들이었다.

정3품에서 종9품까지의 제거·재부·선부·조부·임부·팽부는 원員이라 칭하고, 자비였던 반감·별사옹·탕수색·상배색·적색·반공·포장·주색·다색·병공·증색·등촉색·성상·수복·수공·별감은 구口라 하였는데 이는 노비의 수효를 세는 단위였다. 대전과 왕비전 수라간을 담당한 종6품 재부는 오늘날의 주방장에 해당하는 것으로 조부·임부·팽부는 이른바 조리사로서 조調·임飪·팽烹이 암시하듯이 음식을 조리하고, 삶고, 끓이는 일을 맡은 책임자로 보인다. 이들 모두는 남성들이었다.

대전·왕비전·세자궁·문소전[1] 등에는 각각 음식을 만드는 주방인 수라간이 있었다. 또한 환관들이 모여 사는 처소를 다인청多人廳이라 불렀는데, 대전 다인청, 왕비전 다인청, 세자궁 다인청에도 각각 주방이 있었다. 이들 주방에는 사옹원 소속의 재부·선부·조부·임부·팽부·자비들이 적절히 배치되고 있었다. 이것을 보다 구체적으로 나타내 보이면 다음과 같다.

• 제거提擧(2원, 정3품·종3품): 사옹원의 총책임자.

---

[1] 문소전은 조선 태조의 비인 신의왕후 한씨를 모신 사당이다.

【궐내에 소속된 자비들의 분포 상태】

직책명 \ 담당부서	문소전	대전	왕비전	세자궁
반감(16구)	2구	6구 중 4구는 다인청 소속	4구 중 2구는 다인청 소속	4구 중 2구는 다인청 소속
별사옹(28구)	4구	14구 중 8구는 다인청 소속	6구 중 2구는 다인청 소속	4구 중 2구는 다인청 소속
탕수색(26구)	4구	14구 중 7구는 다인청 소속	4구 중 2구는 다인청 소속	4구 중 2구는 다인청 소속
상배색(22구)	4구	10구 중 8구는 다인청 소속	4구 중 2구는 다인청 소속	4구 중 2구는 다인청 소속
적색(18구)	4구	6구 중 4구는 다인청 소속	4구 중 2구는 다인청 소속	4구 중 2구는 다인청 소속
반공(30구)	6구	12구 중 7구는 다인청 소속	6구 중 2구는 다인청 소속	6구 중 4구는 다인청 소속
포장(10구)	4구	2구	2구	2구
주색(12구)	4구	4구	2구	2구
다색(10구)	2구	4구	2구	2구
병공(10구)	4구	2구	2구	2구
증색(22구)	4구	10구 중 8구는 다인청 소속	4구 중 2구는 다인청 소속	4구 중 2구는 다인청 소속
등촉색(10구)	–	4구	4구	2구
성상(56구)	4구	34구 중 2구는 수사간, 6구는 은기성상, 26구는 다인청소속	8구 중 4구는 은기성상, 4구는 다인청소속	10구 중 2구는 수사간, 4구는 은기성상, 4구는 다인청소속
수복(4구)	4구	–	–	–
수공(30구)	2구	18구 중 2구는 다방, 12구는 다인청소속	6구 중 2구는 다인청 소속	4구 중 2구는 다인청 소속
별감(86구)	6구	46구 중 4구는 세수간, 4구는 수사간소속	16구	18구 중 3구는 세수간, 3구는 수사간소속
합계	58구	186구	74구	72구
총계 390구				

| 음·식을 만든 사람들 |

- 재부宰夫(1원, 종6품): 대전 수라간과 왕비전 수라간을 담당, 즉 주방장.

- 선부膳夫(1원, 종7품): 식관食管(식사 담당관)의 우두머리로 문소전 수라간과 대전 다인청을 담당했다.

- 조부調夫(2원, 정9품): 화열火熱을 다루는 식관. 1원은 대전 수라간, 왕비전 다인청, 세자궁 및 세자빈궁 수라간을 담당했고, 1원은 대전의 은기성상銀器城上(임금이 쓰는 은그릇을 관리하던 사람), 왕비전 수라간, 문소전 수라간, 세자궁 다인청을 담당했다.

- 팽부烹夫(7원, 종9품): 음식물 삶는 일을 담당하는 식관. 2원은 대전의 은기성상, 왕비전 수라간, 문소전 수라간, 세자궁 다인청을 담당했고, 4원은 대전 다인청, 왕비전 은기성상. 세자궁 및 세자빈궁 수라간을 담당했으며, 1원은 왕비전 다인청, 세자궁 및 세자빈궁의 은기성상이었다.

- 반감飯監(16구): 반찬 및 그 밖의 음식물을 맡아보는 노자奴子.

- 별사옹別司饔(28구): 고기를 다루는 노자.

- 탕수색湯水色(26구): 물 끓이는 일을 하는 노자. 탕수탁반湯水托飯·탕수증색湯水蒸色·탕수수공湯水水工 등의 명칭으로 불렸다.

- 상배색床排色(22구): 상 차리는 일 맡아보는 노자. 진상상배색進上床排色·다인상배색多人床排色 등의 명칭으로 미루어 대전, 중궁전, 세자궁 및 세자빈궁의 상 차리는 일뿐만 아니라 환관을 위한 상 차리는 일도 맡았음을 분명히 하고 있다.

- 적색炙色(18구): 생선 굽는 일을 하는 노자.

- 반공飯工(30구): 밥 짓는 일을 하는 노자.

- 포장泡匠(10구): 두부 만드는 일을 하는 노자.

- 주색酒色(12): 술 빚는 일을 하는 노자.

- 다색茶色(10구): 차 끓이는 일을 하는 노자.

- 병공餠工(10구): 떡 만드는 일을 하는 노자로서 병모餠母라고도 했다.

- 증색蒸色(22구): 음식물 찌는 일을 하는 노자.
- 등촉색燈燭色(10구): 등촉 밝히는 일을 하는 노자.
- 성상城上(56구): 기물器物을 맡아 간수하는 노자이지만, 성상의 경우 때로는 궐내 내실의 소제도 담당하는 여성인 수사간水賜間도 겸직했다.
- 수복守僕(4구): 단묘端廟, 능침陵寢 등의 소제를 담당하는 노자.
- 수공水工(30구): 물 긷는 일을 하는 노자.
- 별감別監(86구): 잡무에 종사하는 노자로서 내시별감이라고도 했다.

총 390구에 이르는 자비들은 번차番次(번을 드는 차례)를 좌우 양번으로 하였기 때문에 하루 근무한 자비의 총수는 195구로, 문소전에 29구, 대전에 93구, 왕비전에 37구, 세자궁에 36구가 배정되었다. 이 중에서 대전, 왕비전, 세자궁에 소속된 자비들은 대전 다인청, 왕비전 다인청, 세자궁 다인청에 배정된 자비를 포함한 것이다.

자비들의 성별은 거의 남성들로 구성되었다. 세종조에는 왕이 기거하는 곳의 노비가 총 388구, 공비가 기거하는 곳은 119구, 의빈이 기거하는 곳은 83구였는데, 남성이 376·104·74구였고, 여성이 12·15·9구로 남녀의 비율은 15.4:1이었다.[2] 남성의 비율이 현저히 높은 까닭은 조리 업무란 것이 지극히 분업화되어서 상당히 힘들었던 때문인 것으로 짐작되는데, 이러한 남녀의 비율은 조선왕조 500년간 지속되었을 것으로 보인다. 한편 자비들은 '각기 소장하는 일을 맡아보는 자'라는 뜻에서 각색장各色掌이라고도 불렸으며 이들은 반감에서부터 별감에 이르기까지 철저히 분업화되어 각자의 소임만 담당했다.

---

[2] 《세종실록》(제19권), 세종 5년 2월 신유조.

── 내시부

환관에 속한 내시부內侍府에서 음식에 관한 총책임자인 상선은 종2품이다. 이는 사옹원의 총책임자인 제거(정3품)보다 한 단계 높은 계급으로 제거는 아마 상선의 명령에 따랐을 것으로 보인다. 아울러 내시부 소속에는 '설리'라는 자가 있어 각 궁宮과 전殿에 붙여 곁에서 시중드는 일을 맡겼는데, 정4품인 상전에서부터 정6품인 상세직까지 존재했던 것으로 볼 때 이들 중 일부는 음식 시중을 들었을 것으로 판단된다.

갑오경장 이전의 조선사회는 엄격한 내외內外의 구분이 있었다. 여기서 내內란 중전을 중심으로 한 여성들의 생활공간이고, 외外란 임금을 중심으로 한 남성들의 생활공간이다.

임금 곁에서 진지進止를 올리는 일은 진지설리進止薛理의 임무였다. 설리薛理란 원래 몽고어로서 '도운다(助)'는 뜻을 지녔으며, 상尙이란 '주존主尊'의 뜻으로 인군人君의 물건을 주관한다는 의미가 내포되어 있다. 그러므로 정4품 상전에서부터 정6품 상세직까지 모든 설리들은 임금의 곁에서 시중드는 직책으로 보아도 크게 틀리지 않을 것이다. 예컨대 상책 3원 중에서 2원은 대전의 설리로서 주방酒房·대객당상對客堂上(사신 접대자)이나 승전색承傳色(왕 및 왕비의 명령을 출납하는 내시) 설리였으며, 정5품인 상호에서부터 정6품의 상세 중에는 왕비전의 주방설리, 대전의 장기掌器설리, 문소전의 진지설리 등도 포함되어 있었다. 즉 내시부의 정4품에서 정6품에 해당하는 직위의 내시들 중에는 특별히 설리라는 이름으로 임금의 시중드는 일만을 전적으로 맡아보는 계급이 존재하고 있었던 것이다.

- 상선尙膳(2원, 종2품): 식찬 만드는 품종을 준비하는 책임을 맡은 사람.
- 상온尙醞(1원, 정3품): 술 빚는 일을 관장하는 사람.
- 상다尙茶(1원, 정3품): 다과 준비하는 일을 관장하는 사람.

- 상약尙藥(2원, 종3품): 의약의 처방과 시약에 관한 일을 맡는 사람.
- 상전尙傳(2원, 정4품): 궁중 전명傳命에 관한 일을 하는 사람.
- 상책尙冊(3원, 종4품): 서책에 관한 일을 맡은 사람.
- 상호尙弧(4원, 정5품): 목궁木弓 관리를 맡은 사람.
- 상탕尙帑(4원, 종5품): 궁전의 재화를 관리하는 사람.
- 상세尙洗(4원, 정6품): 대전의 장기掌器 등의 일을 맡은 사람.
- 상촉尙燭(4원, 종6품): 등촉에 관한 일을 맡은 사람.
- 상훤尙烜(4원, 정7품): 취화取火의 임무를 맡은 사람.
- 상설尙設(6원, 종7품): 인석茵席(돗자리) 및 장설帳設(잔치에 차려 내가는 음식) 등에 관한 일을 맡은 사람.
- 상제尙除(6원, 정8품): 궐내 소제 임무를 맡은 사람.
- 상문尙門(5원, 종8품): 궁전의 문에 관한 일을 맡은 사람.
- 상경尙更(6원, 정9품): 궐내 누각에 따르는 일을 맡은 사람.
- 상원尙苑(5원, 종9품): 내원內苑에 관한 일을 맡은 사람.

내시부에 소속된 내시 중에서 직접적으로 음식에 관여하는 사람은 종2품인 상선, 정3품인 상온, 정3품인 상다로서, 상온과 상다는 사옹원 제거와 품계가 같은 것이 주목된다. 궁중에서 술을 빚는 일과 다과를 준비하는 일은 사옹원과는 별개로 내시부에서 직접 운영하였던 것이다.

—— 내명부

한편 여관女官이라 불리던 궁녀는 내명부內命婦 관리 품계를 받았다. 이들은 10세 정도에 궁궐에 들어와서 15년 정도의 견습 나인을 거친 후 관례를 치르고 정식 궁녀가 되었는데, 궁녀의 최고 우두머리인 상궁이 되려면 보통 궁에서 30~35년의 세월을 보내야 했다. 궁녀의 품계는 10등급으로서 최고위

직은 물론 상궁이다.[3]

― 중궁

- 상궁尙宮(정5품): 중궁中宮(왕비)을 이끌고 보필하는 일의 총책임을 맡은 궁관.
- 상의尙儀(정5품): 예의와 기거起居에 관한 일의 총책임을 맡은 궁관.
- 상복尙服(종5품): 복용服用·채장採章의 수요를 공급하는 일의 총책임을 맡은 궁관.
- 상침尙寢(정6품): 연견燕見·진어進御의 차례에 관한 일을 총괄하는 궁관.
- 상공尙功(정6품): 길쌈질에 관한 일을 총괄하는 궁관.
- 상정尙正(종6품): 죄벌 등 궁정宮正에 관한 일을 맡은 궁관.
- 상기尙記(종6품): 궁내 문서와 장부의 출입을 관장하는 궁관.
- 전빈典賓(정7품): 빈객賓客·조현朝見·연회宴會·상사賞賜 등에 관한 일을 맡은 궁관.
- 전의典衣(정7품): 의복과 수식에 관한 일을 맡은 궁관.
- 전선典膳(정7품): 요리(制烹煎和)에 관한 일을 맡은 궁관.
- 전설典設(종7품): 인석 및 장설 등에 관한 일을 맡는 궁관.
- 전제典製(종7품): 의복의 재봉에 관한 일을 맡는 궁관.
- 전언典言(종7품): 선전宣傳·계품啓稟에 관한 일을 맡은 궁관.
- 전찬典贊(정8품): 빈객의 조현이나 연회 때에 인도하는 일을 맡은 궁관.
- 전식典飾(정8품): 고목건즐膏沐巾櫛에 관한 일을 맡은 궁관.
- 전약典藥(정8품): 의약의 처방과 시약施藥에 관한 일을 맡은 궁관.
- 전등典燈(종8품): 등촉에 관한 일을 맡은 궁관.

---

[3] 이영화,《조선시대 조선사람들》, 59쪽, 가람기획, 1998.

| 음식을 만든 사람들 |

- 전채典彩(종8품): 겸백사시縑帛絲枲 등에 관한 일을 맡은 궁관.
- 전정典正(종8품): 상정尙正이 소장하는 일을 보좌하는 궁관.
- 주궁奏宮·주상奏商·주각奏角(이상 정9품)·주변징奏變徵·주징奏徵·주우奏羽·주변궁奏變宮(이상 종9품): 내명부 관품官品의 질서차제秩序次第를 상정詳定해 첨설된 궁관직.

── 세자궁

- 수규守閨(종6품): 세자빈을 이끌고 보필하며 장정·장서를 총관하는 궁관.
- 수칙守則(종6품): 예의를 관장하고 장봉·장장을 총관하는 궁관.
- 장찬掌饌(종7품): 식찬을 마련해 올리는 일을 맡은 궁관.
- 장정掌正(종7품): 문서·죄벌 등에 관한 일을 맡은 궁관.
- 장서掌書(종8품): 선전宣傳·교학敎學에 관한 일을 맡은 궁관.
- 장봉掌縫(종8품): 직적直積에 관한 일을 맡은 궁관.
- 장장掌藏(종9품): 재화 등에 관한 일을 맡은 궁관.
- 장식掌食(종9품): 선수膳羞(반찬과 음식)·주례酒醴(술과 감주)·등촉·시탄(땔나무와 숯)·기명 등에 관한 일을 맡은 궁관.
- 장의掌醫(종9품): 방약方藥에 관한 일을 맡은 궁관.

이상에서 정5품인 상궁에서부터 종9품인 주변궁까지가 중궁전 여관들이고, 종6품인 수규에서부터 종9품인 장의까지가 세자궁 소속의 여관들이다. 중궁전에서는 상식·상침·전선이, 세자궁에서는 장찬·장식이 음식과 관련된 일을 맡아보았다.

궁궐의 음식을 전적으로 담당했던 사옹원을 중심으로 내시부 및 내명부의 상관관계 및 계급 구조도를 그림으로 나타내면 다음과 같다.

조리에 직접 관여했던 사람은 주방장 격인 사옹원 소속의 재부를 필두로 부주방장 격인 선부, 그리고 조리사인 조부·임부·팽부에 의해 관리·감독되었다. 이들은 직책에 붙는 부夫라는 글자가 암시하듯 모두 남성들로서, 역시 대부분 남성들로 구성되었으며 2번番으로 나누어 교대 근무한 가장 하층 계급인 390구의 자비들이었던 각색장을 지휘·감독하였다. 재부·선부·조부·임부·팽부는 총책임자인 정3품의 제거에 의해 통솔되었다.

사옹원 소속의 총책임자 제거는 내시부 소속의 종2품인 상선에 의해 지시를 받았으리라 사료된다. 상선은 임금 및 중궁의 건강 상태를 고려해 식단을 계획하는 식의食醫였을 것이다. 중궁전과 세자궁 식찬의 총책임자였던 상식의 의견을 청취해, 상선이 계획하고 짠 식단을 제거에게 하달하면, 제거의 감독하에 주방장 이하가 자비들로 구성된 각색장들을 데리고 음식을 장만한다. 이렇게 장만된 음식은 동온돌에 계시는 대전에게는 진지설리가, 서온돌에 계시는 중궁전이 함께 진지를 드실 때에는 상침과 설리가 협동해 진지 올리는 일을 했으리라고 판단된다.

내시부에는 상선 외에 술과 다과를 전적으로 관장하는 상온과 상다가 상선 밑에 배치되어 있어 사옹원과는 별개의 조직에서 술을 제조하고 다과를 만들었다. 내명부에는 상식 밑에 상침·전빈·전선·전찬이 있어 상식을 도와 음식의 배선에 관여했으며, 세자궁에는 장찬이 있어 세자궁 내외에게 음식 올리는 일을 맡았고, 그 밑에는 장식이 장찬의 일을 도왔다.

결론적으로 말하면 대전·왕비전·세자궁·문소전, 그리고 내시들의 숙소인 대전 다인청·왕비전 다인청·세자궁 다인청에는 각각 주방이 있었고, 이들 주방에는 거의 대부분 남성들인 반감·별사옹·탕수색·상배색·적색·반공·포장·주색·다색·병공·증색·등촉색·성상·수공·수복·별감으로 구성된 각색장이었던 390구의 자비들이 2번으로 나누어 교대 근무를 하면서 각자

| 음식을 만든 사람들 |

【조선왕조의 조리와 음식배선을 위한 계급 구조도】

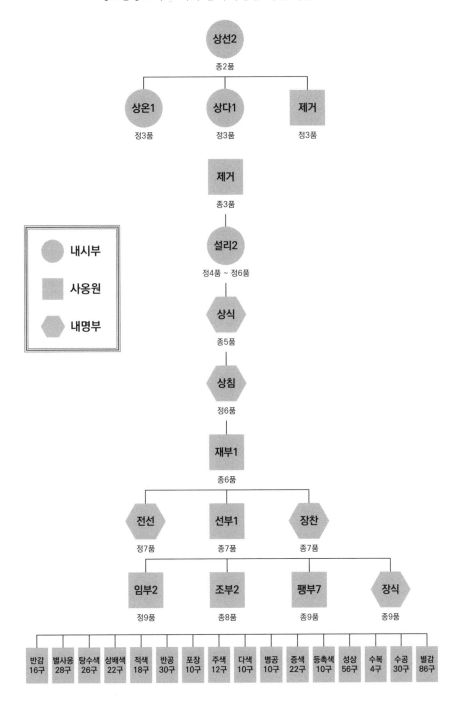

| 음식을 만든 사람들 |

맡은 바 음식을 만들어 냈다. 이들은 역시 남성들이었던 조부·임부·팽부로 구성된 11명의 조리사로부터 지시를 받아 일을 했는데, 11명의 조리사는 부주방장인 선부와 주방장인 재부의 감독을 받았으며, 재부는 제거에 의해 통솔되었다.

내명부의 상식이 도와 내시부의 상선이 계획해서 짠 식단(찬품 단자)을 참고하여 각각의 주방에서 음식을 만들어 내면, 대전에게는 설리가, 중궁전에게는 상침이, 세자궁에게는 장찬이 총책임을 맡아서 대전·중궁전·세자궁께 진지를 올렸던 것이다.[4]

《경국대전》에는 무수리라는 단어가 나온다. 대전과 동궁에서 청소를 담당하던 여자종을 무수리라 하였고, 역시 청소를 담당하던 남자종을 바기(巴只)라 하였다. 무수리란 몽골어로 소녀라는 뜻인데, 고려 말에 궁중어로 정착되었다.

재부·선부·임부·조부·팽부는 종6품에서 종9품까지의 품계를 지닌 조리기술을 가진 중인계급에 속한 남성들이다. 고도의 조리기능을 가진 사람들을 조선왕조에서는 중인에 소속시켜 월급을 주면서 고용했다. 이들 조리기능자들을 달리 숙수熟手라고도 하였다.

중국어 역관이면서 사역원장까지 지냈던 이표가 1746년에 쓴 《수문사설謏聞事設》에는 동과증冬瓜蒸과 우병芋餠이 낙점落點되어 임금께 올렸는데, 이때 숙수 박이미朴二尾가 만들어 올렸다는 내용이 들어 있다. 이 책에는 박이미 외에도 ○사금○四金, ○이병○伊並 등 궁중에서 일했던 숙수들의 이름이 등장하고 있으며, 사옹원의 성상城上(그릇을 담당했던 각색장)이었던 권탑석權榻石이 황자계혼돈黃雌鷄餛飩 만드는 법을 가르쳐 주었다고 기록하고 있다.

---

[4] 김상보, 〈17~18세기 조선왕조 궁중연향음식문화〉, 《조선후기 궁중연향문화》(권1), 민속원, 2003 ; 《경국대전》.

| 음식을 만든 사람들 |

권탑석은 사옹원 성상직의 남성 각색장이고, 박이미·○사금·○이병 등은 재부·선부·임부·조부·팽부 중 어느 하나에 소속된 숙수였을 것이다. 《수문사설》은 당시 궁중의 조리 전문직에 속했던 중인계급을 숙수라고 했음도 전해 주고 있다. 이 밖에도 숙수라는 단어는 조선왕조 궁중연회식 의궤에도 종종 나타난다.

이와 같이 조선왕조에서 조리를 담당했던 책임자는 출퇴근하는 중인 계급의 남성 숙수들이고, 이들 밑에는 역시 출퇴근하면서 각자의 일을 분담해서 맡았던 주로 남자종(관노비)으로 구성된 각색장들이 있어서 철저히 분업적으로 음식을 만들어 냈던 것이다.

| 관청 |

—— 관아

관아官衙란 관원이 모여 나라의 사무를 처리하던 곳으로 공서公署·공아公衙·관부官府·관사官司·관서官署·관청官廳·전아殿衙라고도 한다.

읍성에 들어앉은 관아 건물에는 내아, 동헌, 객사, 향청, 질청, 관노청, 군기청 등이 있었다. 수령의 정청인 동헌을 중심으로 수령의 사적인 생활공간이 내아였고, 국왕의 위패를 모셔 두면서 왕의 명령으로 지방에 내려온 관리들이 묵는 곳이 객사였으며, 고을 양반들의 대표자인 좌수와 별감이 있는 곳이 향청이었다. 이 밖에 질청(作廳)은 중인 계급인 아전들의 근무처였고, 기생과 노비들이 있던 곳은 관노청이며, 군사에 관한 사무를 관장하고 무기를 보관하던 곳이 군기청이었다.

관아는 손님이 빈번히 찾아오는 곳이므로 따로 반빗간(주방)을 배치하고 있었다. 이곳에는 쌀과 식품을 관리하는 주리廚吏 이외에 채소를 담당하는 원두한園頭干(밭에다 오이, 수박, 호박, 참외 등을 심어 기르는 사람)이나 음식을 만드는 칼자(刀子)가 머물러 있으면서 조리를 담당했다. 조리 담당자는 관아에서 일하는 공노비들이었다. 문헌에 따르면, 정약용(1762~1836)이 살던 시기에 관아에서 일하던 공노비가 다음과 같이 구성되어 있는 것으로 보아[5] 관아의 조리 담당자는 주로 남성으로 구성되었던 것으로 보인다.

- 시노侍奴: 사또 옆에 붙어서 시중드는 남자종.
- 수노首奴: 노비의 우두머리로 물자 구입을 하는 남자종.
- 공노工奴: 공방의 곳간지기로서 장작에 관한 일을 맡은 남자종.
- 구노廐奴: 마구간에서 말을 먹이고 사또의 행차가 있을 때 일산을 드는 남자종.
- 방노房奴: 방자房子라고도 하며, 방을 덮히고 뒷간을 치우는 남자종.
- 포노庖奴: 관아 주방의 고깃간을 지키는 남자종.
- 주노廚奴: 관아 주방의 조리를 담당하는 남자종.
- 창노倉奴: 창고지기로 채소를 대는 남자종.

철저한 분업으로 각자 자기가 맡은 일만 했던 관아의 공노비들 중 포노와 주노는 칼자(刀子 또는 刀尺)라고 지칭했던 노비들로 보이는데, 척尺은 관아의 공식 문투인 이두吏頭로 읽을 때 '자'로, 도刀는 '칼'로 읽으므로 도자刀子든 도척刀尺이든 양자 모두는 칼을 쓰는 사람인 '칼자'이다.

공노비 중 부엌일을 담당했던 칼자란 명칭은 '주방에서 일하는 자'라는 개념으로서 공식적인 명칭이었다. 임진왜란 이후 12차례에 걸쳐 일본에 파견된 조선통신사 일행 중에는 부엌일을 담당한 자도 섞여 있었는데 이들을 칼

[5] 정약용, 《목민심서》(제2권), 1821.
[6] 김상보·장철수, 〈조선통신사를 포함한 한일 관계에서의 음식문화 교류〉, 《한국식생활문화학회지》(Vol 13, No. 5), 한국식생활문화학회, 1998.

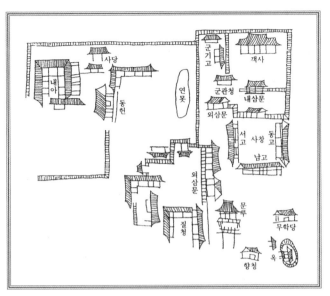

【충청도 전의현의 관아 구조도】

자라 하였다.[6]

도척이란 명칭은 고려시대의 양수척楊水尺에서 유래된 것으로 생각된다. 양수척은 후삼국 및 고려시대에 이곳저곳을 떠돌아다니면서 천업에 종사하던 무리였다. 이들은 대개 여진의 포로 혹은 귀화인의 후예로서 호적이나 정처도 없이 유랑하면서 주로 도살업에 종사하는 것으로 생계를 유지했는데, 여자들을 기적妓籍에 편입시켜 사내아이를 낳으면 노奴로 만들고 여자아이를 낳으면 기妓로 만들었다. 이후 고려 말과 조선 초를 거치면서 도살업·육류판매업 등에 종사하던 부류를 원래의 백성과 구분하기 위해 백정白丁이라 칭했지만, 도척의 '척尺'은 고려시대의 양수척의 '척尺'과 관련지어 생각할 수 있을 것이다.

관아에서의 조리 담당자는 남자종인 노奴만 존재했던 것은 아니다. 반비飯婢라 하여 찬거리 사 오는 일을 도맡은 여자종도 있어서 반빗아치라고 불렀으며, 급수비汲水婢라 하여 밥 짓고 물 긷는 일을 하는 여자종은 무자이라고 하였다. 반빗아치와 무자이는 칼자와 함께 반빗간을 지켰는데, 주방은 이들만이 드나들거나 머무를 수 있는 통제구역이었다.[7] 그리고 칼자가 주방장 격이라면, 반빗아치와 무자이는 심부름과 허드렛일로 칼자의 부엌일을 돕는 하층의 천민 출신이었다.

── 역

조선시대의 교통 조직은 역로驛路와 조운漕運으로 대별된다. 역로는 관청에서 필요한 물자의 운반이나 사신들의 통행에 긴요했던 육상 교통망이며, 조운은 조세로 징수한 미곡이나 포백 등을 수송하는 데 긴요했던 해상 교통망이다. 이 중에서도 특히 조운의 경우 각지에서 조세로 거두어들인 쌀은 각 포구의 창고에 집중되어 내륙 수로와 서해 해상로를 타고 서울로 올라왔으므로 세곡이 실리는 각 포구에는 객주와 여각이 발달했으며, 세곡이 모이는 한강의 용산이나 송파 등의 나루도 매우 번성했다.

역은 여행 중인 사람과 말이 기력을 보충하려는 목적으로 설치되었는데, 역과 역 사이의 거리는 대개 30리 정도였다. 이때 30리란 일일 생활권의 단위로서 도보로 한나절 이내에 왕복이 가능한 거리이다. 아울러 이 30리라는 거리는 16세기 이후 증가된 생산력으로 말

【전라도 장흥역의 구조도】

---

[7] 안길정, 《관아를 통해서 본 조선시대 생활사》(하), 190쪽, 사계절, 2000.

| 음식을 만든 사람들 |

【김홍도, 《단원풍속화첩》 중 〈노상파안〉】
한 가족이 여행길에 나선 듯하다. 남자는 말에 타
고 있고 여자는 소에 타고 있다. 무엇이 즐거운지
길 위에서 함박웃음을 터트리고 있다. (출처:한국
데이터베이스산업진흥원)

【김홍도, 《단원풍속화첩》 중 〈빨래터〉】
시냇가에서 아낙이 속곳을 걷어붙이고 빨래하고
있고, 그 모습을 한 사내가 엿보고 있다. 조선시
대에 빨래는 당연한 여성들의 몫이었다. (출처:한
국데이터베이스산업진흥원)

미암아 5일을 주기로 하는 장시가 개설되었을 때 장시와 장시 간의 거리와도 비슷하다. 《경국대전》에 따르면 우리나라에는 540개의 역이 존재했는데, 이들 역은 일반 여행자들을 위한 숙박시설인 원院과 함께 있는 경우가 많아 역원이라 불리기도 했다.

공무상 여행하는 자들에게 끼니와 잠자리를 제공할 목적으로 설치된 역은 국가에서 원주院主에게 토지를 주고 거기에서 발생하는 이익으로 운영되었다. 한편 임진왜란 이후 원은 점차 주점 또는 주막으로 대치되었다. 장시의 발달로 인구이동과 여행자가 증가함에 따라 역 가까이에는 객줏집이 들어섰고, 간선도로가 아닌 곳에도 술과 음식을 파는 주막이 들어서서 여행자에게 숙식을 제공하기 시작한 것이다.[8]

역은 국가 신경망으로서 숙박시설, 말, 인부 등을 여행자에게 제공했다.

---

[8] 안길정, 《관아를 통해서 본 조선시대 생활사》(상), 130, 132, 142, 146쪽, 사계절, 2000.

【김홍도, 《단원풍속화첩》 중 〈우물가〉】
나무로 만든 두레박으로 여성들이 물을 긷고 있
고, 한 남자가 물 한 바가지를 얻어 마시는 장면
이 무척 인간적이다. (출처:한국데이터베이스산
업진흥원)

【김홍도, 《단원풍속화첩》 중 〈고기잡이〉】
독살을 만들어 고기를 잡는 모습. 가족들이 배로
음식을 실어 와 고기 잡는 어부들에게 식사를 제공
하고 있다. (출처:한국데이터베이스산업진흥원)

조선 효종 때의 실학자 유형원(1622~1673)에 따르면 '인부와 말은 그 도의 경
계까지만 배웅하도록 하고, 도의 경계를 벗어나서는 역말을 바꾸어 타고 가
도록 한다'고 퇴임해서 임지를 떠나는 수령의 모습을 그리고 있는 것에서[9]
당시 역의 기능은 숙박을 제공하고 역내의 말과 인부를 다음 역까지 이동시
키는 것이었음을 짐작하게 한다.

말, 숙박시설, 종사자(인부 포함) 등이 필요했던 역의 인원은 작은 역일
때는 10명, 중국사신이 지나는 의주로와 같은 큰 역일 경우에는 200~300명에
이르렀다. 의주로의 한 역인 평안도 영변의 아천역에 종사했던 인원의 구성
을 살펴보면 다음과 같다.

아전衙前(서리胥吏의 딴 이름으로 중인 계급, 53명), 통인通引(잔심부름을

---

[9] 이익, 최석기 역, 《성호사설》, 141쪽, 한길사, 1999.

하는 이속吏屬, 20명), 백호百戶 (5~6품의 무관직, 15명), 색장色掌 (다색·증색 등 계의 일을 맡아보는 사람, 1명), 사령 使令(관아에서 심부름하는 하인, 9명), 관군館軍(대

【청나라 사신 접대를 위한 경성의 기방】
서울 도성 안에 있던 기방을 묘사한 이 그림은 영조 임금의 책봉례를 위해 조선에 왔던 청나라 사신단이 남긴 것이다.

로변의 관館에 딸린 군졸, 301명), 고공雇工과 사장蓑匠(도롱이를 만드는 장인, 3명), 파치장把赤匠(3명), 자비差備(특별한 일을 맡기려고 임시로 임명하는 남자종, 75명), 수노首奴(여러 사정에 통한 남자종, 92명), 고직庫直(창고지기, 5명), 속안 두목頭目(1명), 마두馬頭(역마를 맡아보는 사람, 20명), 구종驅從(관원을 모시고 다니는 하인, 6명), 차역差役(노역하는 사람, 2명), 관직館直(관지기, 2명), 석장席匠(자리 짜는 장인, 2명), 상경尙更(내시부의 정9품, 2명), 마직馬直(말을 지키는 사람, 2명), 방자房子(관아에서 허드렛일을 하던 남자종, 6명), 세답洗踏(빨래꾼, 3명), 침장針匠(바느질꾼, 4명), 착어捉魚(생선을 잡는 사람, 4명), 주탕酒湯(기생, 10명), 주모酒母(술청에서 술 파는 여자, 1명), 채원菜園(오이, 참외 등을 기르는 사람, 3명), 갱자羹尺(국 끓이는 사람, 3명), 칼자刀尺(주방장, 4명), 응자膺尺(꿩 잡는 사람, 2명), 급수汲水(물 긷는 사람으로 무자이라고도 함, 3명), 장비醬婢(장 담그는 여자종, 1명), 다모茶母(관청에서 식모 노릇을 하는 천비, 3명), 食母(관청에 딸린 부엌일을 하던 여자종, 3명).

이상과 같이 아천역의 종사자는 664명에 이른다. 이 역은 중국사신의 왕복 통행로에 자리 잡는 특수성을 지니지만, 그렇다 하더라도 301명의 관군 외에 나머지 온갖 자질구레한 일을 해낸 363명은 각기 가지가 맡은 일이 정해져 있어 아전이나 색장의 엄격한 통제를 받았으며, 철저히 분업화되었음을 보여 준다.[10]

역의 인원 중에서 부엌일과 관련된 사람으로는 착어·채원·갱자·칼자·응자·급수·장비·식모가 있었다. 착어·채원·응자는 생선을 잡고, 야채를 기르며, 꿩 잡는 일에 종사하는 사람들로서 각각 4명·3명·2명이 분담되어 맡은 일만 했다. 부엌일의 총 책임자는 칼자로서 남자였으며, 그 밑에 갱자가 있어서 국 끓이는 일을 맡았는데 역시 남자였던 것으로 사료된다. 또 그 밑에는 급수·장비·식모·다모가 있어서 부엌의 온갖 허드렛일을 분담했다.

다음은 아천역의 부엌일 분담 구조를 나타낸 것으로 칼자는 아천역의 주방장이었을 것이다. 이들 4명의 칼자들은 모두 남자들로서 격일제로 2명씩 교대 근무한 것으로 보인다.

【아천역의 부엌일 분담 구조도】

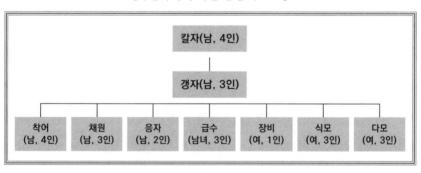

아천역의 종사자 중에서 눈에 띄는 것이 주탕과 주모의 존재이다. 임진왜란 이후 역은 원과 함께 있는 경우가 많았기 때문에 주모는 원에 소속된 술

[10] 안길정, 《관아를 통해서 본 조선시대 생활사》(상), 153, 154쪽, 사계절, 2000.

청에서 술 파는 여자라고 짐작된다. 당시의 역원은 술도 팔았다.

주탕은 주탕비酒湯婢 또는 기생이라 불렀다.[11] 주탕비의 비婢가 암시하듯이 이들은 관청에 몸을 바치고 거기서 밥을 먹는 여자종이다. 18세기 중반 남원과 나주목의 읍지를 보면 남원 관아에 소속된 기

【기산,《기산풍속도》 중 〈기생방에 배반나고〉】

기생방 안의 풍경이다. 장고, 거문고, 반과상 등이 보인다. 반과상에는 국수, 약과, 시루떡, 과일(앵두?), 술잔, 그리고 달걀인 듯한 음식들이 갖추어져 있다. 술안주상을 반과상 또는 면상麵床이라고도 했다.

생이 15구였으며, 나주목 관아에 소속된 기생은 13구였다. 당시 관아에 소속된 기생이 15구였으며, 나주목 관아에 소속된 기생은 13구였다. 당시 관아와 역을 포함한 손님을 접대하는 공적인 기관에는 공식적으로 기생이 있었던 것이다.

기생들은 관에 소속된 서리들과 함께 읍성 안 장터 가까이 모여 살면서 관아의 객사 근처에 있는 교방敎坊[12]으로 출퇴근했다. 경성의 경우 객사는 태평관太平館(지금의 조선호텔 근처)이었다. 태평관은 중국 사신의 숙소였다. 당시 태평관 근처는 거의 광대와 기생의 집이었다.[13] 관에 소속된 기생의 역할을 나타내주는 것이 기생의 또 다른 명칭인 주탕일 것이다.

주탕의 원뜻은 '술국'이다. 술안주를 지칭한 말이 기생의 또 다른 별칭이

---

[11] 정약용,《목민심서》(제2권), 1821.
[12] 교방은 고려시대의 기생 학교로서 조선왕조 때 좌방左坊과 우방右坊을 아울러 일컫던 이름이다. 좌방은 아악雅樂을 우방은 속악俗樂을 맡았다. 18세기에 지어진 〈순창가〉에 의하면 관아에서도 교방 습악習樂을 5일에 한 번씩 가르쳤다.
[13] 성현,《용재총화》.

【김홍도, 《사계풍속도병》 중 〈기방쟁웅〉】
조선시대에 기생들은 관에 소속된 서리들과 함께 읍성 안 장터 가까이 모여 살면서 관아의 객사 근처에 있는 교방으로 출퇴근했다. (출처:한국데이터베이스산업진흥원)

【김홍도, 《사계풍속도병》 중 〈설중행사〉】
차림을 보아 겨울, 한 남자가 익히 알고 있는 기생을 만나 담소하고 있다. 당시의 의복 차림이 흥미롭다. 기생들의 자유분방한 생활이 엿보인다. (출처:한국데이터베이스산업진흥원)

된 것은 기생의 역할이 기생에서 그치지 않고 다모로서의 역할도 했기 때문이다. 이들은 술안주를 직접 만들고 차를 끓였다.[14]

아천역에서 보여 주는 부엌일 분담 구조는 앞서 언급한 관아의 부엌일에서도 마찬가지 양상이었을 것이다. 역이든 관아든 관청에서의 행정 체계는 같았기 때문에, 양자 모두는 칼자·갱자·착어·채원·응자 등을 지칭한 것이며, 이들 모두는 남자종이었다. 즉 당시 관청의 부엌일은 남자종과 여자종이 각기 일을 분담했는데, 꿩·물고기·짐승 등을 잡거나 주방일과 반찬에 대한 총책임을 맡는 일 그리고 밭농사를 짓는 일은 남자들의 몫이었고, 물을 길어

---

[14] 〈순창가〉, 18세기.

| 음식을 만든 사람들 |

오거나, 장을 담그거나, 차를 끓이거나, 밥을 짓는 일은 급수·장비·다모·식모라고 명칭을 붙인 여자종이 전담했던 것이다.

| 양반가 |

조선왕조의 신분제도는 법제적 측면에서는 양인良人과 천인賤人으로 나뉜 사회였다. 그러나 사회신분적 측면에서는 양반·중인·양인·천인의 4계급 신분제로 구분되었다.[15]

15세기경 조선사회에서는 벼슬을 하지 않은 자는 양반이라 하지 않았으며, 이때 양반이란 세습적 신분이 아닌 본인의 능력으로 얻은 당대에 한정된 지위였다. 하지만 임진왜란 이후 나라의 기강이 무너지면서 과거가 아닌 문벌에 힘입어 벼슬에 나가는 자들이 늘어남으로써 양반은 점차 세습적 신분이 되었다. 이 시기가 18세기 이후이다.[16]

고향을 가지고 있으면서 관리로 진출한 양반들은 읍성 밖 들판에서 자유롭고 독자적인 동족부락을 형성하면서 넓디넓은 토

【유운홍, 《풍속도》】
한편에서는 여인들이 길쌈을 하고 있고, 다른 한편에서는 할머니와 어린 소녀가 망질(맷돌질)을 하고 있다.
(출처:국립중앙박물관)

---

[15] 안승준, (평민생활), 《조선시대생활사》, 281쪽, 역사비평사, 2000.
[16] 안길정, 《관아를 통해서 본 조선시대 생활사》(상), 184, 185쪽, 사계절, 2000.

| 음식을 만든 사람들 |

【서애 유성룡 종가 충효당 평면도】

지와 많은 노비를 거느리고 대를 이어 한곳에 눌러살았다. 이들은 나라에서 부름이 있을 때에는 서울에서 살았지만 부름이 없을 때에는 고향에서 사는 이중생활을 했으며, 양반과 양반이 소유한 사노비들은 모든 국역에서 면제되었다. 아울러 읍성의 관아와는 동떨어진 곳에서 종가를 중심으로 형성된 동족부락은 관으로부터의 간섭이 배제된 가운데 일종의 소왕국을 방불케 할 정도로 독자적인 문화를 키워 나갔다. 이러한 소왕국에서 종가는 왕과 같은 특권을 부여받은 존재였으리라는 것은 쉽게 이해가 간다.

양반은 천인과 더불어 군역·조세·요역 등의 국역에서 제외되었다. 국역에 종사하지 않은 양반은 대단한 특권을 누린 특권층이었지만, 양반이 거느린 사노비들도 나라에서 지우는 모든 부담에서는 면제되었다. 그 대신 주인에게 무제한의 노동력을 제공해야 했지만 말이다.

솔거노비(양반집에서 함께 생활하는 노비)와 외거노비(양반의 땅을 경작하기 위해 딴집살이하는 노비)가 양반가의 사노비들이었는데, 예컨대 해남의 고산 윤선도(1587~1671)는 양부와 생부로부터 660구가 넘는 노비를 상속받아 해남 연동을 세거지로 하여 2,300마지기의 광대한 농지를 경영했다.[17] 660구의 노비들은 물론 솔거노비와 외거노비를 합친 수효이다.

---

[17] 안길정, 《관아를 통해서 본 조선시대 생활사》(상), 172쪽, 사계절, 2000.

| 음식을 만든 사람들 |

양반집의 노비들은 오늘날 우리가 보편적인 반가주택의 구조로 알고 있는 사실, 즉 안채·사랑채·행랑채·곳간·사당 등으로 주택을 구성하도록 하는 데 일정 부분 기여한 사람들이다. 다시 말해 행랑채는 집안의 모든 궂은일을 도맡아서 처리하는 공간이었으며, 곳간은 외거노비들에 의해 수확된 곡식을 저장하는 창고였던 것이다.

안채에 붙어 있는 부엌은 한 달에 거의 한두 번 꼴로 있었던 사당에 모신 조상신을 위한 제사음식과 사랑채에 든 바깥손님을 위한 음식 및 일

【떡 치는 모습】
구한말 작품, 떡 치는 것은 남자들의 몫이었다.

상음식을 만드는 공간이었다. 제사음식에서 가장 중요한 떡 치는 일은 물론 남자종의 몫이었을 것이다.

솔거노비 중 '통지기'라는 여자종은 물통이나 밥통을 지거나 찬거리를 사오는 여자종이었고, 대개 밥을 하거나 장 담그고 반찬을 만드는 여자종을 식모라 불렀으며 반찬 만드는 여자종을 찬모라고도 하였다.

우리나라 최초의 여성 조리서라 불리는 《음식지미방》(1670년경)[18]을 다른 이름으로 '규곤시의방閨壼是儀方'이라고도 하는데, 이는 '규방에 거처하는 부녀자가 쓴 책'이란 뜻이다. 이 외에도 《주식시의酒食是儀》[19]나 《규합총서閨

---

[18] 《음식지미방》은 영남의 거유 재령이씨 문중 종가의 13대인 이시명의 부인 안동장씨 (1598~1680)가 쓴 책이다.
[19] 《주식시의》는 대전 회덕의 은진송씨 동춘당 송준길 가문의 조리서로서 19세기경의 필사본이다. 이 책은 어느 한 사람이 기록한 것이 아니라, 여러 대에 걸쳐 기록된 것이다.
[20] 《규합총서》는 서유본(1762~1822)의 부인인 빙허각 이씨(1759~1824)가 쓴 책이다.

閣叢書》(1815)[20] 등과 같이 안주인이 쓴 필사본 조리서가 등장한 것은 며느리에게 술과 술안주를 포함한 집안 내력 음식에 대한 조리비법을 전하려는 시어머니들의 노력의 결과라 생각된다. 아울러 우리는 이와 같은 책을 통해 또 한 가지 사실을 깨달을 수 있다. 즉 비록 솔거노비가 있어서 집안의 궂은일을 도맡았지만 안주인 역시 조리법을 완전히 터득하고 있었다는 사실이다.

【양반가의 조리 분담 구조도】

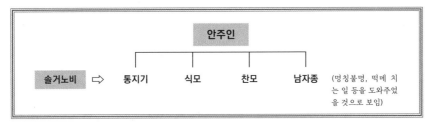

이로 미루어 다음과 같은 양반가의 조리 분담 구조를 생각할 수 있겠다.

빙허각憑虛閣 이씨(1759~1824)가 쓴 《규합총서》에 등장하는 음식을 살펴보면 당시 양반들이 어떤 음식을 먹었는지 그 윤곽이 파악되기 때문에 여기에 50여 종류의 음식명을 소개한다.

(1) 연엽주 (2) 화향주 (3) 두견주 (4) 일년주 (5) 약주 (6) 과하주 (7) 소주

(8) 장 (9) 청장 (10) 두부장 (11) 집메주장 (12) 고추장 (13) 즙장 (14) 초

(15) 녹말법 (16) 두부법 (17) 석박지 (18) 동아석박지 (19) 동치미 (20) 어채

(21) 부어구이 (22) 부어찜 (23) 쇠창자찜 (24) 게찜 (25) 게젓 (26) 등과증

(27) 설하멱적 (28) 약포 (29) 치육포 (30) 빙사과 (31) 매화신자

(32) 밥풀산자 (33) 묘화산자 (34) 앵도편 (35) 향설고 (36) 약과 (37) 석탄병

(38) 신과병 (39) 혼돈병 (40) 석이병 (41) 송편 (42) 증편 (43) 잡과편

(44) 빙자떡 (45) 강정 (46) 중계 (47) 계강과 (48) 건시단자 (49) 약식

(50) 토란병 (51) 엿 (52) 식혜

| 음식을 만든 사람들 |

| 중인 |

중인이란 정3품까지 승진할 수 있는 역관·의관·산원·율관 등 상급 기술관과, 정7품이 한품限品인 천문관·도류道流·화원畫員 등의 하급 기술관 및 녹사·서리 등을 말한다.[21] 그러므로 앞서 소개한 궁중의 숙수였던 재부(종6품)·선부(종7품)·조부(종8품)·임부(정9품)·팽부(종9품) 등도 조리 기술을 가지고 있었으므로 중인에 속한다고 볼 수 있다.

중인이란 명칭에 대한 가장 유력한 설명은 서울의 조시朝市 근처에 살았기 때문이라는 것이다. 다시 말해 고관대작들이 살던 가회동이나 삼청동 등 북촌北村과, 세력을 잃은 빈한한 선비들이 살던 남산 회현동 등 남촌南村의 중간 지점인 청계천 일대(광교에서 장통교를 지나 수표교에 이르는 지역)에 거주해서 중인이라 불렀다는 설명이다. 즉 양반에는 미치지 못하고 양인보다는 상위에 있었던 하층 지배 계급이 곧 중인이다.

임진왜란 이후 일본과 청나라를 다녀온 조선통신사 및 연행사 일행 속에는 역관이 있었고, 이들은 일본과 청나라와의 무역을 통해서 상당한 부를 축적했다. 그런데 이러한 역관 자본은 고리대 자본으로 전환되어 서울 금융계를 장악했다.

역관 무역이 전문직 중인에게 끼친 영향은 상당했다. 밀양변씨 변승업 집안, 안동장씨 장현 집안, 김해김씨 김근행 집안, 우봉김씨 김지남 집안 등 거대한 부를 축적한 중인 집안이 출현했으며, 이들은 중인들의 생활 수준을 크게 향상시켰다. 영조 말년의 역관 출신 김령을 배경으로 한 한문 단편《김령金令》에 나타난 김령의 집에 대한 설명은 당시 역관들의 사치스러움을 잘 대변한다.[22]

---

[21] 김양수, 〈중인생활〉,《조선시대생활사》, 208쪽, 역사비평사, 2000.
[22] 김양수, 〈중인생활〉,《조선시대생활사》, 225쪽, 역사비평사, 2000.

겹겹의 중문을 들어가니 거창한 집채가 나타나는데, 제도가 굉장하고 문설주며 서까래까지 아로새겨져 있었다. ……화원의 둘레가 수백 보이고…… 연못이 있었다. 연못가에 작은 배를 대어 놓았는데 2~3인이 탈 정도였다.

북경과 서울을 잇는 역관 무역은 계속 존재했으며, 19세기 말까지 서울 시민을 겨냥한 사치품 등은 수입되었다. 그 때문에 전문직 중인들은 양반을 능가하는 호사스러운 생활을 계속할 수 있었다. 비록 신분적으로는 양반보다 아래 계급에 속해서 많은 제약을 받았으나 국제무역이나 각기의 직업과 재능을 통해 경제력을 기른 그들은 음식 및 주택 등 일상생활에서는 상류층이 부러워할 정도로 부유한 생활을 할 수 있었던 것이다.[23] 이표가 쓴 《수문사설》을 통해 당시 역관 집안에서 먹었던 음식을 살펴보기로 하자.

(1) 외부어煨鮒魚: 숯불 재에 묻어 구운 붕어구이.

(2) 부어증鮒魚蒸: 붕어찜.

(3) 황자계혼돈黃雌鷄餛飩[24]: 밀반죽을 얇게 해 수탉고기와 꿩고기를 싸서 삶은 만두.

(4) 석화만두石花饅頭: 굴로 만든 만두.

(5) 모로계잡탕母露鷄雜湯: 꿩, 닭, 소고기 안심육, 돼지고기, 표고버섯, 진이버섯, 잣, 해삼, 달걀, 생강, 무, 게 등을 사용해 만든 잡탕.

(6) 생치장生雉醬: 수꿩을 삶아 살만 발라내어 다진 다음 천초 가루, 생강, 즙장과 합해 만든 장.

(7) 도전복饀全鰒: 반건한 전복을 갈라 전복 배에 잣가루를 채워 넣고 베

---

[23] 김양수, 〈중인생활〉,《조선시대생활사》, 235쪽, 역사비평사, 2000.
[24] 김상보,《한국의 음식생활문화사》(광문각, 1997) 250쪽에는 '혼돈'에 대해 '밀반죽을 얇게 하여 고기를 싸서 삶은 만두'로 설명하고 있다.

보자기로 덮어 밟아 누른 다음 편으로 잘라 먹는 것.

(8) 초산醋蒜: 마늘 초절임.

(9) 연백당軟白糖: 연한 백당.

(10) 낙설酪屑: 일종의 분유.

(11) 증돈蒸独: 돼지찜(2년산 종돈으로 만든 찜).

(12) 조호전造壺煎: 멥쌀가루를 꿀로 반죽해 소를 넣고 호병壺餠 모양으로 만들어 참기름으로 지진 떡.

(13) 계단탕鷄蛋湯: 계란, 참기름을 재료로 하여 만든 탕.

(14) 저두자猪肚子: 돼지 위를 잘게 썰어 볶은 것.

(15) 분탕粉湯: 녹말로 발이 가는 국수를 만들어 육수(醬湯) 속에 넣고 끓인 탕. 이때 계란을 넣기도 한다.

(16) 열구자탕熱口子湯[25]: 신설로.

(17) 우분죽藕粉粥: 연뿌리를 곱게 갈아 체에 내려 가루에 취해 당과 합하여 끓인 죽.

(18) 서국미西國米: 일본에 있는 서국(서양) 쌀로 만든 국.

(19) 부어죽鮒魚粥: 붕어로 만든 죽.

(20) 두부피豆腐皮.

(21) 어장증魚腸蒸: 대구어 장에 대구어를 소로 넣어 찐 것. 대구어 대신 꿩·돼지·닭고기 등을 소로 넣어도 좋다.

(22) 면근麵筋.

(23) 이맥송병耳麥松餠: 귀리 가루로 만든 송편.

(24) 편두협작여법扁豆莢作茹法: 편두 꼬투리에 장을 합해 끓인 것.

(25) 장과법醬瓜法: 동아·오이·행인·수박씨 모두를 장醬에 담가 절인 것.

---

[25] 1795년 초출된 조선왕조 궁중연회식 의궤에서는 '悅口子湯'으로 기록되어 있고, 《수문사설》에서는 '熱口子湯'으로 기록되어 있다.

| 음식을 만든 사람들 |

(26) 즙장법汁醬法: 7월 중순 혹은 8월 초순경에 밀가루와 메주콩으로 만든 즙장.

(27) 식해법食醢法[26]: 찐 밥에 엿기름을 부어 삭혀 끓인 음료.

(28) 순창고초장조법淳昌苦椒醬造法: 콩 쑨 것 2말에 백설병白屑餠 5되를 합해 곱게 빻아 7일간 띄워 말린 다음 고춧가루 6되를 합한 것. 또는 맥아 1되와 찹쌀 1되를 가루로 만들어 합한 후 물을 부어 되게 쑤어서 차게 식히고 감장甘醬을 넣어 전복 저민 것, 대하·홍합·생강 저민 것을 합한 다음 항아리에 넣고 15일 정도 삭혀 먹는다.

(29) 청해菁醢: 무·고춧가루·소금으로 만든 해.

(30) 뱅어탕白魚湯: 녹말로 뱅어 모양을 만들고 후추로 뱅어의 양쪽 눈을 만들어 끓는 물에 데쳐 내어 꿀물에 넣어 먹는 것.

(31) 가마보곶加麻甫串: 숭어·농어·도미어 등으로 만든 어묵.

(32) 백숭여白菘茹: 배추 뿌리를 쪄서 익혀 겨자즙 및 파·마늘 등과 함께 먹게끔 만든 것.

(33) 동과증冬瓜蒸: 동아찜.

(34) 송이증松栮蒸: 송이찜.

(35) 우병芋餠: 토란병.

(36) 사삼병沙蔘餠: 더덕병.

(37) 목미외병木米偎餠: 불에 군 메밀떡.

이상 《수문사설》에 실린 37종의 음식은 중인 남자가 해박한 한자 지식을 가지고 한문체로 쓴 기록이다. 이 음식 기록을 앞서 양반댁의 조리서로서 필자가 제시한 서유본의 부인인 빙허각 이씨가 쓴 《규합총서》 속의 음식과 비교했을 때, 음식의 질적인 면에서는 훨씬 앞선다. 《수문사설》은 《규합총서》

---

[26] 원문에는 식해법食醢法이라고 쓰여 있으나 내용은 식혜食醯인 음료를 지칭한 것이다.

보다 약 50년 앞서 출판된 책임에도 불구하고 시대를 앞서는 음식명이 있는 것은 이표의 집안 내력 때문일 것이다.

이표는 유명한 중국어 역관 집안인 금산이씨의 후손으로 사역원정까지 지냈다.[27] 실제로 낙설, 계단탕, 열구자탕, 서국미, 두부피, 면근, 뱅어탕, 가마보곶 등은 다분히 중국풍과 일본풍의 조리기법이 가미된 것이기 때문에,

【기산, 《기산풍속도》 중 〈밥 푸고 상 놓는 모양〉】
밥 푸고 상 차리는 일은 여성의 몫이었다. 이들을 보통 식모라 불렀다. 밥상의 크기가 아주 작은 것이 인상적이다.

《수문사설》의 음식은 상당히 국제화된 앞선 음식이라 볼 수 있다. 이는 역관들이 중국이나 일본을 여행하면서 먹어 본 음식을 고국으로 돌아와 소개하고 보급한 장본인들임과 동시에 우리나라 음식문화 발전에도 큰 기여자였음을 증명해 주는 것이다.

앞서 소개한 요리들 중에는 그 조리법의 출처가 분명한 경우도 종종 있다. 예컨대 모로계잡탕과 부어증은 장악주부掌樂主簿의 노비가 만들어 전해 준 것이고, 도전복과 생치장은 낙동駱洞의 조상국이 와서 전해 준 것이며, 황자계혼돈은 사용원에서 그릇을 담당했던 성상城上이 와서 만들어 전해 준 것이고, 석화만두는 ○유인○有人이 와서 전해 주었다는 것이다. 이 중에서 부어증을 만든 노비를 제외하고는 모두 궁중의 숙수 또는 성상으로서 남자들

---

[27] 김양수, 〈중인생활〉, 《조선시대생활사》, 217쪽, 역사비평사, 2000.

【기산, 《기산풍속도》 중 〈두부 짜는 모양〉】
보자기에 싼 두부를 나무판 사이에 넣고 그 위에 여자 한
사람이 올라타 두부의 물을 짜고 있다. 여자 한 사람의 몸
무게로도 모자란 듯 돌을 가져다 보태고 있다.

이다. 이것은 사역원정까지 지낸 이표이고 보면 그의 집에는 다수의 궁중 사람들이 드나들었을 것이므로 자연스러운 바가 있다. 한편 음식비법을 전해 준 사람들 중에는 외국인도 있었다. 기록에 따르면 초산은 중국인이 와서 전해 주었다는 것이다.

이표 집안의 음식은 임금께 올려지기도 했다. 이를테면 동과증과 우병이 그것인데, 우병은 숙수 박이미가 직접 만들어 임금께 올렸다고 기록되어 있다. 이로 미루어 보면 궁중음식이 일반인에게도 전해졌지만, 반대로 역관 집안의 탁월한 음식이 궁중으로 진상되어 궁중음식 문화의 발전에 기여했음도 짐작할 수 있다.[28] 필자의 소견으로는 궁중의 탕으로 유명한 열구자탕이나 승기아탕도 그런 경우의 하나가 아닌가 생각된다. 말하자면 18세기 이후 특히 잦았던 사신들의 중국과 일본 여행의 결과로서 역관에 의해 전파된 음식이라는 것이다.

《수문사설》을 통해 살펴본 18세기 중반 역관의 음식문화는 대략 이상과 같다. 그런데 이와 같이 뛰어난 음식문화는 그것을 뒷받침할 수 있는 환경이 있을 때에만 가능하다. 즉 경제력이 뒷받침되어야 한다는 것인데, 이 점에서

---

[28] 이표, 《수문사설》, 1746.

당시 역관들의 자본은 엄청났다.

기록에 따르면 당시 사역원에는 중국어를 구사하는 역관만 600명이나 있었다고 한다. 그리고 1년에 3회 이상 중국으로 파견되는 연행사 일행 속에는 20~30명의 역관이 따라갔는데,[29] 이들은 중국의 백사白絲를 사들여 일본에 되파는 중개무역으로 많은 돈을

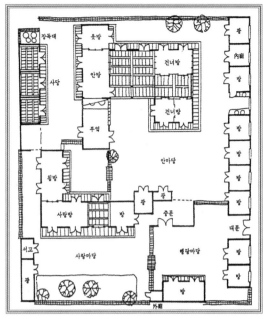

【조선시대 서울 무교동의 중인집 구조도】

벌었다.[30] 일례로 숙종 때 갑부로 소문났던 변승업의 집안은 1664년부터 1858년까지 도합 8회나 역관으로 대마도에 다녀왔으며, 변승업의 재산은 말년에 이자를 놓았던 금액까지 합하면 자그마치 50만 냥이나 되었다는 것이다.[31]

역관의 경우에서 보는 것과 같이 조선시대 중인들이 이룩한 부는 그들이 보유한 기술을 적극적으로 활용한 결과였다. 그리고 늘어난 경제력에 걸맞게 그들은 상당히 호사스러운 집을 짓고 살기도 했는데, 앞서 말한 《김령》에 나타난 김령의 집은 그 대표적인 경우에 속한다.

윗그림은 현재 서울 무교동에 남아 있는 조선시대 중인집 구조도이다. 안채, 사랑채, 서고, 사당이 있으며, 담을 둘러싸고 행랑채도 8개나 있다. 물론이들 8개의 행랑채는 노비들의 생활공간이다. 사노비는 양반만이 소유한 것

[29] 김양수, 〈중인생활〉, 《조선시대생활사》, 223쪽, 역사비평사, 2000.
[30] 김양수, 〈중인생활〉, 《조선시대생활사》, 213쪽, 역사비평사, 2000.
[31] 안길정, 《관아를 통해서 본 조선시대 생활사》, 115쪽, 사계절, 2000.

이 아니라 부유한 중인들도 부릴 수 있었다. 그러므로 상당한 재산을 형성한 중인집의 조리 분담 구조 역시 양반가와 같은 맥락에서 파악할 수 있을 것이다.

【중인가의 조리 분담 구조도】

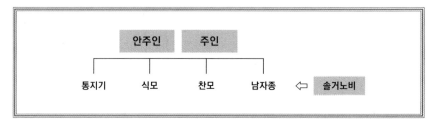

밥상차림으로 본 신분사회

| 계급에 따라 달리한 밥상차림 |

조선시대의 사회조직은 엄격한 신분제도에 의한 계급구조의 질서 속에서 유지되었다. 즉 왕과 왕족·양반·중인·상민·천민 등으로 나뉜 종적인 신분의 차이, 그리고 장유長幼의 차례, 남녀의 구별, 적서嫡庶의 차별 등 횡적으로 구분되어진 신분의 차이가 종횡으로 얽혀서 유지된 것이 조선시대의 문화적 특징이다. 귀족은 문반과 무반의 양반兩班으로, 중인·승려·환관·기녀·상공원·농민·무당·백정 등으로 구성된 평민은 다시 중인·상민·천민으로 나뉘어 각각 그 신분에 따라 엄격히 다른 사회적 대접을 받았다.

정조 19년(1795)은 장조莊祖(사도세자, 1735~1762)와 자궁慈宮(장조의 부인인 혜경궁 홍씨)이 갑년(환갑년)을 맞이하고, 임금은 즉위한 지 20년째가 되는 등 경사가 겹친 해였다. 이때 정조 임금은 혜경궁 홍씨를 모시고 화성華城(지금의 수원)에 행행行幸하고 환갑잔치를 차려 올렸는데, 그 과정의 전말을 소상히 기록한 책이 유명한 《원행을묘정리의궤園幸乙卯整理儀軌》(1795)이다. 이 책을 살펴보면 당시 계급에 따라 일상식 반상차림이 어떻게 달랐는지 알 수 있다. 조선시대에는 신분제도에 따라 식생활에도 엄격한 계급질서가 있었던 것이다. 《원행을묘정리의궤》에 나타난 신분의 분류는 다음과 같다.

• 자궁慈宮(혜경궁 홍씨) 및 대전大殿(정조 임금)

• 내빈內賓(왕족)

• 원員

(1) 외빈外賓 (2) 본소상당本所堂上(당상관, 정3품의 통정대부 이상의 관직) (3) 낭청郎廳(당하관의 총칭) (4) 각신閣臣(규장각의 벼슬아치, 제학提學) (5) 장용영제조壯勇營提調(정조 13년에 창설해서 수원부에 베푼 군영 사무장) (6) 도총관都摠管(오위도총부의 우두머리) (7) 내외책응감관內外策應監官(군대를 지원하는 기관의 우두머리) (8) 검서관檢書官(기록을 점검해 바로잡는 관리) (9) 별수가別隨駕(임금의 대가에 수행함) 장관將官(종9품인 군영의 초관哨官) (10) 본소장교本所將校

• 인人

(1) 각리閣吏(규장각의 아전) (2) 본소서리本所書吏(관아의 문서를 관장하던 아전) (3) 서사書寫(글씨를 쓰고 베끼는 사람) (4) 궁인宮人

• 명名

(1) 고직庫直(창고지기) (2) 여령女伶(궁중에서 베푸는 각종 잔치에서 춤을 추고 노래를 하던 여자) 및 악공樂工 (3) 장인匠人

이상에서 '원·인·명'은 사람의 수효를 세는 단위이다. 이 단위로서 지위의 고하를 구별한 것인데, 왕과 왕족은 가장 상층부에 위치하였고, 다음이 정3품 통정대부 이상의 관직을 지칭하는 당상에서부터 검서관까지를 원속에 포함시켰으며, 각 관아의 문서를 관장하던 아전인 서리에서부터 궁인에 이르기까지는 인에 속했고, 고직·석수·목소·야장·와벽장·이장 등과 같은 장인들은 명이라 지칭했다. 그리고 '원'의 일부와 '인'의 일부는 중인을 포함시킨 것이다.

《원행을묘정리의궤》에 나타난 기록을 토대로 신분에 따라 달리한 반상차

| 밥상차림으로 본 신분사회 |

대상인물	상의 명칭	상의 종류	그릇	차림 형태	찬품(음식)*	
임금	조수라 주수라 석수라	흑칠원족반	유기	독상	반, 갱, 조치, 찜, 자반, 구이, 침채, 장3	7기(첩)
내빈 (왕족)	조반 주반 석반	흑칠원족반	유기	독상	반, 탕, 조치, 자반, 해, 적, 침채, 장	7기(첩)
원	조반 주반 석반	대우판 소우판	유기 자기	독상	반, 탕, 찬, 침채, 장 또는 반, 탕	4기(첩) 2기(첩)
인	조반 주반 석반		동해	겸상	반, 탕	2기(첩)
명	조반 주반 석반		동해	겸상	반, 탕	2기(첩)

*조선왕조의 반상차림에서 장(간장·초장·고추장·꿀·겨자)은 기(첩) 수에 넣지 않았다.

림을 표로 나타내면 다음과 같다.

'인' 이하의 사람들에게는 밥상도 없이 여러 명이 하나의 동해에다 음식을 담아 둘러앉아 밥과 국만으로 아침밥·점심밥·저녁밥을 먹었다.

다음의 그림은 《원행을묘정리의궤》에 나타난 계급에 따른 반상차림도이다. 그림에서 궁인의 경우 '인'임에도 불구하고 채菜와 적炙을 곁들여 국과 밥이 제공되고, 대우판과 유합을 사용한 것은 왕과 가장 가까운 곳에서 일하는 특수한 신분에 대한 배려일 것이다.

양반의 상차림은 '원'의 일상식 반상차림인데 본소당상에서 도총관까지는 4기(4첩)가 제공되고 있고, 중인 역시 '원'이기는 하지만 내외책응감관에서부터 각리에게까지 밥과 국만을 제공하고 있다. 이들 양반과 중인은 독상차림이지만 매우 소박한 반상차림의 모습을 보여 준다. 이것은 1795년 당시 밥

【작자미상(1814), 《수갑계첩》】

환갑을 맞이하여 대청에 모여 음식을 먹고 있는 모습. 양반의 살림살이인데도 불구하고 이미 차려진 음식이나, 음식을 대접하기 위하여 나르는 음식은 작은 원형 소반에 3기(3첩)를 넘지 않고 있다. 술잔과 종지를 제외한다면 2기일는지도 모른다. 내외의 법도가 엄했던 듯, 음식 나르는 사람은 모두 남자이다.(출처:국립중앙박물관)

과 탕이 음식상차림의 기본이었음을 암시한다.

후기하겠지만 반飯(밥)은 음陰, 탕은 양陽이었다. 밥과 탕만으로도 음과 양이 완벽하게 결합된 반상차림이 될 수 있다. 《예기禮記》에 '식食과 갱羹은 제후에서부터 서민에 이르기까지 똑같고……'라든가,[1] 《맹자孟子》에 '단簞의 식食, 두豆의 갱羹……'이라는 표현,[2] 그리고 《전국책戰國策》의 '두豆의 반飯, 곽갱藿羹……'이라는 개술은[3] 고대 중국에서 식생활의 기본은 밥과 국이었음을 나타내는 말인데, 국을 먹을 수 없을 정도로 가난한 살림살이이면 밥과 물이 세트가 되고 있었다.[4] 아울러 《의례儀禮》〈공식대부례公食大夫禮〉에

---

[1] 《예기》, 〈내칙〉.
[2] 《맹자》, 〈고자〉;〈진심〉;〈양혜왕(하)〉.
[3] 《전국책》, 〈한책〉.
[4] 《논어》, 〈옹야〉;〈술이〉.

【《원행을묘정리의궤》에 나타난 계급에 따른 반상차림도】

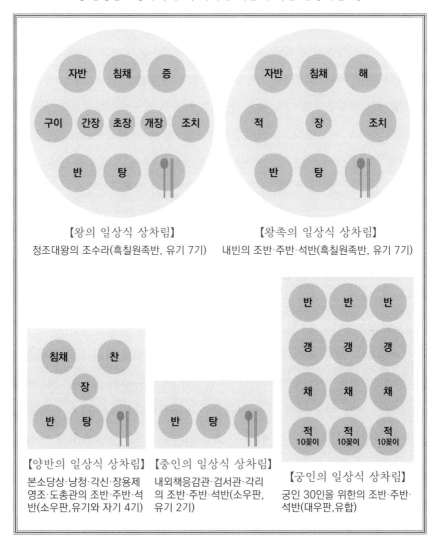

【왕의 일상식 상차림】
정조대왕의 조수라(흑칠원족반, 유기 7기)

【왕족의 일상식 상차림】
내빈의 조반·주반·석반(흑칠원족반, 유기 7기)

【양반의 일상식 상차림】
본소당상·낭청·각신·장용제
영조·도총관의 조반·주반·석
반(소우판,유기와 자기 4기)

【중인의 일상식 상차림】
내외책응감관·검서관·각리
의 조반·주반·석반(소우판,
유기 2기)

【궁인의 일상식 상차림】
궁인 30인을 위한의 조반·주반·
석반(대우판,유합)

서도 공이 대부에게 식사를 대접할 때 밥과 국만은 공 자신 스스로 차림으로
써, 밥과 국이 반상차림의 기본임을 나타내고 있다.[5]

다음으로 최상층부에 존재했던 왕의 일상식 반상차림을 살펴보도록 하자.

___

[5] 김상보, 《음양오행사상으로 본 조선왕조의 제사음식문화》, 수학사, 1996.

앞서 그림에서 왕과 왕족의 일상식 상차림은 1795년 2월 15일 정조대왕이 아침에 잡수셨던 조수라와, 왕족에 속한 내빈의 조반·주반·석반이다. 각각은 흑칠원족반을 사용해 유기에 음식을 담아 7기(7첩)를 차리고 있다. 정조대왕의 어머님이신 혜경궁 홍씨의 환갑연 전후에 차렸던 상이 7기(7첩)인 점을 감안한다면 최상층부의 일상식은 가장 잘 차렸을 경우에라도 7기(7첩)를 넘지 않은 것으로 판단된다. 즉 최상층부는 7기, '명'에 속하는 계층은 2기로 차려 하루 세 끼 식사를 했으며, 상층부는 독상으로 차리고, 하층부는 한 그릇에 여러 명분의 음식을 담아 나누어 먹도록 한 것이 조선사회였다.

| 밥상차림의 왜곡 및 변질 |

《원행을묘정리의궤》를 통해 조선왕조에서는 18세기 말까지만 하더라도 공식적인 자리에서는 밥·국·반찬 모두를 포함해 왕과 왕족은 7기, 양반은 4기, 중인은 2기를 차려 먹었음을 알 수 있었다. 이것은 왕의 어머님이신 혜경궁 홍씨의 환갑 때에 차린 반상차림이기 때문에 평상시에는 더욱 간소했을 것으로 짐작된다. 하지만 이와 같은 조선왕조의 간소한 반상차림은 사적인 평민가정으로 돌아가서는 완전히 무너져 버린다.

19세기 말경의 필사본인 《시의전서是議全書》를 쓴 저자는 알려져 있지 않은데, 아마도 상당한 부를 축적한 계층의 안주인이었으리라 생각된다. 그런데 《시의전서》의 반상차림은 앞서 제시한 조선왕조의 반상차림과 너무도 맞지 않은 상차림이다. 《시의전서》에 나타난 가장 간소한 반상차림은 5첩반상이다. 이것을 조선왕조의 상차림법에 대입시키면 9기(9첩)에 해당되는 것임을 알 수 있다. 이는 가장 잘 차려졌을 때 7기(7첩)를 잡수셨던 왕의 수라상보다도 규모가 클 것이다.

《원행을묘정리의궤》보다 약 100년 뒤에 나온 《시의전서》의 반상법이 이토록 사치스럽고, 왜곡 및 변질된 까닭은 무엇일까?

조선왕조는 반상차림의 규모(음식의 가짓수)를 장醬(간장·초장·겨자·고추장)을 제외한 '○기'로 기록하고 있다. 그러므로 문헌상으로 반상차림의 규모는 조선왕조 500년 동안 '○기' 또는 '○첩'으로 표시되었다고 볼 수 있다. 즉 '7첩(7기) 반상'이란 장을 제외한 음식의 종류가 7종류임을 의미한다.

세종 2년(1420), 태종을 위한 수륙재 때에 왕명의 출납을 맡았던 승정원의 정3품 벼슬인 대언代言의 밥상은 5첩을 넘지 않게 차리도록 명했고, 일본사신 접대에서 7첩을 넘지 않도록 차렸음을 볼 때 일상식 상차림은 가장 잘 차린 경우라도 7기(7첩)였다. 그리고 혜경궁 홍씨의 환갑잔치 때 정조대왕의 수라도 7기인 점을 감안한다면, 앞서 《원행을묘정리의궤》에 나타난 정조대왕의 수라는 아마 당시 가장 화려했던 왕의 일상식 상차림일 것이다.

정조대왕의 수라상 7기에 대한 기록을 밥을 반飯 1기, 탕을 탕湯 1기, 조치를 조치助致 1기, 침채를 침채沈菜 1기, 장을 장醬 1기로 표기하고 있는 데 반해, 적炙과 해醢 그리고 자반佐飯은 찬饌 3기로 표시하고 있다. 이러한 기록이 뜻하는 것은 '밥·탕·조치·침채·장은 기본이고, 기본과 찬 3기인 적과 해 그리고 자반이 더 있다'라는 해석이 가능하다.

'기본 외에 찬 3기'를 합해 7기(7첩)라고 하는 《원행을묘정리의궤》의 표현방법은 약 100년 후인 《시의전서》에서 변화를 보인다. 즉 밥·탕·조치·침채·장을 제외하고 찬饌의 가짓수만으로 5첩·7첩·9첩을 나타내고 있는 것이다. 이는 정조대왕의 일상식 상차림 7기(7첩)에서 보여 주고 있는 찬 3기를 《시의전서》에서는 3첩 반상으로 만든 것이며, 이를 기준으로 5첩반상, 7첩반상, 9첩반상을 소개하고 있는 것이다.

필자의 생각으로는 《시의전서》에 나타난 반상차림법은 조선시대 후기에 생겨난 부의 집중과 매관매직에 따른 양반사회의 붕괴, 사치 및 요릿집 문화

【《시의전서》에 나타난 반상차림도】

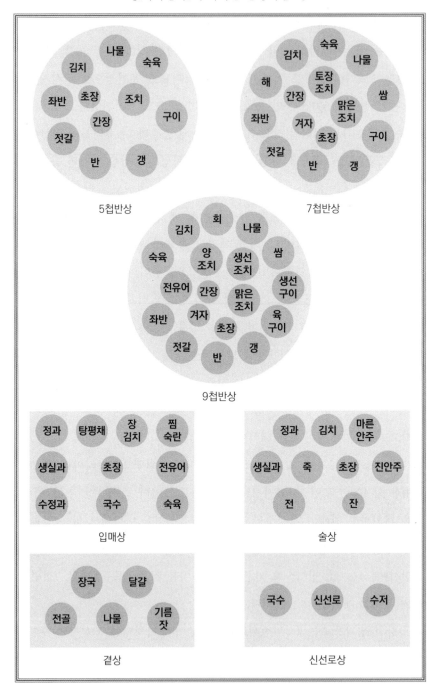

5첩반상

7첩반상

9첩반상

입매상

술상

곁상

신선로상

의 발달에 의해 음식문화가 왜곡 및 변질된 결과로 보인다.

널리 알려진 것처럼 조선시대 말에 이르면 양인의 수는 대폭 줄어들고, 양반의 수는 급격히 늘어났다. 인구의 대다수가 지배층이 되고 피지배층은 점차 소수가 된 것이다. 이 무렵 양반의 수는 전체 인구의 70퍼센트를 차지했다.[6] 이때 형성된 신흥 양반계층들이 양반 본연의 검박한 생활을 얼마나 유지했는지는 의문이다.

필자는 《시의전서》에 나타난 반상차림의 왜곡 및 변질은 신흥 양반계층 때문인 것으로 보고 있다. 이 책의 방식대로 따른다면 정조대왕이 잡수신 7기는 3첩반상에 불과하며,[7] 반대로 《시의전서》의 7첩반상을 궁중의 반상법으로 계산하면 12기(12첩)가 되는 것이다.

임진왜란 이후 조선왕조의 신분제도는 서서히 붕괴하기 시작했으며, 통신사 및 연행사들에 대한 역관무역은 중인들로 하여금 막대한 부를 축적하도록 했다고 이미 말한 바 있다. 이제 양반들은 잘사는 중인들을 부러워하고, 경우에 따라서는 양반들이 나서서 솔거노비에게 장사를 시키는 일까지 생겨났다. 한편 인삼과 담배의 인기는 사상私商의 규모를 점차 크게 만들었다. 각지에 장시가 들어서면서 봇짐장수와 등짐장수가 늘어났으며, 이들은 역관자본과의 경쟁에서도 서서히 우위를 차지했다.

이 무렵에는 양반들이 소유하고 있던 외거노비들도 끊임없이 도망쳐서 장사를 시작했다. 그리하여 부를 축적한 중인·양인·천민 등은 관리를 매수해 호적을 뜯어고침으로써 가짜 양반, 가짜 유학자가 속출했다. 특히 그러한 정도가 심했던 것이 19세기 들어 순조와 철종 연간이었다. 그 결과 군역·조세·요역을 책임져야 하는 평민계층은 갈수록 줄어들었으며, 그것은 곧바로 국가재정의 붕괴로 이어졌다.

---

[6] 권삼문, 김영순, 《향촌의 유교의례와 문화》, 231쪽, 민속원, 2003.
[7] 김상보, 《수원시의 식생활문화》, 403~433쪽, 수원시, 1997 ; 《시의전서》, 19세기 말경 ; 《원행을 묘정리의궤》, 1795.

사정이 이러했으므로 원래 양반도 아닌 데다가 양반으로 변신하는 데에도 성공하지 못한 빈민들의 군역·조세·요역에 대한 부담은 더욱 가중되었으며 그들의 생활은 한층 더 비참해졌다.[8] 《시의전서》는 바로 이와 같이 타락한 사회적 분위기를 반영하고 있다. 다시 말해 이 책은 양이나 흐트러진 반상차림을 제시한 것처럼 호도되어 오늘날까지 일반에게 알려지고 있다는 사실이다.[9]

| 전통적인 조선왕조의 수라상차림 |

조선왕조 궁중음식 기능보유자 황혜성은 《시의전서》의 반상법에 따라 3첩·5첩·7첩·9첩반상을 제시한 데 그치지 않고, 한 걸음 더 나아가 12첩반상이란 것을 새롭게 탄생시켰다. 황혜성은 이를 임금님이 잡수신 일상식이라고 주장한다. 황혜성의 12첩반상은 다음에 제시한 바와 같이 1795년의 기준으로 본다면 장을 제외하고 21기(21첩)가 되는 것으로 실로 엄청난 일상식 상차림이 아닐 수 없다.

임금의 일상식 상차림이 12첩이라는 주장의 배경으로는 임오군란(1882) 이후 갑자기 많아진 청나라 상인과 군인들, 대한제국 황제 등극 이후 보수파들에 의한 청 문화 유입 등으로 청나라의 탁자요리 중 접시(碟, 皿)의 수가 정해져 있었던 위첩圍碟 12첩의 영향을 생각할 수 있다.[10]

청나라 건륭 황제(재위 1735~1796) 치세 동안에는 소채小菜에 해당하는 '回千'이 있었다. 하지만 그 이후 서구 열강에 의해 침투된 서양문명은 중국

---

[8] 안길정, 《관아를 통해서 본 조선시대 생활사》(상), 222쪽, 사계절, 2000.
[9] 《시의전서》의 반상구조는 방신영의 《조선요리제법》(한성도서주식회사, 1934)과 황혜성·이시게 나오미츠(石毛直道) 공저의 《한국의 식(韓國の食)》, 1988에도 그대로 답습되었다.
[10] 김상보, 〈20세기 조선왕조 궁중연향 음식문화〉, 《조선후기 궁중연향문화》(권3), 민속원, 2005.

의 식생활에도 그대로 반영되었다. 즉 회천은 위첩이 되어 이른바 탁자요리는 '위첩 ○명皿' 혹은 '대채大菜 ○완碗'이 된 것이다. 그리고 1915년경에는 이미 위첩이 전채요리로서 완전히 변질되어 버렸다. 그런데 이 위첩이 통상 12첩으로 접시(皿) 수가 정해져 있었다.

【시대별로 구분한 조선왕조 임금의 일상식 반상차림】

	상차림의 규모	기본						찬											합계
		장	밥	갱	조치	침채	담침채	구이	자반	해	전	회	채	편육	장과	조림	쌈	수란	
《원행을묘정리궤》(1795)	7기(7첩)	(1)	1	1	1	1		1	1	1									7
《한국의 식》(1988)*	12첩(12기)	(4)	2	2	2	3		2	1	1	1	1	2	1	1	1		1	21

*《한국의 식》은 황혜성 · 이시게 나오미츠 공저로, 일본에서 발간된 것이다.

조선왕조의 일상식 반상차림이 12첩반상이라고 주장하는 데에는 문헌적 근거나 사실적 자료를 전혀 찾을 수 없다. 그럼에도 불구하고 구태여 역사적으로 근거를 찾는다면 그 시기는 구한말 이후의 일이다.

《시의전서》이후 왜곡 및 변질되어 오늘날까지 전해지는 반상차림은 외식산업을 포함한 현재의 반상문화에 막대한 영향을 끼쳤다. 즉 음식 가짓수를 많이 차리는 데에 따른 지나친 낭비가 그것이다.

조선의 왕들은 몸소 근검절약을 실천해 보였다. 특히 나라가 어지러울 때에는 더욱 그러했다. 조선의 왕들은 나라에 수재·가뭄·질병·한파 등의 기상이변이 생겨 백성들의 생활에 지장을 초래할 경우에는 일상식의 찬품饌品(음식) 가짓수를 줄였으며, 고기반찬을 먹지 않고 소선을 잡수셨다. 천재지변을 비롯해 나라에서 일어나는 모든 재앙은 임금의 부덕 때문인 것으로 생각하고 일상의 행위 속에서 책임지는 모습을 보였던 것이다.

조선시대에 임금은 천명을 받은 특별한 사람, 즉 성인만이 차지할 수 있는 자리였다. 아울러 임금에게 신성권을 부여한 하늘은 동시에 그 책임도 물었다. 천재지변은 우연한 자연현상이 아니라 왕의 정치를 문책하기 위한 하늘의 뜻이라는 것이 당시의 인식이었다.[11]

'임금의 일상식은 12첩반상'이라는 주장, 다시 말해 임금의 수라상은 장醬을 제외하고 무려 21기나 된다는 주장은 극단적으로 말하면 근검절약을 몸소 실천하려고 했던 조선왕조의 통치철학 자체도 부정하는 일이다. 문헌적 근거나 사실적 자료가 현재까지 없기는 하지만, 만일 일본에 의해 강제로 개혁이 이루어졌던 갑오경장(1894) 이후 한말에 조선왕조 임금의 일상식 상차림이 12첩반상이었다면 이는 한말의 예외적 경우로 생각해야지 그것을 일반화시키면 곤란하다. 비극적인 사회적 변혁기에 처해 있던 한말의 음식문화를 조선왕조 전체의 음식문화로 이야기하는 것은 자칫 역사적 사실에 대한 커다란 죄를 짓는 결과를 초래할 것이다.

---

[11] 《조선왕조실록》; 이영화, 《조선시대 조선사람들》, 18~20쪽, 가람기획, 2003.

| 밥상차림으로 본 신분사회 |

밥상차림의 문화

| 음양오행사상에서 출발한 밥상차림 |

춘추전국시대(B.C. 770 ~ B.C. 221)에 유행했던 음양오행설은 당시 새롭게 만들어진 사상이 아니다. 그 기원은 고대 동이족이 분포해 살고 있던 동북아시아로 거슬러 올라간다. 자신이 서 있는 곳을 세계의 중심으로 삼고, 동서남북의 4방위를 정하는 5방위 관념은 고대 동북아시아의 사상이었다.

산둥성을 중심으로 동북아시아에 분포해 있던 동이족의 한 갈래가 세운 나라로 파악되는 은나라(B.C. 1700 ~ B.C. 1100)는 항상 동토東土·서토西土·북토北土·남토南土에서의 좁쌀 수확에 커다란 관심을 기울였다.[1] 이것은 국토를 5방위 관념에 기초해 5부 체제로 관리한 명백한 증거인데, 음양오행사상은 은대에 이미 보편적이면서 기본적인 우주 구성원리였을 뿐만 아니라 왕실의 구분제도와도 관련이 있다는 보고도 있다.[2] 하지만 은나라도 오래가지는 못했다. 기원전 18세기에 동방으로부터 와서 하 왕조를 정복하고 중국의 청동기 문명을 열었지만, 그로부터 약 600년 후 서방으로부터 온 주인周人들에게 정복된 것이다.

---

[1] 김상보,《음양오행사상으로 본 조선왕조의 제사음식문화》, 19쪽, 수학사, 1996.
[2] 장광직,《중국청동시대》, 343쪽, 평범사, 1989.

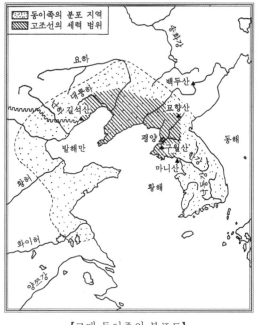

【고대 동이족의 분포도】

주공周公을 이상적인 인물로 추앙했던 춘추시대의 공자(B.C.552 ~ B.C.479)에 의한 유학은 은나라의 문화를 이어받은 서주西周(B.C.1100 ~ B.C.770)의 문화가 기초가 되었음은 물론이며, 춘추전국시대의 음양오행설은 은나라의 5방위 관념에 기반을 둔 것이다. 다시 말하면 고대 동북아시아 동이족의 5방위 관념이 춘추전국시대에 체계화되면서 다시 역으로 한반도에 유입된 사상이 음양오행사상이라고 말할 수 있다.[3]

춘추시대부터 전한前漢에 걸쳐서 나온 《의례》에는 공公이 대부大夫에게 식사를 대접하는 예법으로 〈공식대부례〉가 기록되어 있는데, 여기에는 다음과 같은 상차림이 제시되어 있다. 즉 정찬正饌과 가찬加饌으로 분류해 정찬은 반드시 차려야 될 음식으로, 가찬은 손님에게 공경의 마음을 나타내기 위해 더하여 차리는 음식으로 분류하고 있는 것이다.[4]

• 정찬
(1) 혜장醯醬(오늘날의 초장에 해당) (2) 구조韭菹·창본昌本·청저靑菹와

---

[3] 서정록, 《백제금동대향로》, 65쪽, 학고재, 2001.
[4] 김상보, 《조선왕조 궁중연회식의궤 음식의 실제》, 99쪽, 수학사, 1995.

【《의례》〈공식대부례〉에 나타난 정찬과 가찬의 진설도】

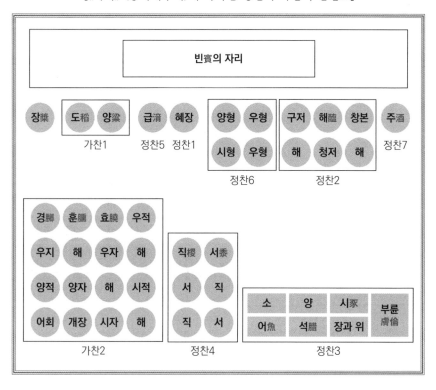

해혜(부추·창포뿌리·무로 만든 김치와 젓갈) (3) 소·양·시豕(돼지)·생
선·포脯·장과 위 및 돼지 삼겹살의 수육(熟肉) (4) 서黍(수수)와 직櫻(좁
쌀)으로 지은 밥 (5) 급湆(소고기 맑은 국, 대갱大羹으로 소미素味이다)
(6) 양형羊鉶(양고기에 씀바귀를 넣어서 끓인 탕)·우형牛鉶(소고기에 미
역을 넣어서 끓인 탕)·시형豕鉶(돼지고기에 고비나 물을 넣어서 끓인 탕)
(7) 술

• 가찬

(1) 도稻(쌀)와 양粱(차조)으로 지은 밥 (2) 경臛(소고기로 만든 곰국)·훈
臛(양고기로 만든 곰국)·효臛(돼지고기로 만든 곰국)·우적牛炙(소고기
구이)·양적羊炙(양고기구이)·시적豕炙(돼지고기구이)·우지牛脂(소기름

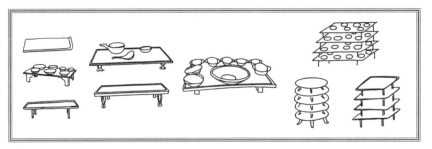

【한대의 화상석에 나타난 밥상과 그릇】

회)와 해醢(젓갈)·어회魚膾(생선회)와 개자芥子(겨자장)

이상의 분류는《의례》가 나왔을 당시를 기준으로 한 것이고, 좀 더 시대를 내려와서 후한後漢(25~220)에 이르면 오늘날 우리들이 사용하는 것과 같은 조그마한 안案·선樏·반盤 등을 밥상으로 사용하면서, 그릇도 굽다리 그릇 대신에 접시나 합 등이 사용되었음을 화상석畫像石(평평한 돌에 돌을새김한 그림)은 보여 주고 있다.

그 외에도 화상석은 음식문화가 양을 중시하는 초보적 단계에서 양보다는 질을 중시하는 내면적 사치의 단계로 이행되고 있음도 보여 준다. 춘추전국시대와 진, 그리고 전한시대를 거치면서 중국 대륙은 상차림에서 엄청난 음식문화의 혁명을 가져온 것이다.

다음은 한 시대의 선樏을 사용하여 정찬과 가찬으로 분류해 그림으로 그려 본 것인데, 정찬1을 초장으로, 정찬2를 김치와 젓갈로, 정찬3을 수육으로, 정찬4를 밥으로, 정찬5를 국으로, 정찬6을 조치로, 정찬7을 술로, 가찬1을 밥으로, 가찬2를 곰국·구이·회·젓갈 또는 겨자장으로 장醬을 식혜로 표기함으로써 보다 쉽게 접근하고자 하였다.

정찬과 가찬으로 차려진 반상차림은 물론 귀족 계층이 향유한 보다 의례

---

[5] 김상보,《음양오행사상으로 본 조선왕조의 제사음식문화》, 65쪽, 수학사, 1996.

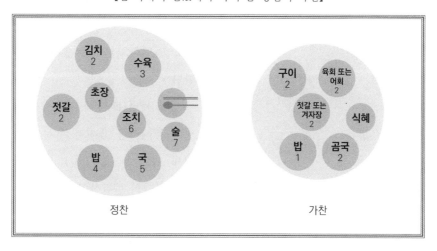

화된 상차림이며, 여기에서 다음과 같은 음양의 법칙을 찾을 수 있다[5]

정찬1	초장(陰)	가찬1	밥(陽)
정찬2	김치(陰) 젓갈(陰)	가찬2	곰국(陽) 구이(陽) 육회(陽) 젓갈(陰)
정찬3	수육(陽)		
정찬4	밥(陰)		
정찬5	국(陽)	식혜	(陰)
정찬6	조치(陰)		
정찬7	술(陽)	음양의 비율	陰7 : 陽7

《예기》에 따르면 술과 육류로 만든 음식은 양이고, 물과 흙에서 나온 산물로 만든 음식은 음이며, 밥도 수수밥과 조밥은 음이고, 쌀밥과 차조밥은 양이라는 것이다.[6] 음과 양의 이분현상으로 이루어진 이러한 상차림 배선법은 음양오행사상에 의해 국가를 운영했던 우리나라의 삼국시대에도 그대로 적용

---

[6] 《예기》, 〈교특생(제11)〉.

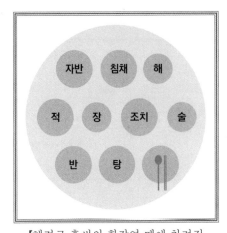

【혜경궁 홍씨의 환갑연 때에 차려진
내빈의 조반·주반·석반
(흑칠족반·유기·7기)】
7기는 장과 술을 제외한 음식의 가짓수를 말한다.

되었을 것으로 보이지만, 그보다 2,000년 가까이나 지난 조선시대에는 어떠하였는가를 살펴보기로 한다.

정조 19년(1795)에 임금이 어머님이신 혜경궁 홍씨를 모시고 수원의 아버지(사도세자) 묘에 가서 어머님의 환갑잔치를 차려드릴 때, 내빈(왕족)들에게 차려 준 아침밥·점심밥·저녁밥에 대한 상차림 7기는 가장 화려하게 차린 일상식이었다. 이것은 아주 특별한 경우에 속했다. 혜경궁 홍씨의 환갑연이었기 때문에 이러한 상차림이 가능한 것이었지, 일반적으로는 궁이라 할지라도 5기를 넘지 않았다.[7]

내빈의 상차림을 정찬과 가찬, 음과 양으로 나누어 보았을 때, 밥飯·탕·장醬·해醢(젓갈)·조치助致·자반佐飯·침채沈菜(김치)·술은 정찬이고 적炙(구이)는 가찬이며, 밥·장·해·조치·침채는 음陰이고 탕·자반·적·술은 양陽인데, 장은 음식의 가짓수에서 제외되는 것이 조선왕조의 상차림법이었음을 감안한다면, 장을 제외하고 음이 4, 양이 4가 되는 1:1의 차림법칙을 발견할 수 있다.

탕湯·찜燕·초炒·볶기卜只·전煎·자煮를 조치助致라 하였고, 포脯·육병肉餅 등을 자반佐飯(밥을 먹는 데 도와주는 음식)이라 하여 광범위하게 소속시켰기 때문에 앞서의 《의례》〈공식대부례〉에서 나타난 정찬6에 속한 형갱鉶羹을 조치에 소속시키고 정찬3에 속했던 수육인 석갈腊을 자반에 소속시켜도 무

---

[7] 《세종실록》(제16권), 세종 4년 5월 계유조.

리는 없으리라 판단된다. 조치·자반이라는 명칭의 등장은 2,000년이라는 시간의 흐름 속에서 변형될 수 있는 명칭이라 해석해도 좋다.

정찬만으로 간단히 차린 음식상이 내빈의 상차림이라면, 환갑연의 주인공이었던 혜경궁 홍씨에게는 정찬과 가찬이라는 독립된 상차림의 형태로 수라상을 올렸다.

【혜경궁 홍씨에게 올린 아침 수라상(15기)】

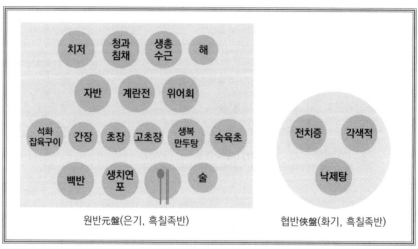

원반元盤(은기, 흑칠족반)　　　　협반俠盤(화기, 흑칠족반)

술과 종지는 기수器數(첩수)에서 제외함.

원반과 협반으로 차려진 혜경궁 홍씨의 아침 수라상은 원반을 은기에 협반을 화기에 담아 올림으로써 원반의 음식이 정찬, 협반의 음식이 가찬임을 암시하고 있으며, 장을 제외하고 15기를 차리고 있다. 이것은 환갑연의 주인공이기 때문에 특별히 아침진지로 정찬과 가찬을 준비한 것으로 해석된다.

원반의 찬품을 정찬과 가찬, 음과 양으로 나누어 보았을 때, 백반·생치연포·간장·초장·고초장·자반·생복만두탕·숙육초·해·생총수근·청과침채·치저·술은 정찬이고, 계란전·위어회·석화잡육구이는 가찬이며, 이를 다시음과 양으로 나누어 보면 다음과 같다.

정찬1	간장·초장·고초장	陰
정찬2	생총수근生葱水芹(미나리강회)	陰
	청과침채靑瓜沈菜(오이김치)	陰
	치저雉菹(꿩김치)	陽
	해醢(젓갈)	陰
정찬3	숙육초熟肉炒(수육볶기)·자반	陽·陽
정찬4	백반白飯	陰
정찬5	생치연포탕生雉軟泡湯	陽
정찬6	생복만두탕生鰒饅頭湯	陰
정찬7	술	陽
가찬1	석화잡육구이石花雜肉炙伊	陰
	위어회葦魚膾(웅어회)	陰
	계란전鷄卵煎	陽
음양의 비율	陰7:陽6(정찬1에 속한 종지는 제외함)	

앞서 내빈의 조반·주반·석반과 마찬가지로 가찬2에 속한 적炙(구이·전) 및 생선회를 정찬 속에 포함시켜 상차림 배선에 적용시키고 있고, 정찬3에 속한 전치증을 가찬에 소속시킴으로써 정찬과 가찬을 바꾸어 배선하고 있다. 가찬인 협반에 찬품을 음과 양으로 분류해 보면 더욱 분명해지는데, 정찬과 가찬이 바꾸어져 배선된 현상은 《의례》 이후 조선왕조에서 적용하기까지 걸리는 시간 속에서 생겨날 수 있는 착오이다.

가찬2	각색적各色炙(여러 가지 구이)	陽
	낙제탕絡蹄湯(낙지탕)	陰
정찬3	전치증全雉蒸(꿩찜)	陽
음양의 비율	陰1:陽2	

결론적으로 말하면 음과 양의 비율은 원반과 협반을 합해서 8:8이 되고 있는 것이다. 즉 음과 양이 1:1로 결합되는 것이 조선왕조의 반상 차림으로, 주대周代에로의 복고주의로 돌아서서 숭유정책을 폈던 조선왕조 이후 상차림은 더욱더 음양으로 정례화되어 현재에 이른 것이 오늘날 우리들의 반상차림이다.

| 음양오행사상에 따른 상차림과 시식, 맛과 색깔 |

태초에 우주는 하늘과 땅이 아직 분화되지 않은 상태였다. 이 상태를 기호로 나타내면 ○이 되는데, 이 혼돈 속에서 우선 광명으로 충만해 가볍게 떠오른 양기가 상승해서 하늘이 되고 무겁고 혼탁한 암흑의 음기가 하강해서 땅이 되었다. 하늘과 땅 혹은 양과 음은 각각 상반되는 성질을 가지고 있지만 원래가 같은 뿌리에서 탄생하였기 때문에(天地同根 陰陽同根), 서로 왕래하고(天地往來 陰陽往來), 서로 끌어당기며 교감교합한다(天地交合 陰陽交合).

그 결과 양 속에는 완전한 양도 있지만 음도 존재하며, 음 속에도 완전한 음도 있지만 양도 존재하는데, 이를 기초로 나타낸 것이 다음의 팔괘도八卦圖이다.

하늘(天)은 ☰, 바람(風)은 ☴, 불(火)은 ☲, 뫼(山)는 ☶, 비(澤)는 ☱, 물(水)은 ☵, 벼락(雷)은 ☳, 땅(地)은 ☷로 나타냈다. 이와 같이 만물은 음과 양의 결합으로 이루어진 것인데, 그러니 완전히 양으로 이루어진 하늘의 경우나 완전히 음으로 이루어진 땅의 경우에도 그 속에는 양과 음만이 각각 존재하는 것이 아니다. 하늘에는 양인 해(日)가 있고 음인 달(月)도 있어서 이들의 교합·교감·왕래에 의해 목성·화성·토성·금성·수성이 탄생했다. 땅 역시 음과

【팔괘도】

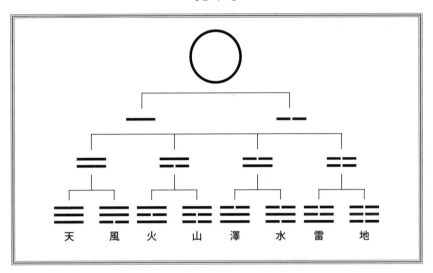

| 天 | 風 | 火 | 山 | 澤 | 水 | 雷 | 地 |

양의 교합·교감·왕래의 결과에 따라 목木·화火·토土·금金·수水의 오행五行 즉 오기五氣가 생겼다. 이 세상 모든 만물은 음과 양으로 나뉘지만, 음 속에도 양이 양 속에도 음이 존재하며, 음양 각지에는 오기(오행)가 존재한다.

사람을 예로 들면, 남자는 양 여자는 음이지만 남자 속에도 음이 있고 여자 속에도 양이 있으며, 이들 남녀의 몸속에도 다음과 같은 오기가 존재함으로써 생명을 유지하는 것이다.

【오기】

목木	화火	토土	금金	수水
간	심장	비장	폐	신장
담낭	소장	위	대장	방광
혈	기	육	골	근
청	적	황	백	흑
신맛	쓴맛	단맛	매운맛	짠맛

한편 인간의 생활에서 가장 기본적인 시간은 봄·여름·가을·겨울로 이어지는 1년의 변화, 즉 음양의 소장消長이다. 동지를 경계로 하여 해는 날마다 조금씩 길어지고, 하지를 경계로 하여 해는 날마다 조금씩 짧아진다.

팔괘도에서 나타내는 8괘는 3획으로 이것만으로는 우주의 복잡한 이치를 표현하기 어렵기 때문에 3획을 겹쳐 6획으로 하여 64괘를 완성하였다. 예컨대 땅인 ☷에 하늘인 ☰을 합할 경우 64괘 중의 하나인 ䷊가 되는데, 이 괘는 음양의 교합·교감·왕래가 왕성한 괘라 하여 태泰를 붙여 1월을 상징하는 지천태地天泰 괘가 되었다.

동지가 있는 11월을 기점으로 해가 날마다 조금씩 길어지기 때문에 겨울이었더니 10월의 완전 음인 ䷁을 거쳐서 만상은 동지를 계기로 양의 방향으로 향한다. 따라서 11월은 양이 하나가 있는 ䷗이 되었다.

12월에는 양이 하나 더 성장하여 ䷒가 되고 1월은 음과 양이 각각 절반이 되는 지천태 괘가 된다. 그리하여 점차 양이 증식되고 소장되며, 음이 증식되고 소장되는 봄·여름·가을·겨울로 이어진다.

【음양의 결합에 따른 1년의 변화】

	열두 달의 괘	비고
11월, 자(子月) (동지)	䷗ 지뢰복地雷復	땅과 벼락이 결합한 형태. 동지를 경계로 하여 해는 날마다 조금씩 길어진다.
12월, 축(丑月)	䷒ 지택림地澤臨	땅과 비가 결합한 형태.
1월, 인(寅月)	䷊ 지천태地天泰	땅과 하늘이 결합한 형태. 음양의 교합이 원활하게 이루어지는 달이다.
2월, 묘(卯月)	䷡ 뇌천대장雷天大壯	벼락과 하늘이 결합한 형태.
3월, 진(辰月)	䷪ 택천쾌澤天夬	비와 하늘이 결합한 형태.
4월, 사(巳月)	䷀ 건위천乾爲天	하늘(陽)이 포개어져 결합한 형태.

5월, 오(午月) (하지)	䷫ 천풍후天風姤	하늘과 바람이 결합한 형태. 하지를 경계로 하여 해는 날마다 조금씩 짧아지고 밤이 조금씩 길어진다.
6월, 미(未月)	䷠ 천산돈天山遯	하늘과 산이 결합한 형태.
7월, 신(申月)	䷋ 천지부天地否	하늘과 땅이 결합한 형태. 음양의 교감이 없는 달이다.
8월, 유(酉月) (중추가절)	䷓ 풍지관風地觀	바람과 땅이 결합한 형태.
9월, 술(戌月) (중구)	䷖ 산지박山地剝	산과 땅이 결합한 형태.
10월, 해(亥月)	䷁ 곤위지坤爲地	땅(陰)이 포개어져 결합한 형태.

목木은 봄이고, 화火는 여름이며, 금金은 가을이고, 수水는 겨울이다.

겨울冬 (수기水氣)	**봄春** (목기木氣)	**여름夏** (화기火氣)	**가을秋** (금기金氣)
10월 맹동孟冬	1월 맹춘孟春	4월 맹하孟夏	7월 맹추孟秋
11월 중동仲冬	2월 중춘仲春	5월 중하仲夏	8월 중추仲秋
12월 계동季冬	3월 계춘季春	6일 계하季夏	9월 계추季秋

시간을 포함해 우주의 삼라만상에는 음과 양이 내재되어 있으며, 그것이 시시각각으로 분화 및 변화하면서 자연계는 생성과 소멸을 거듭한다.

우리가 먹는 음식도 예외가 아니다. 앞서 말했다시피 음에 속하는 밥은 봄처럼 따뜻하게, 양에 속하는 국은 여름과 같이 뜨겁게, 또 음에 속하는 젓갈과 김치는 가을처럼 시원하게, 양에 속하는 술은 겨울처럼 차게 하여 마심으로써,[8] 인간은 매일매일 하루 세끼의 식사마다 봄·여름·가을·겨울이 갖추어진 1년의 시간을 먹는 셈이다. 하지만 밥과 국을 차게, 젓갈·김치·술 등을 따

---

[8] 《예기》, 〈내칙〉.

뜻하게 먹을 경우 이것은 자연의 이치에서 벗어나는 식생활이므로 자연히 질병이 발생한다.

다음은 조선 순조 때의 학자 홍석모가 지은 《동국세시기東國歲時記》를 바탕으로 계절의 변화와 시식時食과의 관계를 나타낸 것이다.

【계절의 변화와 시식과의 관계】

11월 (동지)	동지적두죽, 전약, 골동면, 골동갱, 골동반, 냉면, 동치미, 수정과
12월	납육
1월 (정월)	세찬, 세주, 백병, 병탕, 증병, 약반, 적두죽, 작절, 유롱주, 진채식 · 복리 (쌈), 오곡밥
2월 (노비일)	송병(노비송병)
3월 (삼짇날)	두견화전, 화면, 수면, 탕평채, 수란, 위어회, 복어, 서여증식, 과하주, 사마주, 소주, 환병, 산병, 증병, 남주북병
4월 (초파일)	소찬素饌, 자두煮豆, 증병, 어채, 어만두
5월 (단오)	술의병戌衣餠
6월 (유두)	수단, 건단, 유두면, 상화병, 연병, 구장, 복죽
7월 (백종)	참외·수박 등의 과일
8월 (추석)	소병, 나복청근, 증병, 남과증병, 인병引餠, 밤단자, 토란단자
9월 (중구)	국화전, 화채
10월	적두증병, 우유락, 난로회, 만두, 변씨만두, 열구자탕, 애탕, 연포, 애단자, 밀단고, 건정(정과)

팥죽의 경우를 예로 들어 살펴보기로 하자. 동지를 기점으로 하나의 양이 싹트고 있다고는 하지만 이것은 지극히 미약한 기로서, 이 미약한 기를 조장해야만 동지 이후의 양기를 신장시킬 수 있다고 믿었다.

옛사람들은 귀鬼나 신神 또한 인간과 똑같은 감정을 가지고 있다고 생각했다. 그런데 귀鬼는 어둡고 음침한 곳을 좋아하고 밝은 곳을 싫어할 뿐만 아니라 주술을 두려워해서 악의 상징으로 간주되었고, 반면 신神은 청결한 곳을 좋아하고, 풍성하고 맛있는 음식을 즐기며 인간이 존경하고 경건하게 받드는 것을 좋아하므로 선의 상징으로 간주되었다.[9]

이 어둡고 음침한 곳을 좋아하는 음성의 귀鬼는 당연히 양성을 싫어할 것이다. 그러므로 적두赤豆(붉은팥)라고 하는 양성의 붉은색을 주물呪物로 사용함으로써 귀를 쫓고자 하였다. 동짓달(月, 11월)과 하짓달(午月, 5월)을 연결하는 자오선은 1년의 음양을 나누어 주는 축으로, 동짓달에서 잉태한 새로운 생명은 천풍후인 하짓달에서 탄생한다.

만물이 고사枯死된 완전히 음인 곤위지의 10월(맹동)을 거쳐서 지뢰복인 11월(중동)의 동지가 되면 양이 조금씩 증식해 간다. 즉 동지에서 하지의 방향은 음에서 양으로 가는 것이며, 하지에서 동지로의 방향은 양에서 음으로 가는 방향이다. 동지부터 해가 조금씩 길어지고, 하지부터는 밤이 조금씩 길어진다.[10]

십이지十二支에서 최초의 자子가 할당된 11월의 동짓달은 양기가 새롭게 증식하는 달이면서 음기가 극에 달한 달이기도 해서 귀鬼가 성한 달이기도 하다. 음기가 극에 달해 있지만 양기가 싹틈으로 인해 음양의 2기가 서로 싸우기 시작하는 것이다.[11]

따라서 동짓날의 최상의 주물은 불(火)인 적색의 팥죽이 되며, 팥죽을 먹는 것은 팥죽을 빌어 양기를 조장함으로써 음양 2기를 안정시키고 아울러 귀鬼를 쫓는 것으로 해석할 수 있다.

《동국세시기》에서 정월초하루와 동짓날에 등장하는 붉은팥은 그 의미가 같다. 사람들은 동지를 지나면서 태양의 쇠약으로 1년의 마감을 감지했을 뿐만 아니라, 지금까지 짧아지기만 하던 낮의 길이가 다시 길어지기 시작하는

---

[9] 거자오구앙(葛兆光), 심규호 역, 《도교와 중국문화》, 102쪽, 동문선, 1993.
[10] 김상보, 《음양오행사상으로 본 조선왕조의 제사음식문화》, 284~285쪽, 수학사, 1996.
[11] 김상보, 《음양오행사상으로 본 조선왕조의 제사음식문화》, 273~287쪽, 수학사, 1996 ; 《예기》, 〈월령(제16)〉.

| 밥상차림의 문화 |

경계라는 인식하에 이때부터 1년이 바뀐다고 믿었기 때문에 동짓날을 가리켜 '작은설'이라고도 하였다.[12]

정월초하루인 원단元旦과 동지는 동격의 축일이다. 옛사람들은 새로이 시작하는 한 해를 맞이하여 붉은팥(赤=火)으로 개화改火함으로써 모든 사물을 재생시키려 하였다. 《동국세시기》에 나타난 다음의 기록은 팥죽에 대한 당시의 생각을 잘 반영하고 있다.

동지적두冬至赤豆粥: 동짓날을 아세亞歲(작은설)라고도 한다. 이날은 적두죽을 끓여서 찹쌀가루에 꿀을 섞어 새알 모양으로 만들어 팥죽에 넣고 시식時食으로서 제사에 공供하는데, 팥죽을 문판門板에 뿌려서 부정을 제거한다고 한다.

음양오행설에 따른 오행의 법칙에는 상생론相生論과 상극론相剋論 있다. 예컨대 목생화木生火(나무와 나무를 마찰하면 불이 생긴다), 화생토火生土(물질이 연소하면 재, 즉 흙이 생긴다), 토생금土生金(흙 속에는 금속이 매장되어 있다), 금생수金生水(습도가 높을 때 금속에 물이 생긴다), 수생목水生木(나무는 물에 의해 성장한다)은 상생론이요, 목극토木剋土(나무는 흙 속에 뿌리를 뻗어 흙을 단단히 죄어 고통을 준다), 토극수土剋水(흙은 물의 흐름을 막는다), 수극화水剋火(물이 불을 끈다), 화극금火克金(금속은 불에 녹는다, 즉 불이 금속을 이긴다), 금극목金剋木(커다란 나무도 도끼(금속)에 의해 쓰러진다)은 상극론이다.

다시 말해 우주는 음양의 조화와 상생 및 상극의 원칙이 결합해 무한한 유전을 거듭한다는 것이 음양오행설의 핵심이다. 이것을 음식의 맛과 색깔에 적용해 보자.

---

[12] 편무영, 《한국불교민속론》, 105쪽, 민속원, 1998.

청색과 신맛은 목木에, 붉은색과 쓴맛은 화火에, 황색과 단맛은 토土에, 백색과 매운맛은 금金에, 흑색과 짠맛은 수水에 배당된다. 상생에서 목木은 화火를 만드는 목생화木生火이므로 신맛(木)과 쓴맛(火)이 알맞게 섞이면 맛이 좋고 건강에도 좋다. 마찬가지로 쓴맛과 단맛, 단맛과 매운맛, 매운맛과 짠맛, 짠맛과 신맛은 서로 상생관계에 있다. 이것을 색깔에 적용하면 청색과 적색, 적색과 황색, 황색과 백색, 백색과 흑색, 흑색과 청색의 음식은 서로 상생관계에 있고 이들을 알맞게 섞어 먹으면 음식의 색깔이 아름다워질 뿐만 아니라 건강에도 좋다는 것이다.

상극론을 맛에 적용시키면 단맛(土)은 신맛(木)에 의해 억제되며(木剋土), 짠맛(水)은 단맛(土)에 의해 억제되고(土剋水), 쓴맛(火)은 짠맛(水)에 의해 억제되며(水剋火), 매운맛(金)은 쓴맛(水)에 의해 억제되고(火剋金), 신맛(木)은 매운맛(金)에 의해 억제된다(金剋木). 즉 오미상생五味相生, 오색상생五色相生, 오미상극五味相剋은 조선시대에 살던 사람들의 음식을 조리하는 데 기본 원리가 되었다.

맛의 상극설은 질병에도 적용되는데, 간장병(木)은 매운맛(金)을 금하고(金剋木), 심장병(火)은 짠맛(水)을 금하며(水剋火), 비장병(土)은 신맛(木)을 금하고(剋土), 폐병(金)은 쓴맛(火)을 금하고(金), 신장병(水)은 단맛(土)을 금한다(土剋水)는 것이다.[13]

| 약선과 양념 |

고대인들은 만물이 기氣라는 아주 작은 존재에 의해 성립한다고 믿었다.

---

[13] 김상보, 《조선왕조 궁중음식》, 9~15쪽, 수학사, 2005 ; 김상보, 《음양오행사상으로 본 조선왕조의 제사음식문화》, 69~87쪽, 수학사, 1996 ; 허준, 《동의보감》.

사람이 생명을 유지하는 것은 기氣가 혈血과 함께 체내를 구석구석까지 순환하기 때문이라고 생각했다. 질병이란 평平했던 인체의 기가 한寒 또는 열熱 방향으로 불균형에 빠진 상태로서, 기의 불균형은 스트레스와 같은 내인적 요소에 덧붙여 자연계의 기인 추위 및 더위와 같은 외인적 요소가 결합함으로써 발생한다는 것이다.

약선藥膳이란 아직 병이 생기지는 않았지만 신체가 가지고 있는 평平한 기의 균형에 발작이 생긴 상태를 넓은 의미의 병으로 보고, 이 단계에서는 평소에 먹는 음식을 조절하는 것만으로도 기를 고르게 다스릴 수 있다고 본다. 음식(膳)을 약藥으로서 먹는다는 이야기이다. 다시 말해 음식을 상약上藥으로 보는 것이 약선의 기본 개념이다. 우리가 섭취하는 모든 식품에는 한寒 · 양凉 · 평平 · 온溫 · 열熱 등과 같은 고유의 성질을 지니고 있으며, 이 고유의 성질을 올바로 파악함으로써 건강 유지의 지침으로 삼고 있다.

녹두를 예로 들어 보자. 녹두의 성性은 한寒이다. 녹두로 만든 음식이 술안주로 좋은 까닭은 술 마신 후의 열을 녹두가 풀어 주기 때문이다. 녹두로 만든 음식은 한증寒症의 환자가 먹으면 좋지 않고, 겨울철에 먹어도 좋지 않으며, 여름철에 먹어야 하는 음식이다.

녹두가 인체의 기에 영향을 미치지 않도록 하기 위해서는 녹두로 조리할 때에 녹두의 한성寒性을 평平하게 해 주는 열성熱性과 온성溫性 약藥(예컨대 생강 · 후추 · 파 · 마늘 · 천초) 등을 넣어 주어 인위적으로 평平하게 만들어야 하는데, 여기에서 양념이란 단어가 생겨났다.

양념은 약藥과 염塩에서 나온 말로, 녹두로 조리할 때 양념을 넣는 것은 녹두를 평平하게 만드는 '약'인 생강 · 후추와, 간을 위해서 '염'인 소금을 넣어 준다는 함축적인 의미를 내포하고 있는 것이다.

이와 같이 모든 식품에는 각기 고유의 성질, 즉 기氣가 있는데, 이것을 표로 나타내면 다음과 같다.

한寒	녹두, 메밀, 밀, 청소두, 참깨, 참기름, 버터, 치자, 고사리, 다시마, 오이, 가지, 아욱, 근대, 버섯, 표고버섯, 박, 참외, 잣, 배, 감, 감자柑子, 차, 우렁이, 바지락, 잉어, 꿩, 돼지고기 등
양凉	찹쌀, 장, 상추, 시금치, 귤, 우유, 대합, 오리 등
평平	멥쌀, 팥, 대두, 백두, 무청, 당근, 순무, 미나리, 매실, 자두, 뱅어, 농어, 청어, 자라, 닭, 소고기 등
온溫	보리, 후추, 소금, 초, 오미자, 연지, 꿀, 마늘, 쑥, 도라지, 부추, 인삼, 갓, 파, 무, 연근, 산약, 배추, 밤, 모과, 사과, 붕어, 복어, 오골계, 개고기 등
열熱	천초, 생강, 건강, 고추 등

조선시대의 음식 중 약선적 성격을 가장 잘 반영한 것은 궁중음식이다. 조선왕조 궁중음식의 조리법과 재료 구성에 대해서는 필자의 다른 책에서 이미 자세히 설명한 바 있기 때문에[14] 여기서는 구체적인 설명은 생략하고 다만 예로서 그치기로 한다.

조선왕조에서는 나라에서 큰일을 치를 때 후세에 참고를 위하여 그 일의 처음부터 끝까지의 경과를 자세히 적어 책으로 남겼다. 그것이 바로 '의궤儀軌'인데, 조선왕조 궁중연회식 의궤는 궁중에서 생일 축하연을 치른 기록이다. 이들 책에서는 임진왜란 이후부터 1902년까지의 기록이 전해 내려오고 있다.

조선왕조 궁중연회식 의궤 속에 등장하는 냉면에 대한 최초의 기록은 헌종 14년(1848)의 《진찬의궤》이고, 마지막은 고종 10년(1873)의 《진찬의궤》이다. 여기에는 냉면 재료의 주 구성으로 메밀국수·동치미·돼지사태육·배가 등장한다. 이러한 재료 구성은 얼핏 보면 단순한 것으로 보이지만, 메밀국수와 동치미를 세트로 돼지사태육과 배를 세트로 하여 조리법을 구성한 것이다. 즉 메밀국수의 독을 동치미가 없애도록 했고, 돼지고기를 먹음으로써 오는 풍風은 배가 억제하도록 하고 있다. 메밀을 돼지고기와 함께 먹을 때에는

---

[14] 김상보, 《조선왕조 궁중음식》, 수학사, 2004.

무로 만든 동치미와 배를 함께 먹도록 재료 구성을 하여 조리법을 채택한 것이 이른바 조선왕조의 냉면이다.[15]

조선왕조에서 채택하고 있는 찬품 하나하나마다 그 재료 구성이 지니는 약선적 성격의 기원을 따져 보면 고려왕조로까지 거슬러 올라간다.

1236년, 고려 고종의 명에 의해 대장도감大藏에서 《향약구급방鄕藥救急方》이란 책이 간행되었다. 이 책은 개개의 식품이 가지는 고유한 성질과 맛을 표기함으로써 올바른 영양 및 보건 관리의 지침으로 삼도록 한 것이다. 이후 고려가 원나라의 수중에 들어가면서, 고려에서는 원나라 여인이 임금의 부인이 된다. 그러므로 이 무렵에는 원나라 조정의 음선태의飮膳太醫 관서官書였던 《음선정요飮膳正要》(1330) 가 《향약구급방》과 더불어 궁중음식을 만들기 위한 참고자료로 활용되었을 것이다.[16]

식품에는 물론 고유한 성질(氣)만 있는 것이 아니다. 각 식품마다 고유한 산酸(신맛)·고苦(쓴맛)·감甘(단맛)·신辛(매운맛)·함鹹(짠맛)의 다섯 가지 맛도 존재한다. 신맛(木)은 간(木)에, 쓴맛(火)은 심장(火)에, 단맛(土)은 비장(土)에, 매운맛(金)은 허파(金)에, 짠맛(水)은 콩팥(水)에 관계되는데, 물론 이들 각각은 적당한 양을 섭취해야지 무엇이든 정도가 지나치면 병에 걸린다. 즉 지나치게 시게 먹으면 간장병, 지나치게 짜게 먹으면 신장병, 지나치게 달게 먹으면 당뇨병 등에 걸린다는 것이다. 이것을 소의소기所宜所忌(정도를 지나치지 말 것)라 하며, 청·적·황·백·흑 등 식품의 색깔에도 적용된다.

한편 약선에는 이류보류以類補類(무리로서 무리를 보한다)란 말이 있다. 체내에 부족한 것을 다른 동물의 같은 것으로 보충한다는 뜻이다. 예컨대 폐를 튼튼히 하려면 소의 허파나 돼지의 허파를, 간을 튼튼히 하려면 소의 간

---

15 김상보, 《조선왕조 궁중음식》, 20, 21쪽, 수학사, 2004.
16 김상보, 《조선왕조 궁중연회식의궤 음식의 실제》, 55, 56쪽, 수학사, 1995.

이나 돼지의 간을, 무릎을 튼튼히 하려면 소의 도가니를 음식의 재료로 구성해 조리해 먹으면 사람의 폐·간·무릎 등이 튼튼해진다는 논리이다.

결론적으로 음식을 약으로서 먹기 위해서는 음양조화, 오미상생, 오색상생, 소의소기, 이류보류가 이루어져야 된다는 것이다.[17]

음양조화	식물성과 동물성을 균등하게 섭취할 것. 항상 평平이 되도록 식품을 조리할 것. 지나치게 뜨겁거나 찬 것을 먹지 말 것.
오미상생	신맛과 쓴맛, 쓴맛과 단맛, 단맛과 매운맛, 매운맛과 짠맛, 짠맛과 신맛을 알맞게 섞어서 섭취할 것.
오색상생	청색과 적색, 적색과 황색, 황색과 백색, 백색과 흑색, 흑색과 청색의 식품을 알맞게 섞어서 섭취할 것.
소의소기	무엇이든지 적당히 골고루 섭취할 것.
이류보류	간이 나쁠 때는 소나 돼지의 간을, 폐가 나쁠 때는 소나 돼지의 허파 등을 먹을 것.

| 조선왕조의 궁중음식 변천사 |

조선왕조의 궁중음식은 크게 일상식·영접식·제례식·가례식·연향식으로 나뉘고, 이들 모두는 500년의 역사적 흐름 속에 나름대로 일정한 격식과 형식으로 존재한 우리의 문화이다.

조선왕조 500년의 역사는 내외적으로 많은 격변 속에서 흘러온 시간이기 때문에 문화적 변동도 많았으며, 음식문화 또한 예외가 아니었다. 예컨대 탕의 경우만 보더라도 《원행을묘정리의궤》의 열구자탕과 《진찬의궤》(1902)의 열구자탕은 그 재료 구성이 다르고 조리법 또한 시각에 따라 다양한 방법이

---

[17] 허준,《동의보감》; 홀사혜,《음선정요》, 1330.

존재할 수 있었다. 그뿐만 아니라 《원행을묘정리의궤》에 있는 열구자탕은 17세기에는 존재하지도 않았다. 조선왕조 궁중음식에 대한 보다 정확한 이해를 위해서는 어떤 시기에, 어떤 재료와 분량이 어떤 구성으로 어떻게 조리되었는가 하는 접근적 이해가 필요하다.

다시 말하지만 조선왕조의 궁중음식은 고려 왕실의 궁중음식을 계승한 문화이기도 하다. 탕에서 소 내장이 빈번히 사용된 것만 놓고 보더라도 그 기원은 원나라의 지배하에 있었던 고려왕조로 거슬러 올라가며, 궁중에서 사용된 '수라'라는 말도 원나라 여인이 고려의 왕비가 되면서부터 사용되기 시작한 것이 조선왕조로 그대로 이어져 '임금의 진지'를 뜻하게 된 것이다.

《향약구급방》이 간행될 당시 고려왕조에는 분명 약선적인 분위기가 있었고, 《음선정요》의 성격으로 미루어 볼 때 원나라의 지배하에서도 그러한 분위기는 계속되었을 것으로 보인다. 고려 왕실에서의 궁중음식 전환점은 원나라 여인을 왕비로 삼았던 고려 말경이고, 특히 《향약구급방》과 《음선정요》는 고려 왕실의 조리법에 많은 영향을 주었을 것으로 생각된다.

조선왕조 역시 《동의보감東醫寶鑑》(1613)이 출판될 정도로 약선은 중요시되었다. 그런데 《동의보감》과 《음선정요》에 나타난 식품에 대한 본초학本草學 개념은 거의 비슷하다. 즉 고려 말경 정립된 본초학의 개념은 조선왕조로 그대로 이어졌다. 궁중음식에 대한 재료 구성을 이해하기 위해서는 약선에 대한 이해가 필수적이다.

원래 음식문화란 것은 지극히 강고한 보수성을 특징으로 하는 것이므로, 그 습관이 변하기 위해서는 내외로부터 강한 충격이 필요하다. 조선왕조 500년 역사 중에서 그에 상응하는 강력한 충격으로 임진왜란과 병자호란, 그리고 구한말의 격변기를 꼽는 데에는 재론의 여지가 없을 것이다.

현재 알려지고 있는 궁중음식은 정통 궁중음식이 무너지기 시작하거나 이미 무너져 버렸던 망국(갑오경장) 이후에 생존한 상궁과 궁중 숙수들의 구전이나 손을 통해 조리기능이 전수된 것이다. 그러므로 우리가 알고 있는 것은 망국 이후의 궁중음식이다.

《세종실록》에 가끔 등장하는 찬품의 하나로 '거식車食'이란 것이 있다. 당시 거식은 상차림의 규모를 나타내는 중요한 단어였다. 신숙주가 쓴 《해동제국기》에는 일본 사신을 접대하기 위한 여러 종류의 음식상이 나열되어 있는데 '거식칠과상車食七果床', '거식오과상車食五果床' 등의 음식상에는 점점과點點果, 유밀과, 실과, 나물, 대육 등을 차렸다.

《세종실록》에 따르면 수륙재 때 '꽃핀 모양의 거식'을 공양물로서 올린다는 기록이 있기 때문에 '거식'이란 다분히 절편류 또는 유밀과의 하나였을 것이다. 조선왕조 전기에 등장하는 거식이란 찬품은 필자가 아는 한 임진왜란 이후에는 등장하지 않으며, 거식오과상 또는 거식칠과상에 올랐던 점점과는 계미년(1643)에 나온 《영접도감의궤》에서 중국 사신 접대용 찬품으로 등장하는 것이 마지막 기록이 되고 있다.

임진왜란에 의해 조선왕조의 많은 기록들이 소실됨에 따라 음식문화사를 전공으로 하는 사람들에게는 조선왕조 전기의 문헌에 대한 자료 결핍이 치명적으로 와닿는다. 조선왕조 궁중연회식 의궤에 대한 자료도 광해군 이후의 자료가 남아 있을 뿐이기 때문에 〈세종실록〉을 포함한 조선왕조 전기의 실록과 《해동제국기》 등은 상당히 중요한 자료라고 볼 수 있다.

임진왜란과 병자호란을 겪고 난 이후 효종에서 숙종에 이르는 오랫동안의 흉년으로 재정적 고갈이 생기면서 보다 현실적이 된 숙종·영조·정조 대에는 검소를 미덕으로 삼는다. 실제적으로 조선왕조 전기에 내연內宴으로 치러졌던 대규모의 풍정연豐呈宴은 숙종 이후 영원히 사라지고 그 대신 진연·진찬연·진작연으로 치러졌다. 화려한 것, 사치한 것을 버리고 검소한 것을 추구한 까닭이다.

영조 대에는 검소한 미덕을 영원히 후대 왕조에게 계승하고자 각 궁방 및 관아의 경비를 절감하기 위한 국가 경비 지출에 관한 예규인 《탁지정례度支定例》를 제정했으며, 그 취지에 따라 《어제국혼정례御製國婚定例》를 제정해 혼속이 사치에 흐르는 것을 예방하고 국비의 낭비를 막도록 하였다. 이 예규의 형식은 조선왕조 말까지 지켜졌다.

이제 임진왜란 이후 조선왕조 말까지 음식문화에 영향을 미친 여러 상황을 간단히 살펴보자.

선조 31년(1598) 11월에 7년 동안의 왜란이 끝난 후, 선조 40년(1607) 일본에 보낸 회답사回答使를 시초로 하여, 광해군 9년(1617), 인조 2년(1624), 인조 14년(1636), 인조 21년(1643), 효종 6년(1655), 숙종 8년(1682), 숙종 37년(1711), 숙종 45년(1719), 영조 24년(1748), 영조 40년(1764), 순조 11년(1811)의 약 200여 년 동안 12차례의 조선통신사가 일본에 다녀오게 되고, 일본과의 공무역도 활발하게 유지되고 있었다.

우리나라에 후추, 사탕, 용안, 여지, 왜감자, 왜찬합 등이 들어온 것은 이와 같은 조선통신사 및 일본과의 교역을 통해서였다. 1600년대 초 중국의 복건福建과 유구琉球 등에서는 일찌감치 후추, 사탕, 용안, 여지 등을 가지고 나가사키(長崎)에 와서 무역을 하고 있었기 때문에 일본에서 이러한 물자들은 이미 흔한 것이었다.

1624년 강홍중이 쓴 《동사록東槎綠》에는 사예물로 받은 후추가 10여 섬인데다가 천문동빙당과 화당이 있으며, 별하정別下程(환송연)으로 받은 물목으로 용안과 여지가 있음을 기록하고 있다. 후추·당糖 등은 남만南蠻의 물자이기 때문에 이것은 당시의 일본과 남만과의 무역 상황을 잘 나타내고 있다고 볼 수 있다. 후추, 설탕, 귤, 국수 등은 조선 전기 일본사신 내왕에 의해 이미 유입되고 있었던 물자였지만, 임진왜란 이후에는 대량 유입되는 물자 중의 하나가 되고 있었다.

한편 병자호란 이후 계속된 청나라에의 연행으로 관무역과 사무역이 성행하고 조선과 청나라의 국경에서는 와시瓦市가 형성되어 번성했는데, 조선에서는 소금, 해태, 후추, 차, 인삼 등을 위시한 국내의 생활필수품을 가져간 데 반해 청나라로부터 들여오는 것은 고급 사치품이었다.

매년 행해진 연행을 통한 청나라 문물의 도입은 조선왕조의 문화에도 큰 영향을 미쳤다. 청나라는 강희(조선의 현종 3년에서 경종 2년에 해당), 건륭(조선의 영조 12년에서 정조 19년에 해당)의 영명한 통치로 황금시대를 구가하고 있었다. 이때 조선에서는 청나라의 앞선 문물제도 및 생활 양식을 받아들일 것을 내세운 북학北學이라는 학풍이 생겨났다.

북학의 등장은 본격적인 실학의 시대를 알리는 서막이었다. 임진왜란과 병자호란의 기막힌 참화를 톡톡히 당하고 난 뒤 학문의 실제적 효용성에 대한 자각으로부터 출발한 실학사상은 효종·현종·숙종·경종·영조 대의 맹아기를 거쳐, 영조·정조·순조·헌종 대에 이르러 전성기를 맞는다. 그러나 이후 전개되는 격동의 역사, 특히 고종 13년(1876) 일본과의 병자수호조약을 필두로 열강과 체결한 각종 통상조약은 외래의 상품과 문화가 물밀듯이 들어오게 함으로써 조선왕조의 음식문화에도 많은 영향을 미쳤다. 잇달아 청일전쟁에서 승리한 일본은 갑오경장을 주도하여 왕실 사무를 국정에서 분리하고 왕실의 조직개편을 단행하더니, 1897년에는 황제 즉위식을 거행하고 국호를 대한으로 고쳤다. 이해가 광무원년이다.

임진왜란 이후 전개된 이상과 같은 역사의 소용돌이는 조선왕조 궁중 음식문화에도 다음과 같은 영향을 미쳤다.

—— **18세기**

• 18세기 이후 갑회甲膾가 등장하고 소의 양, 소의 안심육, 소의 콩팥, 소의 천엽뿐만 아니라 생합, 생복도 갑회의 범주에 넣어 회로서의 독특한 찬품을 형성하면서 고추·파·실백자를 곁들여 먹도록 함.

• 18세기 말부터 용안 여지, 열구자탕·전철, 고초장 등이 등장함.

• 18세기 말부터 귤병·사탕·건포도·밀조·청매당·빙당·오화당·인삼당 등 본격적으로 당糖이 등장함.

• 18세기 말부터 음청류가 보다 다양해지고, 음청을 만드는 재료도 점차 복잡해짐.

• 18세기 말부터 어음적於音炙이 화양적花陽炙으로 그 명칭이 바뀌고 또 한 어음탕於音湯이 화양탕花陽湯이 됨.

• 18세기 말부터 밀가루를 재료로 한 운빙·산자·중박계·마조·망구소 등 의 유밀과 퇴색되면서 찹쌀가루를 재료로 한 강정·연사과·빙사과·감사과 등이 급격히 등장함.

• 18세기 말부터 쌀 자체를 쪄서 치는 떡보다는 쌀가루를 이용한 떡이 많 아짐으로써 일의 효율성을 한층 높임.

—— **19세기**

• 19세기 초부터 연향에서 왜찬합이 등장함.

• 수육에 곁들이는 찬품으로서의 '염수'는 원래 탕을 지칭하는 것이었으 나, 1829년 이후 탕으로서가 아니라 백염白鹽을 염수로 지칭함으로써 보다 실리적인 경향으로 흐름.

• 17세기에는 자기煮只, 볶기卜只로 썼던 조리용어가 19세기 이후 초炒로 바뀜.

• 18세기보다 19세기의 연향에서 점차 곤자소니, 등골, 저태, 부아, 대장, 양 등을 재료로 사용하는 비중이 증가됨.

• 19세기 말부터 용봉탕, 아저찜, 건낭병, 동과문주, 생선문주, 감화부, 난 과, 도미면 등이 처음으로 등장함.[18]

18세기 말 이후 보다 다양해지고 새롭게 등장하는 찬품은 19세기와 격변하는 구한말을 겪으면서 그 조리법 또한 다양하게 전개된다. 18세기 말부터 19세기까지 조선왕조 궁중연회식 의궤에 등장하는 찬품은 다음과 같다.[19]

- 면류麵類: 면, 목면, 냉면, 건면, 면신설로, 도미면.
- 만두류饅頭類: 동과만두, 만두, 어만두, 골만두, 양만두, 생합만두, 생치만두, 육만두, 병시.
- 탕류湯類: 과제탕, 추복탕, 삼어탕, 생선화양탕, 해삼탕, 용봉탕, 금린어탕, 홍어탕, 당저장포, 염수당안, 염수, 저육장방탕, 완자탕, 금중탕, 잡탕, 열구자탕, 칠지탕, 골탕, 만중탕, 초계탕, 칠계탕, 저포탕, 양탕, 양숙탕, 승기아탕, 갈이탕, 임수탕, 계탕.
- 증류蒸類: 부어증, 전복숙, 생복증, 해삼증, 생선증, 수어증, 홍합증, 도미증, 연저증, 저증, 아저증, 연계증, 계증, 잡증, 난과, 숙란, 수란.
- 초류炒類: 생복초, 전복초, 생소라초, 생합초, 저태초, 홍합초, 생치초, 연계초, 부화초, 우족초, 전복볶기.
- 회류膾類: 근회, 동수어회, 수어회, 어휘, 생복회, 생합회, 각색회, 갑회, 채회, 어채.
- 전유화류煎油花類: 어전유화, 생선전유화, 도미전유화, 낙제전유화, 석화전유화, 생합전유화, 골전유화, 간전유화, 양전유화, 천엽전유화, 편육전유화, 저육전유화, 연계전유화, 생치전유화.
- 전류煎類: 해삼전, 어전, 양전, 간전, 생하전, 생해전, 홍합전, 해란전, 생치전, 연계전, 두제.

---

[18] 김상보, 〈19세기 조선왕조 궁중연향음식문화〉, 《조선후기 궁중연향문화》(권2), 580~585쪽, 민속원, 2005.
[19] 김상보, 〈19세기 조선왕조 궁중연향음식문화〉, 《조선후기 궁중연향문화》(권2), 534~580쪽, 민속원, 2005.

- 화양적류花陽炙類: 황적, 잡적, 화양적, 생복화양적, 어화양적, 낙제화양적, 압란화양적, 양화양적, 천엽화양적, 동과화양적.

- 어음적류於音炙類: 생복어음적, 낙제어음적, 계란어음적, 천엽어음적, 양어음적, 황육어음적.

- 적류炙類: 족적, 설야멱, 전치적, 계적, 연계적, 생치전체소, 연계전체소.

- 편육류片肉類: 우육편육, 저육편육, 우태율편육, 저태편육, 족편, 생선숙편, 양숙편, 우육숙편, 우설우낭숙편, 계육숙편, 연계숙편, 저육숙편, 양육숙편.

- 육병류肉餅類: 족병, 건낭병.

- 포류脯類: 전복절, 문어, 건대구, 광어, 산포, 편포, 건치절, 각색연절육.

- 채류菜類: 길경채, 청포채, 장침채, 침채.

- 기타 찬류饌類: 감화부, 생선문주, 동과문주, 전약.

- 점미병류粘米餅類: 초두석이점증병, 녹두점증명, 밀점증명, 석이점증병, 임자점증병, 초두점증병, 신감초점증병, 백두점증병, 합병, 후병, 석이밀설기, 약반.

- 경미병류粳米餅類: 백두경증병, 녹두경증병, 신감초경증병, 백두녹두경증병, 석이경증병, 증병, 석이밀설기, 신감초밀설기, 잡과밀설기, 백설기, 밀설기.

- 단자병류團子餅類: 석이단자, 청애단자, 신감초단자.

- 기타 병류餅類: 삼색병, 화전, 잡과병, 생강산삼, 연산삼, 감태산삼, 산병, 오미자병, 서여병, 백자병, 녹말병, 황조악, 감태조악, 대조조악.

- 조란류造卵類: 조란, 율란, 강란.

- 조과류造果類: 백은정과, 홍은정과, 홍미자, 백미자, 양면과, 행인과, 연행인과, 홍세한과, 백세한과, 매엽과, 황요화, 홍요화, 백요화, 백차수과, 홍차수과, 전은정과, 약과, 연약과, 방약과, 소약과, 대약과, 만두과, 다식과, 홍매

화연사과, 백매화연사과, 백자연사과, 백세건반연사과, 홍세건반연사과, 청입모빙사과, 황입모빙사과, 방빙사과, 감사과, 홍세건반강정, 백세건반강정, 황세건반강정, 임자강정, 백자강정, 백매화강정, 홍매화강정, 오색령강정.

- 다식류茶食類: 황률다식, 송화다식, 흑임자다식, 녹말다식, 강분다식, 계강다식, 청태다식.

- 정과류正果類: 연근정과, 생강정과, 피자정과, 길경정과, 당속정과, 목과정과, 천문동정과, 건정과.

- 당류糖類: 사탕, 귤병, 팔보당, 옥춘당, 밀조, 어과자, 오화당, 호두당, 과당, 포도당, 건포도, 진자당, 청매당, 문동당, 당밀, 이포, 빙당, 금전당, 금전병, 추이당, 설당, 수옥당.

- 음청류飮淸類: 세면, 청면, 화면, 수면, 수단, 수정과, 가련수정과, 화채, 이숙, 상설고, 숙실과, 작설차, 어다.

- 실과류實果類: 왜감자, 감자, 문탄, 불수, 광귤, 복귤, 평과, 건시, 홍시, 조홍, 준시, 유자, 진과, 유월도, 습도, 자도, 앵도, 단행, 은행, 산과, 송백자, 유행, 서과, 생률, 황률, 연율, 포도, 산사, 용안, 여지, 석류, 생이, 청이, 적이, 사과, 잉금, 대조, 중대조, 호두.

【열구자탕】

이상의 찬품 중에서 시대별로 재료 구성이 어떻게 달라졌는가를 살펴보기 위해 열구자탕을 예로 들어 보기로 한다. 다음은 시대별로 분류한 열구자탕의 재료 구성이다.

1795년부터 1902년까지 공통적으로 채택하고 있는 열구자탕

【시대별로 분류한 열구자탕의 재료구성】

	1795	1827	1829	1848	1868	1877	1887	1892	1901	1902
꿩	○	○	○	○	○	○	○	○		○
닭	○	○	○		○			○		○
소고기	○	○	○	○	○	○	○	○	○	○
곤자소니	○	○	○	○	○	○	○	○	○	○
등골	○	○		○	○	○		○		
우설	○									
양	○	○	○	○	○	○	○	○	○	○
돼지고기	○	○	○		○			○		○
숙저육	○									
저포	○	○	○	○	○			○		○
달걀	○	○	○	○	○	○	○	○	○	○
숭어	○	○	○	○	○	○	○	○	○	○
전복	○	○	○	○	○	○	○	○	○	○
추복	○									
해삼	○			○	○	○	○	○	○	○
무	○		○	○	○	○	○	○	○	○
오이	○	○	○	○						
표고버섯	○					○	○	○	○	○
미나리	○	○	○	○	○	○	○	○	○	○
고사리	○									
박고지	○									
도라지	○	○	○	○						
황율	○									
대추	○									
잣	○	○	○	○	○	○	○	○	○	○
녹말	○	○	○	○	○	○	○	○	○	○
참기름	○	○	○	○	○	○	○	○	○	○
파	○	○	○	○	○	○	○	○	○	○

	1795	1827	1829	1848	1868	1877	1887	1892	1901	1902
간장	○	○	○	○	○	○	○	○	○	○
소금					○					
젓액		○								
후춧가루		○	○	○	○	○	○	○	○	○
참깨		○			○				○	
생강		○	○							
간								○		○
콩팥				○						
천엽				○				○		○
두골					○					
부아						○	○		○	
홍합				○						
게의 알								○		○
밀가루					○	○	○	○	○	○
은행				○	○	○	○	○	○	○
호도					○	○	○	○	○	○

의 재료는 소고기·곤자소니·양·달걀·숭어·전복·미나리·잣·녹말·참기름·파·간장뿐이며, 닭·등골·우설·간·콩팥·천엽·두골·부아·돼지고기·저태·추복·해삼·홍합·게의 알·무·오이·표고버섯·고사리·박고지·도라지·황률·대추·은행·호두·소금·젓액·후춧가루·참깨·생강·밀가루는 선별적으로 채택하고 있다. 즉 시대별로 다양한 재료를 선택해 다양하게 조리하여 맛을 낸 것이 열구자탕인 것이다.[20]

---

[20] 김상보,《조선왕조 궁중의궤 음식문화》, 356쪽, 수학사, 1995.

| 밥상차림의 문화 |

| 1일 7식을 먹은 조선의 상층부 |

조선 영조 때의 학자 이익(1681~1763)은 《성호사설星湖僿說》〈식소食少〉에서 다음과 같이 말하고 있다.

우리나라 사람은 이 세상에서 음식을 가장 많이 먹는다. 최근 우리나라 사람 가운데 표류해 유구국流球國(오키나와)에 도착한 자가 있었다. 그 나라 사람들이 비웃으면서 그에게 말하기를 '너희 나라 풍속에 항상 큰 사발에 밥을 퍼서 쇠숟가락으로 푹푹 퍼먹으니 어찌 가난하지 않겠는가'라고 하였다. 그 사람은 아마도 전에 우리나라에 표류해 와서 우리의 풍속을 잘 알고 있는 사람인 듯하다.......

요즘 사람들은 새벽에 일찍 일어나 흰죽 먹는 것을 조반이라 하고, 한낮에 배불리 먹는 것을 점심이라 한다. 부유하거나 귀한 집에서는 하루에 일곱 차례 먹는데, 술과 고기가 넉넉하고 진수성찬이 가득하니, 하루에 소비하는 것으로 백 사람을 먹일 수 있다. 옛날 하증何曾[21]처럼 집집마다 사치하니, 민생이 어찌 곤궁하지 않겠는가. 매우 탄식할 만한 일이다.[22]

이익이 살던 시대에는 밥을 많이 먹었다. 당시는 역관무역에 의해 중인 계층이 엄청난 부를 축적한 시기였다는 것은 이미 말한 바 있다. 아마도 이익이 지적한 부유한 집은 돈이 많은 집안이며, 귀한 집은 왕족을 지칭한 것이 아닌가 사료된다.

《영접도감의례》(1643)에 따르면 명나라 사신 접대 때에도 하루 7식을 접대했는데, 4월 3일에 사신들을 위해 차린 상차림을 예로 들면 '조반早飯·조

---

[21] 하증은 중국 진나라 때 사람으로 하루에 1만 전錢의 음식을 소비했다고 한다(《진서》, 〈하증열전〉).
[22] 이익, 최석기 역, 《성호사설》, 346, 347쪽, 한길사, 1999.

【1609년 조선왕조가 명나라 사신에게 제공한 조반早飯(1인분, 15기))】

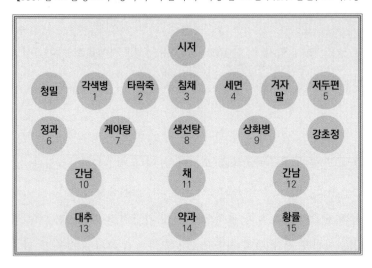

반朝飯·다담茶啖·중반中飯·별다담別茶啖·석반夕飯·다담茶啖'을 합해 일곱 끼니를 접대하고 있다.[23]

　여기서 조반早飯은 초조반初朝飯이라고도 하여 아침 6시에서 7시 사이에 먹는 죽상이고, 다담은 궁중에서 반과상이라고도 하였는데 이것은 국수(麵)를 곁들인 술안주상이며, 조반朝飯·중반·석반은 각각 아침밥·점심밥·저녁밥에 해당하는 밥상이다. 그러니까 아침 6시에서 7시 사이에 죽을 중심으로 한 조반早飯, 9시에서 10시 사이에 아침밥인 조반朝飯, 11시에서 12시 사이에 국수를 곁들인 술상인 다담, 오후 1시에서 2시 사이에 점심밥인 중반, 오후 3시에서 4시 사이에 국수를 곁들인 술상인 별다담, 저녁 5시에서 6시 사이에 저녁밥인 석반, 저녁 8시에서 9시 사이에 국수를 곁들인 술상으로 다담을 제공한 것이다.

　일곱 끼니의 식사 중 조선왕조에서 사신 접대 때에 가장 중히 여긴 식사가 초조반의 죽상인 조반早飯이었다. 광해군 원년(1609)의 명나라 사신 접대

---

[23] 김상보, 《조선왕조 궁중의궤 음식문화》, 72쪽, 수학사, 1995.

| 밥상차림의 문화 |

【1609년 조선왕조가 명나라 사신에게 제공한 조반朝飯·중반·석반(1인분, 13기)】

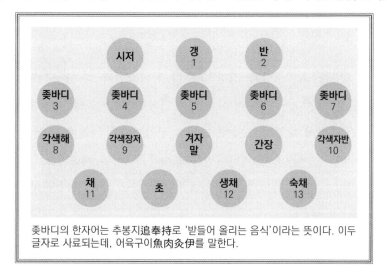

시저

갱
1

반
2

좆바디
3

좆바디
4

좆바디
5

좆바디
6

좆바디
7

각색해
8

각색장저
9

겨자
말

간장

각색자반
10

채
11

초

생채
12

숙채
13

좆바디의 한자어는 추봉지追奉持로 '받들어 올리는 음식'이라는 뜻이다. 이두
글자로 사료되는데, 어육구이魚肉炙伊를 말한다.

때에 조반早飯은 장류를 제외하고 무려 15기인 데 반해, 아침밥·점심밥·저
녁밥인 조반朝飯·중반·석반은 13기였다.[24]

명나라 사신에게 제공되었던 일곱 끼니는 정조대왕의 어머님이신 혜경궁
홍씨를 위한 회갑연 때에 혜경궁 홍씨를 위하여도 제공되고 있다.《원행을묘
정리의궤》에 따르면, 이날 임금은 어머님께 존호尊號를 올리고 아버님이신
사도세자의 능이 있는 화성(지금의 수원)의 현륭원顯隆園에서 진찬進饌을
올렸다. 이날이 윤 2월 13일이었는데, 혜경궁 홍씨께서는 7식을 잡수셨다.

- 1식(죽수라粥水刺): 조반朝飯. 조죽朝粥에 해당.
- 2식(조다소반과早茶小盤果): 다담, 조찬早饌에 해당.
- 3식(진찬進饌): 환갑잔치 상차림.
- 4식(조수라朝水刺): 조반朝飯에 해당.
- 5식(만다소반과晚茶小盤果): 다담에 해당.

---

[24] 김상보,《조선왕조 궁중의궤 음식문화》, 64, 65쪽, 수학사, 1995.

| 밥상차림의 문화 |

- 6식(석수라夕水剌): 석반에 해당.
- 7식(야다소반과夜茶小盤果): 다담. 야찬夜饌에 해당.

이상 죽수라·조다소반과·진찬·조수라·만다소반과·석수라·야다소반과로 구성된 7식을,[25] 앞서 명나라 사신 접대 때의 7식과 비교했을 때 중반이 생략된 반면 진찬이 포함되고 있다. 그리고 환갑연이기 때문에 아침 6시부터 10시 사이에 죽수라·조다소반과·진찬·조수라의 4식이 제공되고, 오후에 3식이 올려지고 있다. 이는 당시 아침에 연회 음식을 차려 올려야 하는 특성 때문이었다고 생각된다.

이와 같이 이익이 살던 시대에 부유층이나 특권층은 죽을 시작으로 하는 조반을 포함해 하루 일곱 끼니를 먹었던 것이다.

| 명나라 사신에게 제공한 소선 조반상 |

1643년 명나라에서 사신이 왔다. 당시 명나라 사신 접대는 황제에게 하듯이 접대하는 것이 상례였다. 조선 사람들이 아침 일찍 일어나 맨 처음 먹는 음식이 죽이듯이, 명나라 사신에게도 죽을 위주로 한 초조반初朝飯을 차렸다.

20기(종지에 속하는 꿀과 생강초장을 제외한 가짓수)로 차린 이 조반상은, 왕도 일상식에서 7기를 넘지 않았기 때문에 실로 지극정성을 다한 상차림이 아닐 수 없다.

이 초조반에는 완·종자·접시를 사용하여 음식을 담아 올렸다. 각각의 그릇을 대·중·소로 나누어 적절하게 배설하였다.

---

[25] 김상보, 《조선왕조 궁중의궤 음식문화》, 221, 222쪽, 수학사, 1995.

【1643년 명나라 사신 접대를 위한 조반상(찬품 20기)】

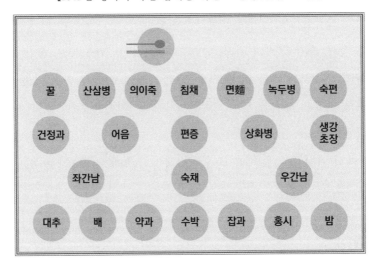

【1643년 명나라 사신 접대를 위한 조반상(그릇)】

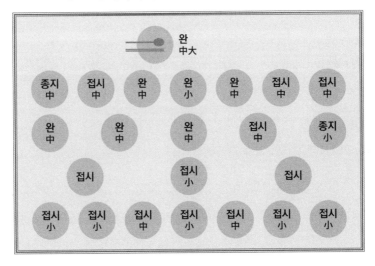

　옛날에는 사발을 완椀이라 하였고, 종지를 종자鍾子라 하였으며, 접시는
그대로 접시(貼是)라 하였다. 꿀·초장과 같은 것은 자기磁器종지(鍾子) 귀에
담아서, 수저·죽·침채·면·정과·어음탕·편증은 자기완에 담아서, 숙편·녹
두병·산삼병·상화병·약과·잡과는 중간 크기의 자기접시에 담아서, 숙채·

| 밥상차림의 문화 |

대추·배·수박·홍시·밤은 소형의 자기접시에 담아서, 좌간남과 우간남은 일반 크기의 자기접시에 담아서 음식상을 차렸다.

작은 접시, 중간 크기의 접시, 일반 크기의 접시, 작은 사발, 중간 크기의 사발, 중간 크기보다 조금 더 큰 사발, 중간 크기의 종지, 작은 종지 등 8종류로 그릇을 분류해 음식을 담되 모두 자기磁器로 차림으로써 그릇의 획일성을 나타내고 있다.

이상에서 어떤 음식을 어떤 크기와 형태의 그릇에 담았는가를 좀 더 세분화시켜 보도록 한다.

• 자기사발

중간보다 조금 큰 것 시저(수저)

중간 크기: 의죽·면·어음탕·편중·건정과

소형: 침채

• 자기접시

일반 크기: 좌간남·우간남

중간크기: 숙편·녹두병·산삼병·상화병·약과·잡과

소형: 숙채·대추·배·수박·홍시·밤

• 자기종지

중간 크기: 꿀

소형: 강초장

국물이 있는 형태의 음식은 사발에, 국물이 없는 형태의 음식은 접시에, 간장·꿀·겨자 등은 종지에 담고 있는 이 상차림은 오늘날의 음식 담는 방법과 크게 다르지 않다. 조선왕조에서 통상 시저(수저)는 시접(수저 담는 접시)에 담았으나 여기에서는 중대완中大椀에 담았기 때문에 색다른 감이 없지 않지만, 이것은 아마 중국인의 기호를 배려한 것이 아닌가 한다.

조선왕조에서는 국물의 다소에 의해서도 그릇을 구분해 사용했다. 궁중의 조리법은 탕·찜·조림·구이로 크게 나뉘는데, 어떠한 재료로, 어떻게 조리해, 어떠한 명칭을 음식에 사용해, 어떠한 그릇에 담았는가를 아는 것이 보다 정확한 접근 방법이기 때문에 조리법을 유추하기 위해 재료 및 분량을 제시하였다.

【1643년 명나라 사신 접대를 위해 조반상에 올렸던 찬품의 재료 및 분량과 그릇의 종류】

찬품	그릇수	재료 및 분량	그릇의 종류
숙편	1기	편두부 1근 반, 표고버섯 2홉	자기접시(中)
녹두병	1기	녹두 1되 5홉, 참기름 7홉	자기접시(中)
면	1기	녹두말 1되	자기완(中)
침채	1기		자기완(小)
의이죽	1기	의이 1보아	자기완(中)
산삼병	1기	산삼 2근, 찹쌀가루 2되, 잣 1홉, 꿀 2홉 3작 3리, 참기름 1되	자기접시(中)
청밀	1기	꿀 2홉	자기종지(中)
강초	1기		자기종지(小)
상화병	1기	밀가루 5되, 참기름 2홉, 간장 2홉, 생강 5전, 후추 1전, 소금 1홉, 석이버섯 2홉, 잣 5작, 누룩 1되, 무 20뿌리, 연두부 3모	자기접시(中)
편증	1기	다시마 3근, 잣 3작	자기완(中)
어음	1기	연두부 3모	자기완(中)
우간남	1기	편두부 1편	자기접시
좌간남	1기	석이버섯 3되, 잣 1홉, 편두부 1편, 파 10뿌리	자기접시
숙채	1기	표고버섯 5홉, 참기름 1되, 간장 2되, 생강 1냥, 후추 2전, 소금 5홉, 초 5홉	자기접시(小)
건정과	1기		자기완(中)
생대조	1기		자기접시(小)
실생률	1기		자기접시(小)

99

홍시	1기		자기접시(小)
서과	1기		자기접시(小)
생이	1기		자기접시(小)
약과	1기	밀가루 4되 8홉, 참기름 6홉, 꿀 1되 4홉, 청주 2홉, 합하는 데 쓰는 참기름 3홉	자기접시(中)
잡과	1기	밀가루 8홉, 참기름 3홉 2작, 꿀 1홉 8작	자기접시(中)
시접	1기		자기완(中·大)

따라서 각 찬품은 다음과 같이 유추된다.

• 의이죽薏苡粥(중 사발): 율무로 만든 죽.

• 면麵(중 사발): 녹두가루로 만든 국수.

• 어음於音(중 사발): 연두부로 만든 탕.

• 편증片蒸(중 사발): 다시마에 잣을 웃기로 얹어 수증기로 찐 다시마찜.

• 건정과乾正果(중 사발): 과일을 꿀로 조림한 것.

• 침채沈菜(소 사발): 무와 배추로 만든 동치미.

• 좌간남 左肝南(접시): 석이버섯·두부·잣·파를 재료로 하여 만든 석이버섯찜.

• 우간남(접시): 두부찜.

• 숙편(중 접시): 두부에 표고버섯을 다져 넣고 쪄서 식혀 썰은 편片.

• 녹두병綠豆餠(중 접시): 녹두를 갈아 참기름으로 지짐 팬에서 지져 낸 지짐떡.

• 산삼병山蔘餠(중 접시): 찹쌀가루에 산삼·꿀·물을 넣고 반죽해 산삼 모양으로 빚어 참기름에 튀겨 낸 다음 잣가루를 고물로 묻힌 떡.

• 상화병 床花餠(중 접시): 밀가루에 밑술을 넣고 반죽해 피를 만들고, 무·연두부·석이버섯·잣·소금·후추·생강·간장·참기름으로 소를 만들어,

피에 소를 싸서 쪄 낸 일종의 발효 찐만두.

- 약과藥果(중 접시): 밀가루에 참기름·꿀·청주를 넣고 반죽해 밀대로 민 다음 각지게 썰어 참기름에 튀겨 낸 과자.
- 잡과雜果(중 접시): 밀가루에 꿀·참기름·물을 넣고 반죽해 모양을 만들어 참기름에 튀겨 낸 과자.
- 숙채熟菜(소 접시): 표고버섯에 생강·후추·소금으로 양념해 참기름으로 볶아 초간장으로 버무린 표고버섯 나물.
- 과일(소접시): 대추·밤·홍시·수박·배를 각각 작은 접시에 담은 것.

간단히 말해 육류는 전혀 없이 두부·표고버섯·석이버섯·무·다시마·산삼·잣·녹두·의이·찹쌀·꿀·참기름·간장·소금·생강·후추·파·식초들이 재료가 되어, 죽·만두·국수·탕·찜·조림·구이로 음식을 만들어, 사발과 접시에 담아 조반상을 차린 것이다. 이러한 상차림을 소선素膳이라 한다.

조선왕조에서 황제 모시듯이 접대했던 명나라 사신에게 올린 소선의 한 예를 소개한 것이지만, 이렇듯 상층부에서는 육류를 전혀 배제한 조리법을 고려에 이어 여전히 채택하고 있었던 것이다.[26]

| 최상층부의 안주와 행주 |

《영접도감의궤》(1609)는 광해군 원년에 명나라에서 사신이 왔을 때 접대한 기록을 담은 책이다. 이 책에는 '안주安酒'란 단어가 나오면서, 안주로 미수행과味數行果 외에 초미初味·2미二味·3미三味·4미四味·5미五味를 각각 소원반에 담아 제공한 기록이 있다. 아울러 초미에는 세면細麵(발이 가는 국

---

[26] 김상보, 《조선왕조 궁중의궤 음식문화》, 64~66쪽, 수학사, 1995.

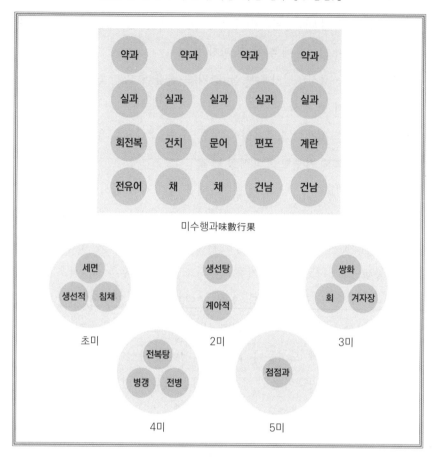

약과　약과　약과　약과

실과　실과　실과　실과　실과

회전복　건치　문어　편포　계란

전유어　채　채　건남　건남

미수행과味數行果

세면
생선적　침채
초미

생선탕
계아적
2미

쌍화
회　겨자장
3미

전복탕
병갱　전병
4미

점점과
5미

수)·생선적·침채(김치)를, 2미에는 생선탕·계아적鷄兒炙을, 3미에는 쌍화雙
花(일종의 찐만두)·회·겨자장을, 4미에는 전복탕·병갱(떡국)·전병(녹두지
짐)을, 5미에는 점점과點點果를 제공하고 있다.

　술안주로 초미에서부터 5미까지를 미수味數라고도 하였다. 그러므로 미
수행과味數行果란 초미에서부터 5미까지를 술 5잔과 함께 행주行酒(잔에 술
을 부어 돌림)할 때 행과行果하는 음식이란 뜻이다. 이 미수행과와 초미·2
미·3미·4미·5미를 술의 행주와 함께 기술하면, 술 제1잔 초미·술 제2잔 2

미·술 제3잔 3미·술 제4잔 4미·술 제5잔 5미가 되기 때문에 5번의 행주가 있었다고 보아야 한다.

한편 안주란 말의 안安은 '편안할 안', 주酒는 '술 주'이다. '술을 마실 때 속을 편안하게 해 주는 음식'이라는 함축적인 의미를 지니고 있는 것이다.[27] 이익은 《성호사설》에서 '오늘날의 풍속에 주효酒肴(술과 술안주)를 안주라고 하는데 한나라 때부터 이런 말이 있었다'고 하는 것으로 보아, 당시 안주란 용어는 궁중에서부터 일반인에 이르기까지 널리 통용된 말로서 그 기원은 중국에 있음을 알 수 있다.

| 잘못된 음주문화 |

《의례》〈연례燕禮〉에는 주인과 손님의 주법酒法을 헌작·초작·수작으로 규정하고 있어서, 연석에서의 주인과 손님은 다음과 같은 주도가 있게 된다.[28] 손님과 주인의 재배再拜 → 주인이 손님에게 1헌(헌작) → 손님이 주인에게 1헌(초작) → 주인이 손님에게 1헌(수작). 그러므로 올바른 행주 의례는 헌작·초작·수작까지 이루어져야 제대로 성립되는 것이다. 그러나 이익은 《성호사설》에서 당시의 주법이 문제가 있다고 쓰고 있다.

지금 사람들이 손님을 접대하는 예에, 술상이 나오면 주인이 먼저 술을 마신 다음 술잔을 손님에게 돌리는데 이는 아무래도 온당치 못한 듯하다.

---

[27] 《의례》, 〈사혼례〉에서 정현鄭玄의 주에 '간肝은 간적肝炙이다. 술을 마실 때에는 안주安酒가 있어서 속을 편안하게 하여야 한다'고 하였다.
[28] 김상보, 〈동아시아에서의 의례적 향연〉, 《국립민족학박물관연구보고》(19권 1호), 110쪽, 111쪽, 1994.

이러한 당시의 주법은 헌작과 초작은 생략된 채 수작만 있는 잘못된 음주문화로서, 이익도 '지금 사람들은 술잔을 손님에게 드리고 다시 주인에게 돌리는 두 절차는 생략하고, 다만 술잔을 들어 손님에게 권할 뿐이다'라며 개탄하고 있는 것이다.

조선시대는 비록 《의례》를 기반으로 한 유교사회였다고는 하나, 당시의 주도는 주인이 술을 맛보고 권하는 것이 일반적인 풍습이었던 모양으로 《의례》에서 말하는 주법은 정착되지 못한 듯하다.

| 점심의 유래 |

오늘날 중국의 조리체계는 주식에 해당하는 반飯, 부식에 해당하는 채菜, 간식에 해당하는 점심點心으로 분류된다. 디엔싱(點心)이란 말은 당나라 때 생긴 것으로 그때까지 병餅·이餌 등으로 불렸던 것 전부를 가리키는 말이었다. 즉 식사 사이에 조금 먹는 음식, 면류, 교자餃子, 포자包子, 만두, 떡, 과자 등이 모두 점심에 속한다. 그러므로 중국식으로 보면 우리나라의 떡·과자 등은 '마른 디엔싱'에 해당되고, 국수·만두 등은 '습한 디엔싱'에 해당된다.

디엔싱의 기원은 《양서梁書》에 따르면 소명태자昭明太子가 곡물의 가격이 오르므로 소식小食을 명한 데에서 출발했는데, 그것이 우리나라에 와서 '점심'이라 부르며 낮에 먹는 밥을 가리키는 말이 되었다. 하지만 우리나라에서도 명나라 사신 접대 때 낮에 먹는 밥을 중반中飯이라 하였고, 왕가에서는 주수라晝水剌라 하였으며, 왕족 이하는 주반晝飯이라 하였는데,[29] 이익이 살던 시절의 민중들은 이를 통틀어서 일반적으로 점심이라 한 것 같다.

점심이란 단어가 본래 가지고 있는 의미는 앞서 말한 바와 같이 소식小食,

---

[29] 김상보, 《한국의 음식생활문화사》, 250, 324~326쪽, 광문각, 1997.

즉 적게 먹는 음식을 뜻한다. 그래서 불교 선종에서도 배고플 때 조금 먹는 음식을 점심이라 하였다. 이익은 《성호사설》에서 다음과 같이 말하고 있다.[30]

당나라 정삼鄭慘이 강회江淮의 유후留後가 되었을 때 부인이 '점심點心을 드세요'라고 하였다. 후세에는 이른 새벽에 소식小食하는 것을 점심이라 한다.

즉 점심은 중국에서 새벽에 소식하는 것을 나타낸 말에서 기원한다는 것이다. 이것이 우리나라에 와서 오찬을 점심이라 일컫게 된 것이다.

---

[30] 이익, 최석기 역, 《성호사설》, 167쪽, 한길사, 1999.

혼례 음식 문화

| 처가살이혼에서 시집살이혼으로 |

부여에서는 부인을 맞아들일 때 예물로 소와 말을 납폐하였다. 이러한 부여의 혼속은[1] 고구려와 백제에도 이어졌을 것으로 추정되고 있다. 잘 알려진 바와 같이 고구려 이후 17세기에 이르기까지 가장 보편적인 혼례 형태였던 처가살이혼(婿入婚)은 그 역사가 뿌리 깊다.[2]

고구려 시대의 혼인은 물론 자유혼이었다. 이때 신랑집에서는 혼례 때 드는 잔치 비용의 부담을 덜어 주기 위해 돼지와 술을 피로연에 소용되는 '이바지'용으로 신부집으로 보내는 것이 전부였으며, 그 이외의 폐물을 신부집에 보내는 것은 수치스러워했다.[3]

이 돼지와 술은 신부집에서의 잔치를 통해 모두가 공음공식共飮共食하는 '신성한 주식酒食'이 되었다.[4] 즉 돼지와 술은 신랑과 신부의 서로 다른 두 집안이 공음공식을 통해 한 가족이 되는 데 소용이 되는 특별한 식품으로 결혼식의 가장 핵심이 되는 행사를 위한 것이었다.

[1] 《삼국지》, 〈동이전〉.
[2] 한동구, 《한국의 관혼상제》, 87쪽, 국서간행회, 1974.
[3] 《북사》, 〈고구려전〉, '有婚嫁取男女相悅爲之, 男家送猪酒而已'.
[4] 한동구, 《한국의 관혼상제》, 149쪽, 국서간행회, 1974.

1123년 고려에 다녀갔다가 집필한 서긍의 《고려도경》을 살펴보면, 귀인이나 선비 집안에서는 신부집에 예폐禮幣를 보내고 서민들은 술과 쌀을 보냈다는 기록이 나온다.[5] 이것으로 보아 고구려의 풍속이 고려에도 계속되고 있었음을 알 수 있다.

신랑은 정식으로 혼례를 올리기 전에 신부집에 묵었으며, 신부집에서 신방을 준비한 사흘째에 비로소 부부가 동뢰연同牢宴을 받고 행삼배行三盃가 이루어졌는데 당시에는 동뢰연을 '독좌獨座'라고 했다.[6] 그러나 이러

【작가미상, 《평생도》 중 〈혼인식〉】
양반집의 혼사인 듯 품위 있는 결혼식 장면이다. 신랑이 신부를 맞이하기 위해 신부집으로 향하고 있다. 등을 가진 자가 앞서고 있고, 그 뒤를 전안례를 위하여 기러기를 안고 있는 사람이 따르고, 이어 말에 탄 신랑이 따르고 있다. 해 질 녘의 일이다. (출처:국립중앙박물관)

한 고려의 혼속은 고려 말 정몽주 등이 봉건적 신분제도와 가부장제적 질서 유지를 강화하고자 실시한 일련의 개혁조치에 의해 당시까지 존속되던 처가살이혼이 시집살이혼으로 바뀌는 바탕이 마련되었다.

1349년 공민왕이 노국공주와 결혼할 때 북경에서 친영親迎(신랑이 신부집에 가서 신부를 직접 맞이하는 의식) 함으로써,[7] 시집살이혼의 서막이 올랐다. 그러나 고려 말의 일련의 개혁조치는 더 이상 그 빛을 보지 못하다가 다

---

[5] 서긍, 《선화봉사고려도경》, 〈잡속(1)〉, '貴人仕族婚嫁 略用嫂孃幣至民庶 惟以酒米通好而已'.
[6] 한동구, 《한국의 관혼상제》, 151~152쪽, 국서간행회, 1974.
[7] 《고려사》(권89).

| 혼례 음식 문화 |

【기산,《기산풍속도》 중 〈예물 보내고〉】
함진애비가 함을 지고 신부집에 예물을 주기 위해 나섰다. 이를 납패라 하는
데, 신부집에서는 함을 받을 때 봉채떡을 준비하여 받는다.

음 정권으로 이행되었다. 고려왕조가 멸망하고 조선왕조가 들어선 것이다.

새로이 창건된 조선왕조는 정치적·사상적으로 정권을 더욱 안정시킬 필
요가 있었다. 그래서 조선의 위정자들은 중앙집권적 봉건제도를 강화하려
는 그들의 노선에 부합하는 도학적 윤리관을 확립하고, 의례를 정비했으며,
《주자가례朱子家禮》를 근거로 한 시집살이혼을 적극 채택하였다. 하지만 이
러한 조치들은 당시까지만 해도 보편적 혼례 형태였던 처가살이혼을 뿌리
째 흔들어 놓는 것을 의미했다. 처가살이혼을 다른 말로 남귀여가제男歸女家
制라고도 하는데, 조선의 위정자들은 친영제를 보급함으로써 여자가 시집에
들어가서 사는 시집살이혼을 장려한 것이다. 그러나 민중의 풍습 깊숙이 뿌
리내린 처가살이혼은 17세기까지도 지속되었다.

예컨대 율곡 이이(1536~1584)의 어머니인 신사임당이 살던 시대에도 처가
살이혼이 성행하던 시대였다. 신사임당은 19세에 이원수와 결혼해 20년 동
안이나 친정집에서 살았고, 38세가 되어서야 시집에 들어가서 9년 정도 살았

| 혼례 음식 문화 |

【작자 미상(18세기), 〈전안례〉】
어느 양반가의 대청에서 전안례를 올리고 있다. 신랑이 신부를 데리고 본가에 가기
앞서, 신부의 아버지에게 기러기를 올림으로써 신랑의 절개를 신부 아버지에게 나타
내는 의례 절차이다. 당시에는 살아 있는 기러기가 전안례의 중심이 되었다.

다. 그 때문에 신사임당은 18세기 이후 조선시대 여성들이 일반적으로 겪어
야 했던 시집살이에서 오는 정신적·육체적 고통에서 벗어나 '시·서·화의 삼
절'이라 불릴 만큼 예술적 소양도 닦고 현철한 어머니가 되어 율곡 이이의
훈육도 남다르게 할 수 있었다.[8]

　이렇듯 처가살이혼이 뿌리 깊게 이어지는 가운데 당시의 위정자들은 다
시 한번 《주자가례》에 입각한 개혁의 필요성을 느꼈다. 그리하여 중종 13년
(1513) 유학자 김치운이 최초로 친영을 행했지만, 기묘사화(1519) 때 조광조
(1482~1519)가 처단된 이후 친영은 폐지되었다.[9] 이후 명종(재위 1545~1567)
때에 이르러 사민가士民家에서는 신랑이 신부집에 가서 동뢰연을 행한 뒤
다음 날 아침 신부가 신랑집으로 가서 시부모에게 현구고례見舅姑禮(폐백)

---

[8] 이영화, 《조선시대 조선사람들》, 123~124쪽, 가람기획, 2003.
[9] 《증보문헌비고》, 1908.
[10] 《증보문헌비고》, 1908.

| 혼례 음식 문화 |

를 행하는 반친영 半親迎[10]이 행해졌다.

　명종 때의 반친영은 관행이 규범을 앞선다는 것을 보여 준다. 신랑이 신부집에 머물기 시작한 사흘 후에 행하던 합근례合졸禮는 반친영 이후 혼례 당일 치르게 되었지만 그렇다고 해서 신부집에서의 잔치 규모가 축소된 것은 아니었다. 명종 이후 행해진 반친영에서의 혼례의 중심 행사는 신부집에서 행해지는 주연酒宴이었다.

| 임진왜란 이후의 반친영혼 |

　신부집에서 혼례에 동원되는 음식상에는 흔히 초례상이라 부르는 동뢰연상(오른쪽 새끼돼지를 신랑이 먹고 왼쪽 새끼돼지를 신부가 먹음으로써 한 몸이 되는 예를 위해 차린 상), 동뢰연 이후에 신랑·신부가 받는 큰상(大床),[11] 신랑·신부가 별도로 직접 먹게끔 배려한 입매상(小床, 작은상), 친인척들을 대접하는 주연상 등이 있었으며, 이 밖에도 납폐 때 함 진 사람들을 대접하는 주연상 및 봉채封采[12] 떡 등이 있었다. 이들 상차림의 전개 상황을 간단히 살펴보고자 한다.

　《주자가례》대로 동뢰연상을 차린다면 친영 이후 신랑집에서 특돈特豚(작은 새끼돼지)을 중심으로 차린 상차림이어야 한다. 《주자가례》가 조선왕조에 들어와서 본격적으로 채택되고, 조선의 혼속에 《주자가례》에 따른 친영을 끼워 맞춘 결과의 한 예가 반친영 때 신부집에 차려진 동뢰연 상차림일 것이다. 다음은 신응순(1572~1636)[13]이 인조 4년(1626) 4월, 반친영으로 치른

---

[11] 큰상은 먹지 못하는 상이다. 간탁看卓 또는 눈요깃상이라고도 한다.
[12] 납폐 의식을 봉채奉菜라고 한다. 이때 납폐를 시루떡 위에 올려놓는데 이를 봉채떡 혹은 봉치떡이라고 하였다. 이 시루편은 '백설기시루편'이다(황필수, 《현토주해사례편람》, 1900).
[13] 신용순의 자호는 성재省齋이다. 고려 때 정의공貞懿公 경鏡이 그의 시조였다(문옥표 외, 《조선시대 관혼상제》(1), 2~3쪽, 한국정신문화연구원, 1998).

【기산, 《기산풍속도》 중 〈신부 신랑 초례하는 모양〉】
지극히 단출한 초례상이다. 다만 기러기 한 마리와 술잔만이 있다. 당시 반
친영으로 혼례가 치러졌기 때문에 신부집에서 행한 초례 행사로 볼 수 있다.

차녀 혼인 때의 상황을 기록한 글이다.

　신부집에서 방 안에 자리를 마련하였다. 의자와 탁자를 동서로 마주 보게
놓았다. 신랑의 자리는 동쪽에, 신부의 자리는 서쪽으로 하였다. 나물, 과일,
술잔, 잔받침을 보통 의식 때와 같이 차려놓았다. 술병은 동쪽자리 뒤(동북
쪽으로 사료됨)에 놓았다. 또 탁자를 술병의 남쪽에 놓고 그 위에 합근배合
졸杯(표주박잔) 2개를 합해 놓았다. 방구석에 남북으로 각각 손숫물 대야, 수
건, 휘건揮巾을 놓았다. 차次(대기소)를 문밖에 설치하고 장막을 치고 방석
을 깔았다.……
　신랑이 기러기를 머리가 왼쪽으로 가게 안고 대청 아래에 이르러 북향해
무릎을 꿇고 기러기를 내려놓았다.……
　신랑이 남쪽에서 손을 씻고, 신부는 북쪽에서 손을 씻었다. 신부가 두 번
절하자 신랑이 한 번 절하여 답하였다. 신부가 또 두 번 절하고 신랑이 또 한

【기산, 《기산풍속도》 중 〈시집가는 모양〉】
반친영혼에서, 신부집에서 초례를 마치고 첫날밤을 치르고 다시 이틀을 묵은 뒤 신랑집으로 들어가는 신행이다. 이를 삼일우귀라 하였다.

번 절하여 답하였다. 신랑이 신부에게 읍하고 자리에 앉았다. 종자가 술을 따르고 찬을 올렸다. 신랑·신부는 술과 효肴(안주)를 제사하였다. 종자가 술을 따랐다. 신랑·신부는 제사하지 않고 마셨으며 안주는 없었다. 종자가 합근배를 들어 신랑·신부에게 나누어 놓고 술을 따랐다. 신랑·신부는 제사하지 않고 마셨으며 안주는 없었다. 신랑이 방 밖으로 나가고, 음식을 치워 방 밖으로 내놓았다. 신랑의 종자가 신부의 남긴 음식을 먹고, 신부의 종자가 신랑의 남긴 음식을 먹었다.[14]

이상의 글에서 알 수 있는 것은 상차림의 주요 찬품은 과일과 나물이었고, 동뢰연에서의 배사杯事는 술 3잔이었다. 제1잔은 제사를 지내고 안주와 함께 먹었으며, 제2잔 및 제3잔은 제사도 지내지 않고 안주 없이 마셨는데, 제3잔째에는 합근배를 사용하고 있다. 여기에서 나타난 사실은 형식(술 3잔, 합근

---

[14] 문옥표 외, 《조선시대 관혼상제》(1), 124~126, 128쪽, 한국정신문화연구원, 1998.

| 혼례 음식 문화 |

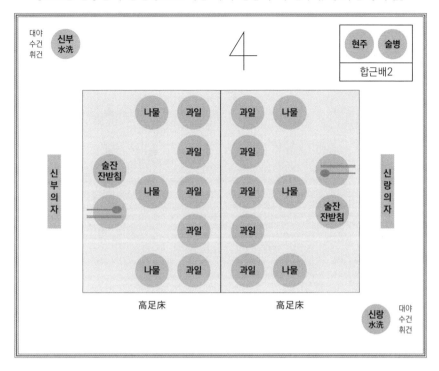

배, 제사 등)은 정통 유교식 혼례를 채택했으나, 나물과 과일을 위주로 차린 상차림은 옛 풍속대로 행해졌음을 보여 주고 있다.

한편 정약용이 저술한 《여유당전서與猶堂全書》 제3집에 있는 〈가례작의 嘉禮酌儀〉의 동뢰연 상차림은, 《의례》〈사혼례〉의 동뢰연 상차림을 인용하 고 여기에 당시의 풍속을 참작해 약간의 변형을 가하고 있다. 예컨대 《의례》 〈사혼례〉의 동뢰연 찬품 가운데 서黍와 직稷을 밥(飯)과 떡으로, 석腊을 닭으 로 바꾸어 진설하고 있다. 《의례》〈사혼례〉의 아홉 종류 음식 차리는 예법을 채택한 이 상차림은 어디까지나 규범으로 제시된 것이다.

정약용은 《여유당전서》를 집필할 당시의 풍속에 대해, 동뢰연 때 술 3잔 을 전부 합근배로 쓰는 점, 동뢰연을 대청에서 하는 점, 부부가 각각 상을 따

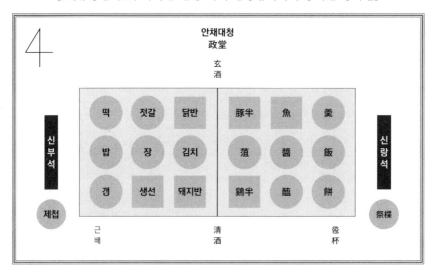

로 받지 않고 상 하나를 같이 받는 점을 지적하면서, 이 중에서 그대로 채택해도 되는 것과 고쳐야 할 것을 언급하고 있다.

규범과 관행이 다른 가운데 전개된 조선시대 일반 서민들의 동뢰연은 혼례날 신부집 문 앞에 송죽松竹(지조 또는 절개의 의미)[15]을 세우고, 실室 또는 대청 아니면 마당에 교배석交拜席을 마련한 다음, 밤, 대추 등의 과일, 술주전자, 술잔 그리고 합근을 진설하고 고상高足床을 한가운데 놓는데 이것을 동뢰상이라고 하였다. 그리고 동뢰상 양끝에는 몸이 묶인 닭 두 마리가 청색 보자기와 홍색 보자기에 싸여서 놓였다.[16]

공음공식으로 부부의 결합을 상징하는 동뢰연을 통해 신랑·신부는 드디

---

[15] 《예기禮記》, 〈예기禮器〉에는 '죽竹과 송松은 세간에서 경사스러운 것의 대표로서 존중되지만, 그것은 사계를 통하여 대나무 가지가 고사되지 않고 송백 잎은 항상 푸르기 때문에 사람이 건강하고 절의가 견고한 것을 상징하여 존중되는 것이다'라고 적혀 있다. 한편 대나무와 소나무는 불교에서도 상징물로 나타나는데, 대나무는 축수祝壽, 소나무는 장생수長生樹로서의 속성으로 인하여 장수의 상징물로 되어 있다(허균, 《사찰장식 그 빛나는 상징의 세계》, 142쪽, 돌베개, 2000).

[16] 한동구는 닭이 암시하는 의미가 자손번영인지 고대부터 숭배되어 온 배계拜鷄 사상의 유품인지 알 수 없다고 하였다(한동구, 《한국의 관혼상제》, 204쪽, 국서간행회, 1974).

어 정식 부부가 되었다. 이제 두 사람을 축하하고, 신랑집과 신부집의 유대를 강화하는 동시에 혼인이 성사되었음을 공표하는 의식인 향응이 열릴 차례다.

이때에는 신랑·신부를 위한 큰상, 신랑의 시중을 들기 위해 따라온 사람인 후행後行(상객上客이라고도 한다. 품위가 있고 문재文才가 있는 사람이 뽑힘)을 대접하기 위한 후행상, 후행 접대 역할을 맡은 대객待客을 위한 대객상, 신랑과 신부의 접대 역할을 맡은 신랑과 신부의 대객待客(대반對盤이라고도 한다. 상복 중이거나 임신 중인 여자는 자격이 없다. 보통 신부 친척 가운데 부귀를 겸비한 사람이 뽑히는 것이 통례임)을 위한 대객상이 향연의 중심이 된다. 아래 그림은 이를 잘 반영하고 있다.

【동뢰연을 치른 후 신랑·신부가 받는 큰상과 손님 접대를 위한 주연상】

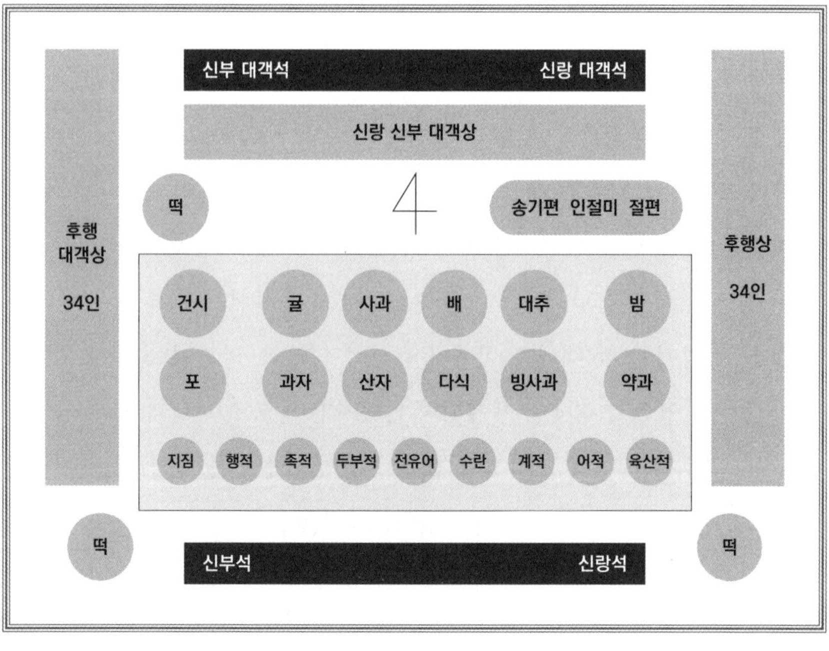

신부 대객석　　　　　　신랑 대객석

신랑 신부 대객상

떡　　　　4　　　송기편 인절미 절편

후행
대객상

34인

건시	귤	사과	배	대추	밤
포	과자	산자	다식	빙사과	약과
지짐	행적	족적	두부적	전유어	수란	계적	어적	육산적

후행상

34인

떡　　신부석　　　　　　신랑석　　떡

115

구한말의 향응으로 보이는 앞의 그림에서 신랑집에서는 34명이 후행으로 왔고, 이를 대접하기 위해 신부집에서도 34명을 대객으로 선발해 접대시키고 있다. 아울러 좌석 배치는 신랑집에서 온 후행은 동쪽, 후행을 접대하는 대객은 서쪽, 신랑·신부를 접대하는 대객은 북쪽, 신랑·신부는 남쪽에 각각 마주 보고 자리를 하고 있어서, 최하석(남쪽)에 위치한 신랑·신부가 최상석(북쪽)의 신랑·신부 대객을 접대한다는 의미를 강하게 내포하고 있다.[17]

정조 때 서민들의 혼례 기록인 《동상기東廂記》[18]에는 신랑이 큰상을 받고 치른 연회 모습이 나타나고 있다. 즉 수파련을 꽂은 큰상이 당시 사또어른 밥상과 같다는 것이며, 신랑에게 반 되나 되는 황률을 연회 도중 주고 있다. 수파련 등을 꽂은 사또어른의 호화스런 밥상(아마도 연회일 경우라고 생각되지만)에서 양반의 연회문화를 유추할 수 있고, 혼례 연향에서는 신랑에게 밤을 주는 것이 하나의 풍속으로 자리 잡고 있었음을 알 수 있다.

정약용은 《여유당전서》 〈가례작의〉에서 '요즈음 풍속에 또한 자리 잡고 앉아 술을 마시고 나면 소년이 탁상의 밤을 집어 신랑에게 먹게 하는데, 이 또한 무슨 까닭인지 모르겠다. 바로 폐지해야 할 것이다'라고 적고 있는데, 이는 아마 부귀다남富貴多男을 기도하는 의미였던 것으로 보인다.

큰상(看卓)은 신랑과 신부가 먹는 상이 아니다. 흔히 '눈요깃상'으로 불리는 이 상은 연회가 끝난 후 그날 온 손님들에게 허물어 골고루 나누어 주기도 하고, 신랑집에 갈 때에는 이바지 음식이 되었다. 일종의 음복적 의미가 있는 상이다. 앞의 그림에는 제시되지 않았지만 별도로 신랑과 신부가 먹을 수 있는, 국수장국과 떡을 비롯해 전유어 등의 술안주가 술과 함께 차려진 작은상이 제공되며, 이것을 '입매상'이라고 하였다.

앞 그림의 주연상에서는 함지박이나 놋동이 또는 커다란 목관이라고 생

[17] 북 → 동 → 서 → 남이 좌석의 상석 순서이다.
[18] 이능화, 《조선여고》, 188~189쪽, 동문선, 1990.

각되는 그릇에 떡을 담아 네 군데 진설하고 있다. 다분히 향연의 주 음식은 떡임을 강조한 듯한 이 상차림은 공식을 떡으로 두루 하고자 하는, 그래서 결속을 다지는 결혼 의식의 일단을 보여 준다.

신랑과 신부가 신부집에서 받았던 큰상은, 우귀于歸(혼례를 마친 사흘 후 신부가 처음으로 시집에 들어가는 것) 후 신랑집에서의 현구고례가 끝난 다음, 또 한 차례 받는 경우가 대부분이었다. 마을의 젊은 부인들은 성장을 하고 접대자가 되어 신부를 소정의 자리에 앉힌 후 산같이 높게 고인 음식으로 진설된 큰상을 차린다. 많이 높게 고일수록 신부가 복을 많이 받는다고 해서 가능한 한 높게 고이게 되며, 이 큰상 역시 접대자에게 나누어 주기도 하고 신부집으로의 이바지 음식이 되었다. 큰상을 차릴 때에는 접대자에게도 각각 음식상을 받게 하여 공식共食하는 것이다.[19]

| 현구고례 |

《의례》가 쓰였던 당시에 윗사람을 처음 뵐 때의 선물로 대부는 기러기, 사는 꿩, 서인庶人은 거위, 부인婦人은 포脯[20]·대추(棗)·밤(栗)·개암(榛)·탱자 등을 사용했다.[21] 동뢰연이 끝나고 다음 날 신부가 시부모를 처음 뵐 때, 시어머니에게 단수포腶脩脯(생강과 계핏가루를 뿌려 길게 쪼개어 말린 포), 시아버지에게 조율棗栗로 예를 올린 것은 당시 부인의 선물로 사용되던 것이 여러 종류의 과일과 건육류라는 데에서 기인한 것으로 보인다. 그러나 시아버지와 시어머니에게 각각 조율과 단수포로 규정해 현구고례를 행한 까닭은 조율은 음성의 식물이고 단수포는 양성의 식물이기 때문에 음과 양이 화합

---

19 한동구,《한국의 관혼상제》, 212쪽, 국서간행회, 1974.
20 포脯란 고기를 얇게 저며 썰어 말린 것을 가리킨다(《예기》,〈교특생〉).
21 《예기》,〈곡예〉.

【작자 미상(20세기 초), 《평생도》 중 〈폐백〉】
시집온 신부가 시어머니와 시아버지께 현구고례(폐백)을 올리고 있다. 시아
버지 앞에는 조율 소반小盤이, 시어머니 앞에는 단수포 반盤이 놓여 있다.

하는 천시天時의 법칙에 따라 양인 시아버지에게는 음성의 조율을, 음인 시
어머니에게는 양성의 단수포를 적용한 것이다. 음과 양의 적용 외에 각각의
선물이 가지는 의미를 알아보기로 한다.

　조율棗栗에서 조棗는 자束가 종從으로 두 글자 겹쳐진 것으로 '많다'는 것
을 뜻하며, 율은 '공손함·단단함·갖춤'을 의미한다.[22] 시아버지에게 조율을
올리는 것은 '공손하게 갖추어 진심 어린 마음을 많이 드린다'의 의미를 담
고 있다. 한편 단수腶脩에서 단腶은 '생강과 계피를 뿌려 말린 고기', 수脩는
'공경·따르고 배움·노력함·길이가 김(長)'을 뜻한다.[23] 그러므로 시어머니에
게 단수포를 올리는 것은 '공경하고 노력하여 배우고 익히며 시어머니의 장
수를 빈다'는 의미가 있다.

---

[22] 모로하시 데쓰지(諸橋撤次), 《대한화사전》(6), 294, 394쪽, 대수관서점, 1986.
[23] 모로하시 데쓰지(諸橋撤次), 《대한화사전》(6), 321, 347쪽, 대수관서점, 1986.

| 혼례 음식 문화 |

【작자 미상(18세기), 《평생도법》 중 〈회혼례〉)】

회혼례를 위한 간탁看卓(눈요깃상)을 중심으로 사람들이 모여들어 구경하고
있다. 노부부가 간탁을 사이에 두고 마주 보고 절하고 있는 모습에서 60년
전에 차려 받은 동뢰연상(초례상)을 다시 한번 받은 듯하다.

신부가 윗사람(시아버지·시어머니)을 처음 만나는 예를 끝낸 후, 시부모
가 실에 들어오면 시부모께 효순孝順을 나타내기 위해 작은 새끼돼지(特豚)
한 마리를 올리는데, 오른쪽 반은 시아버지에게 왼쪽 반은 시어머니에게 올
린다. 다음 날, 시부모가 신부를 접대해 1헌의 술잔을 헌수 교환하며 이것이
끝나면 시부모는 서쪽 계단으로 내려오고, 신부는 동쪽 계단으로 내려옴으
로써 비로소 신부는 시어머니를 대신하는 지위를 얻게 된다.[24] 시집온 신부
로 하여금 주인의 계단인 동쪽 계단(동쪽 계단은 주인인 시부모가 이용하는
계단)을 내려오도록 하는 것은 신부에게 부순婦順의 도리를 요구하는 것으
로 《예기》에는 다음과 같이 적혀 있다.

---

[24] 《예기》, 〈혼의〉.

부순이란 시부모에게 순종하고 가족과 화합하며 남편의 마음에 들고 동시에 직조 등의 일도 잘할 뿐만 아니라, 가정에 저장 양식 및 재화를 견고히 보관할 수 있는 능력을 말한다. 즉 신부에게 부순의 덕이 있다면 집안이 화합하고 안정하며 그럼으로써 그 가정은 장구長久해진다.[25]

결론적으로 《의례》의 〈사혼례〉는 부순의 덕이 준비되어 있고 여러 측면에서의 생산 능력을 갖춘 여성을 맞아들이기 위한 의례규범이며, 이 여성의 능력은 동뢰연을 통해 재생산되는 것이라고 할 수 있다.

부순이 부족할 때 음사陰事의 처리가 원만하지 않아 월식이 일어나고 자연재해가 발생한다고 믿었던 고대인들에게[26] 음陰을 고르게 하여 자연재해를 막는 길은 부순이 있는 여자를 맞아들이는 것이었으며, 자연재해를 막고 농사가 잘되어 가정과 국가를 튼튼히 하는 것은 올바른 결혼 예법과 부순을 갖춘 여성으로 교육함으로써 완성되는 것이었다.

신랑과 신부가 큰상을 갖추고 신랑·신부의 대객과 함께 향응을 치른 다음, 신랑은 신부를 데리고 우귀하여 현구고례를 올리는데, 우리나라의 현구고례 풍속은 상당히 긴 역사를 가지고 있다. 예컨대 신라에서는 '신부지석新婦之石 여선배구고女先拜舅姑 차랑배대형부 次郎拜大兄夫'[27]라고 해서 시아버지와 시어머니에게 절을 하고 있다. 그러나 이때 무엇을 폐백으로 사용했는지는 알려지지 않고 있다. 신라에서의 이러한 의례는 고려에도 그대로 이어졌을 것이다.

조선왕조의 반친영에서는 현구고례 때 시부모의 좌석 배치를 《주자가례》에 따라 동서에 마주 보게 하거나[28] 북쪽에 남향하여 나란히 앉도록 한 다

---

25 《예기》, 〈혼의〉.
26 《예기》, 〈혼의〉.
27 《북사》, 〈신라전〉.
28 《성재집》 ; 《증보사례편람》.
29 정약용, 《여유당전서》.

【작자 미상(18세기), 〈회혼례〉】
혼인한 지 예순 돌을 맞아 경사를 기념하기 위해 치르는 잔치. 회근례라고도 하였
다. 한 쌍의 부부가 헌수하고 있다. 동쪽에는 남자들이, 서쪽에는 여자들이 앉아 있
고, 노부부는 북쪽에서 남향하고 있다. 동서에 마주하고 독상을 받고 앉아 있는 이
들은 자녀들일 것이다.

음,[29] 시아버지에게는 조율, 시어머니에게는 단수포를 올렸다. 따라서 조율과
단수포를 폐백으로 사용하는 《의례》 〈사혼례〉의 예법을 비교적 충실히 따르
고 있었다.[30]

현구고례가 끝난 다음 시부모께 효순을 나타내기 위해 특돈을 갖추어 올
리는 예를 궤구고례饋舅姑禮라고 했다. 특돈 한 마리 대신 신부집에서 가지
고 온(현재의 이바지 음식에 해당) 떡·나물·과일로 첫 번째 상, 신부가 직접
만든 밥·국·생선·고기 등으로 차려진 진지상을 두 번째 상으로 하여 두 상
을 시부모가 받았다.[31] 궤구고례는 다른 말로 관궤례盥饋禮라고도 하였다. 정
약용은 《여유당전서》에서 관궤례 때의 사치풍조에 대해 다음과 같이 신랄하
게 비판하고 있다.

---

[30] 《성재집》.
[31] 《성재집》에서는 특돈 대신 풍속대로 떡·국수·대추·밤·생선·고기 등 6종류를 갖추어 대치할
수 있음을 제시하고 있다.

지금 사람들은 성찬이란 두 글자에만 매달려 사치와 낭비가 극에 달하여 남의 눈을 현혹시키고 가난함을 업신여겨 색시의 뜻을 오만하게 하니 이는 크게 어지로운 도이다. ......마땅히 특돈 한 마리를 ......써야 하는데 어찌하여 마음대로 증감할 수 있겠는가. ......백성이 가난한 것은 분수에 넘는 데에서 기인한 것이다.

궤구고례 다음 날 향부례饗婦禮라 하여 시부모가 신부를 접대하여 1헌의 술을 내리고 고례古禮대로 시어머니는 서쪽 계단으로, 며느리는 동쪽 계단으로 내려와 대代를 전하였음을 분명히 하고 있다.[32]

---

[32] 《성재집》.

제사음식문화

| 기신제·시제(묘제)·다례 |

12세기 남송의 효종 5년에 저술된 《주자가례》는 그 집필 동기 속에 불교에 대한 경계심이 깔려 있었다. 원래 이 책은 불교에 대항해서 예의범절을 완성하고 인간의 문제를 해결하려는 중국의 예관념禮觀念을 종합한 것이지만, 이 책이 나올 당시만 하더라도 불교는 이미 중국인들의 정신생활 속에 충분히 흡수되어 사람들은 그다지 불교를 의식하지 않을 정도로 소화하고 있었다.[1] 그 후 《주자가례》는 고려 충렬왕 12년(1286) 안향에 의해 우리나라에 수입되었고, 고려를 계승한 조선왕조는 유교식으로 관제와 문물을 정비하고 《주자가례》를 기반으로 예치주의를 장려하면서 통치의 지도이념으로 삼았다.

조선왕조 초기에는 공양왕 2년(1390)에 제정된 '대부는 3세, 6품 이상은 2세, 7품 이하 서민은 부모'만을 제사할 것을 규정한 것이 계승되어 그대로 시행되었으나, 명종(재위 1545~1567) 이후에는 사대부에서 서민에 이르기까지 사대봉사四代奉祀가 일반화되었다.

《주자가례》는 현종(재위 1659~1674) 때에 이르러 예론으로 부상해 당쟁의

---

[1] 와타나베 쇼코(渡辺照宏), 한경수 역, 《불교사의 전개》, 228쪽, 불교시대사, 1992.

	1월	맹춘 孟春	䷊	세시제(正朝)
목 木	2월	중춘 仲春	䷡	춘분 춘분(春分祭) 2월 15일은 해가 정위치에 있는 날=진동眞東 태양=陽=東
	3월	계춘 季春	䷪	세시제(한식)
	4월	맹하 孟夏	䷀	
화 火	5월	중하 仲夏	䷫	세시제(단오) 하지(夏至祭) 때의 흐름을 반대 방향으로 변화시키는 중대한 전환점(점차 밤이 길어짐)
	6월	계하 季夏	䷠	
	7월	맹추 孟秋	䷋	
금 金	8월	중추 仲秋	䷓	세시제(추석) 추분 금기金氣의 상징은 곡류·과일 등의 결실 8월 15일은 달이 정위치에 있는 날=진서眞西 8월 15일 밤의 행사는 달에게 배례하는 행사 태음=달=陰=西
	9월	계추 季秋	䷖	
	10월	맹동 孟冬	䷁	
수 水	11월	중동 仲冬	䷗	세시제(동지) 동지(冬至祭) 때의 흐름을 반대 방향으로 변화시키는 중대한 전환점(점차 낮이 길어짐) 팥죽을 먹는 이유는 양陽의 기氣를 신장시키기 위하여 11월에 잉태한 새로운 생명은 5월에 탄생
	12월	계동 季冬	䷒	

구실이 되기도 했다. 이것을 계기로 많은 가례서가 출판됨으로써 《사례편람》과 같이 집집마다 갖추는 가례의 규범을 제시하는 일반서가 나오게 되었다. 현재 전래되고 있는 조선왕조의 가례서는 현종 이후 숙종(재위 1674~1720) 때에 예학으로서 다듬어져서 18세기의 실학에 의해 재정비된 것이다.

《주자가례》에 나타난 제례를 보면 사중四仲月(사계절의 각각 가운데 달로서 음력으로 2월, 5월, 8월, 11월)과 매달 초

【기산, 《기산풍속도》 중 〈종명초혼〉】

숨이 끊어진 후 돌아가신 이의 혼을 불러 모시는 것을 초혼이라 한다. 그림 속의 상은 사자상(초혼 이후 망자를 모시고 가는 사자를 위한 상)이다. 사자 3인을 위해 밥 3그릇, 짚신 3켤레, 술 3잔이 차려져 있다.

하루 및 보름, 조상들이 이 세상을 떠난 기일忌日임을 알 수 있다. 이것은 천도天道의 운행에 맞춘 날로서 조상과 천체를 동일시한 것이다. 인간이 죽는다는 것은 자연(천체)으로 돌아가는 것이다. 천체(신세계)는 저승세계로서 조상은 신성한 존재이고 자연의 법칙에 따라 생산과 결실을 하게 해 주는 존재이다.[2]

전통적으로 기신제(기제사)가 강조되는 것은, 조상들이 이 세상을 떠난 기일은 신성세계(천체)로 돌아가시는 새로운 신의 탄생일이기 때문이다. 조선왕조에서는 제례를 길례吉禮 속에 포함시켰는데, 새로운 신으로부터 수명 연장이나 농작물의 풍작이라는 복 받는 의례가 제례였던 것이다. 그러므로

---

[2] 장철수, 《한국의 관혼상제》, 집문당, 1995.

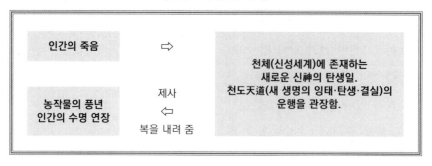

제례는 즐거운 행사 중의 하나였다.

　조선 영조 때의 학자 이재(1680~1746)가 편찬한 《사례편람》은 《주자가례》의 허점을 보완하면서 이를 현실적으로 사용하기 편리하도록 엮은 책이다. 이 책은 한국 제례문화의 규범으로 자리 잡았으며, 현재의 제례문화에 끼친 영향 또한 적지 않다.

　규범으로서의 《주자가례》와 《사례편람》은 거의 같지만, 이재는 제례의 변화 과정을 나타낸 다음의 표와 같이 《주자가례》의 제례를 부분적으로 통합해 보다 간단히 하였다. 예컨대 사시제四時祭·삭망제朔望祭·초조제初祖祭를 사시제로, 이제禰祭는 그대로 이제로, 고유제告由祭는 사당제로, 묘제墓祭와 선조제先祖祭는 묘제로, 기일제忌日祭는 그대로 기일제로 함으로써 《주자가례》에서의 8종류 제례가 《사례편람》에서는 5종류가 되고 있다.

　현재 관행적으로 치러지는 제례의 종류로는 다례·기신제·묘제(시제)가 있는데, 이는 《사례편람》에 나타난 사시제·이제·사당제가 다례로, 기신제는 그대로 기신제로, 묘제는 시제로 되었음을 뜻한다. 즉 속절천신·동지참·정조참 등의 사당제사 형식이 다례가 된 것이며, 또한 사시제와 이제의 성격이 다례에 흡수된 것이다.

　《사례편람》에 나타나는 사시제·이제·사당제는 모두 농경제사의 성격이 강한 것으로, 이때에 모셔지는 신의 성격 역시 농업신과 수명신의 성격을 갖

		종류	때	대상	제사 장소	비고
규범	주희	사시제 삭망제 초조제	중월(仲月) 매달 1일, 5일 동지(冬至)	4대조상 4대조상 시조	정침 사당 사당	주희의 《주자가례》(1169)를 바탕으로 한 것으로, 고려 충렬왕 12년(1286) 안향이 《주자전서》를 수입할 때 전해짐.
		이제	7월	부모	정침	
		고유제	집안에 일이 있을 때	4대조상	사당	
		묘제 선조제	3월	5대조상 이상 시조 이하 5대조까지	묘 사당	
		기일제	기일	4대조상	정침	
	이재	사시제	중월(仲月)	4대조상	정침	이재의 《사례편람》(1844)을 바탕으로 한 것으로, 《사례편람》에 주석이 추가된 《중보사례편람》이 간행된 것은 광무 4년(1900)이다.
		이제	9월(李秋)	부모	정침	
		사당제	속절천신, 동지참, 정조참	4대조상	사당	
		묘제	3월	5대조상 이상	묘	
		기일제	기일	4대조상	정침	
현재의 관행		다례	정조 한식 추석 (동지)	2대조상 또는 당대	정침묘	사시제의 성격과 사당제의 형식을 다례에 포함시켰다.
		시제	10월	2대조상 또는 당대	묘	
		기일제		2대조상 또는 당대	정침	

는다고 말할 수 있다.

다시 말해 현재 행해지는 다례란 사당제에서의 속절천신·정조참·동지참 등과 같은 의례가 제례로 인식되어 다례로 발전한 것으로 그 성격은 사시제·이제가 보여 주는 농경제사적 성격이 강한 것으로 설명될 수 있다.[3] 그럼

---

[3] 장철수,《한국의 관혼상제》, 집문당, 1995.

여기서 다례 중 추석다례 상차림에 대해 살펴보기로 한다.

1800년대 초에는 추석을 가리켜 '가배일嘉排日' 또는 '중추仲秋'라고 불렀다. 이때 시식으로 햅쌀로 만든 술(白酒), 황계로 만든 술안주, 송병松餅(송편), 인병引餅(인절미) 등이 등장하고 있는데, 이것이 사당천신 때의 제사음식임은 물론이다. 따라서 백주, 황계, 송편, 인절미 등은 사당천신 또는 다례 때의 주요 제물이었을 것이다.

1700년대 말에 쓰인 것으로 보이는 김만순의 《열량세시기列陽細時記》에는 정조·한식·중추·동지에 성묘를 가는데, 그중에서도 가장 성대하게 행사하는 날은 중추, 즉 추석임을 밝히고 있다.

【19세기 추석을 맞이했을 때 속절시식 천신】

저자	생존연대 또는 간행년	저술 또는 편저물	8월 15일의 명칭	속절시식 천신 (새로 나온 음식물을 바침)	비고
김만순	1777 ~ 1800	《열량세시기》	중추, 가베일	쌀로 만든 술 닭고기 반찬 햇과일	사대부집에서는 정조·중추·동지에 행묘제行墓祭를 하는데 중추에 가장 성대하게 한다.
홍석모	1801 ~ 1834	《동국세시기》	중추, 추석	햅쌀로 담은 술(백주) 송병(송편) 황계 인병(인절미) 남과증병(호박시루떡) 나복청근증병(무시루떡) 토란단자 밤단자	농가에서는 이날을 가장 중한 명절로 삼는다. 이날 황계와 백주로 이웃 모두가 취하여 즐겁게 논다.
지송욱	1887	《사례집의》	8월 15일	송병(송편) 조율고棗栗餻	
박문호	1900	《증보사례편람》	8월 15일	조율고棗栗餻	

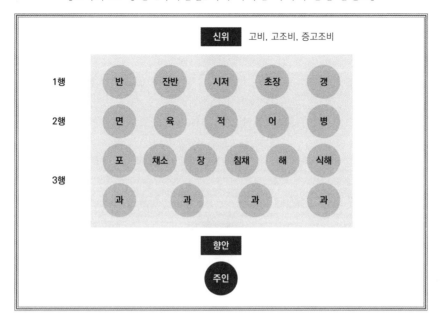

신위 고비, 고조비, 증고조비

1행 　반　잔반　시저　초장　갱

2행 　면　육　적　어　병

3행 　포　채소　장　침채　해　식해
　　　과　과　과　과

향안

주인

　　다음의 그림은 《사례편람》, 《사례집의四禮集義》, 《광례람廣禮覽》 등에 기재되어 있는 진도를 나타낸 것이다. 4대 조상을 모시는 것이기 때문에 1대 고비考妣(아버지·어머니), 2대 조고비祖考妣(할아버지·할머니), 3대 증조고비曾祖考妣(증조할아버지·증조할머니), 4대 고조고비高祖考妣(고조할아버지·고조할머니)가 제사 올리는 대상이다. 1대와 2대의 경우 단설이 될 수도 있으며, 두 분이 모두 돌아가셨다면 합설이 될 것이다. 4대에게 전부 다례를 합설로 올리면 상차림은 4상이 된다.

　　《사례편람》이 저술된 때와 《사례집의》 및 《광례람》이 저술된 때 사이에는 약 150년의 시대적 차이가 있음에도 불구하고 해醢와 채소의 위치만 다를 뿐 진설에 커다란 변화가 없어 보인다. 양자 모두는 홍동백서·좌포우해·어동육서가 적용되고 있다. 이 상차림은 물론 '사적인 공간'에 속하는 정침 또는 마루에서의 진설이면서도 음양오행의 법칙을 발견할 수 있다.

【《사례집의》에 나타난 사시제 합설 진설도 및 《광례람》에 나타난 속절제 합설 진설도】

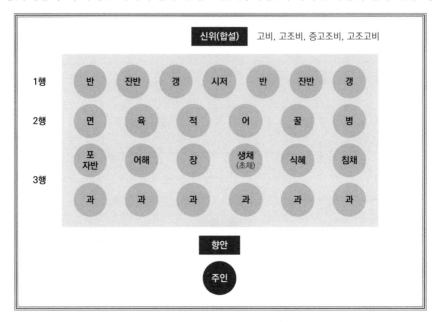

그럼 사적인 공간이란 무엇을 말하는 것일까? 궁전과 능의 경우를 예로 들어 설명해 보기로 한다.

궁宮이라는 글자는 둘러싸인 속에 건조물이 있는 것을 나타낸다. 사방이 담으로 둘러싸여 있는 것이 궁이다. 고대 권력자의 통치부도 궁으로서 조와 침이 같은 담 안에 있었다. 조朝란 조정이라는 용어에서 알 수 있는 바와 같이 군신이 출석하여 왕이 통치행위를 하는 장소이다. 왕은 공적인 일을 함과 동시에 침寢이라고 불리는 장소에서 사적인 생활을 한다. 침이란 둘러싸인 담 깊은 곳에서 잠자는 곳, 즉 침실이 있음을 나타낸다. 이것이 보다 후세에 이르러 조朝의 부분을 외조外朝, 침寢의 부분을 내조內朝라 부르게 되었다. 그리고 조朝는 바깥(外)에, 침은 안(內)에 있는 것으로 이 양자를 합해 궁전 宮殿이라 한 것이다.

사자死者가 죽어서도 생전과 같은 생활을 한다면 마찬가지로 궁전이 만들어져야 했다. 그래서 생전의 궁전에서 조에 해당하는 부분을 종묘宗廟라 하고, 침寢에 해당하는 부분을 능침陵寢이라 부르게 되었다. 종묘는 위패가 봉안되어 자손과 군신이 그곳에서 제사를 올리고 사자는 제사를 받는 공적인 행사 공간이며, 능침은 사자의 의복, 관, 식기 등을 놓아두어 사적인 생활이 이루어지는 공간이다.

이것을 사대부의 경우에 적용시켜 보면 살아생전 집의 사랑방은 공적인 공간이며 침실은 사적인 공간이고, 죽은 후에는 서원이 공적인 공간이고 묘가 사적인 공간이 될 것이다. 다시 말해 다례·기신제·묘제(시제)를 지내는 제사공간은 사적인 공간으로서, 바치는 제물 역시 사자가 평소에 즐기던 음식으로 구성된다.

【살았을 때와 죽었을 때의 공적인 공간과 사적인 공간】

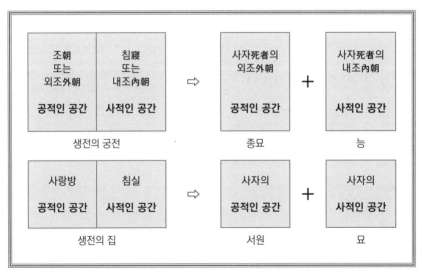

다음의 표는 다례의례에서의 규범과 일반적인 관행을 제시한 것이다. 1910년 이후의 일본침략과 1950년 6·25전쟁 이후 종교사상의 격동과 혼란으로 생활문화는 커다란 변화를 가져왔으며, 이러한 변화는 현재도 진행 중이

다. 전통적으로 지켜졌던 사대봉사도 무척 간소해져 이제는 다만 부모에 관해서만 조상숭배라기보다는 일종의 추모행위로서 제례라는 형식하에 존속하고 있다.

엄격한 절차에 따라 치러져야 하는 제례의 형식도 점차 파괴되었다. 제사 지내는 시간에 대한 개념이 없어지거나, 고축告祝 대신에 추모사를 읽거나, 삼현 대신에 자녀의 수에 따른 헌작 등의 변형이 생겨났으며, 종가宗家 우선 원리가 가장이 우선하는 원리로 변화되어 버렸다. 규범에서는 종손을 사제자로 인식하여 강신진찬·초헌·유식·진다·수조를 하게 하였으나, 현재의 관행에서는 강신과 초헌 이외에는 참례자가 함으로써 집단의 결속을 보다 강화시키고 있는 것이다.

【다례의례에서의 규범과 관행】

	규범(《사례집의》의 사시제)	현재의 관행
1차 진설	《사례집의》진설도에서 2행 및 1행(메와 갱 제외) 진설	한꺼번에 모든 음식 진설
참신 參神	참례자 전원 재배, 부인 4배	전원 재배, 여자들은 참례 하지 않는 가정도 있음
강신 降神	주인(종손) 3번 분향·재배 술을 모사 위에 부어 강신·재배	가장이 3번 분향·재배 생략하는 가정도 있음
진찬 進饌	주인(종손) : 고기·생선·갱진찬 주부(종부) : 면식(국수)·미식(떡)·메(반) 진찬	생략
초헌례 初獻禮	주인(종손)이 초헌을 올림 소금 뿌린 간적肝炙을 올림	가장이 초헌을 올림 생략
고축 告祝	축관 독축	생략
아헌례 亞獻禮	주부(종부)가 아헌을 올림 적을 올림, 주부(종부) 4배	참례자 중 가장 다음 서열 생략
종헌례 終獻禮	형제로서 연장자나 맏아들. 적손 또는 가장 가까운 손님이 종헌을 올림, 적을 올림	아헌례를 올린 사람의 다음 서열, 생략
유식 侑食	조인(종손)이 신위 앞 술잔에 술을 첨주함 주부(종부)가 수저를 메(밥)에 꽂는데 자루가 서향하도록 하며, 젓가락을 접시 위로 바로 놓고 머리가 서향하도록 한다.	참례자가 유식

| 제사음식문화 |

합문閤門 계문啓門	축관이 문(발·병풍)을 닫음 축관이 문을 열음	참례자가 합문과 계문
진다 進茶	주인(종손)이 고위考位에게 숭늉을 올림 주부(종부)가 비위妣位에게 숭늉을 올림	가장이 숭늉을 올림
수조 受胙	주인(종손)이 신위 앞의 술잔을 마심 신위 앞의 메(밥)를 조금 떠서 맛봄	생략
	전원(주인 제외) 재배, 주부(종부) 4배 집사자 한 사람이 수저를 접시에 내려놓고 메(밥)의 뚜껑을 닫음	생략
사신 辭神	축관이 축문을 불사름 신주독을 사당에 봉안	생략
철상 撤床	집사자 철상 주부(종부)가 술잔과 주전자 안의 남은 술을 전부 병에 넣어 봉함(福酒)	생략
음복 飮福	철상된 후의 음식은 다시 배분하여 전원 음복	제상에 올렸던 음식을 그대로 음복
	조상 숭배 4대조 봉사	조상 추모, 2대, 또는 당대의 부모만 봉사

| 불교와의 융합이란 측면에서 바라본 유교의 제사음식문화 |

삼국시대에는 국가적 차원에서 종묘와 사직을 세워 제사를 지냈다. 백제의 제사 형태를 중국의 사서류를 통해 살펴보면 '음양오행사상에 의해, 사중에 왕은 천天 및 오제五帝의 신께 제사하며, 귀점龜占이 있고, 시조 9대臺의 묘를 국성에 세워 1년에 4번 제사한다'고 하고 있다.

중국의 사서류에 기록되어 있는 백제의 9묘제에 대한 기록은, 선조에 대한 제사가 시조에까지 미쳤고, 유교식에 의한 종묘와 능침의 구분이 적용되고 있었음을 의미한다.

우리나라의 불교는 삼국시대에 이르러 국가적으로 공인받으면서 번성하기 시작했다. 그 후 통일신라시대에는 당나라의 궁정귀족의 의례종교로 발

	대상	때	비고
부여	천天		소를 죽여 하늘에 제사
예	천天	10월	
한	천天	5월·10월	
고구려	사직社稷·영성靈星·종묘宗廟·귀신·천(天, 東盟)	동맹은 10월	사는 곳의 좌우에 대옥大屋을 세워 귀신을 제사
백제	5제五帝·천天·종묘宗廟	5월의 신께 사중월	음양오행이 있었고 9대臺의 묘廟에 제사
신라	풍속은 백제와 같음		

달한 화려한 궁중불교가 유입되면서 불교문화도 상당한 수준에 도달했다.

한편 남북조를 통일해서 수·당의 통일국가 시대로 들어간 중국 대륙에서는 더욱더 불교가 발달해 갔다. 이때 국가의 재정적 기반은 농업이었으며, 농업의 수확은 기후에 달려 있었다. 그런데 기후는 인간의 힘을 초월한 불가사의한 자연의 힘에 의해 조정되는 것이므로, 비를 자유로이 내리게도 하고 그치게 하는 힘은 위정자에게는 절대적으로 필요한 것이었다. 그리하여 당나라 황제들은 이 같은 실제적 요구를 종교의 힘에 의지해 얻으려고 화려한 궁중불교를 발달시키게 된다. 특히 위씨의 난을 평정하고 그 혼란을 수습해서드디어 재위에 오른 현종(재위 712~756) 시대에는 당시까지 알려져 있었던어떤 불교보다도 복잡한 의례와 주술, 주문, 경전을 가진 형태, 이른바 밀교가 성행한 시대였다.[4]

이 시대에 불교는 상하의 존중을 받았으며 궁정귀족의 의례종교로서 발

[4] 와타나베 쇼코(渡辺照宏), 한경수 역, 《불교사의 전개》, 202쪽, 불교시대사, 1992. 밀교는 7세기 후반 인도에서 성립한 대승불교의 한 갈래이다. 법신法身 대일여래大日如來가 자기 내증內證을 법문을 개설한 비오진실祕奧眞實의 교법을 따르는데, 그 교법이 심밀深密 · 유현幽玄하여 여래의 신력에 힘입지 않고서는 터득할 수 없기 때문에 이러한 명칭이 붙었다. 금태양부金胎兩部의 《대일경大日經》과 《금강정경金剛頂經》을 성전聖典으로 한다.

전함과 동시에 민중의 정신생활 속에 용해되어 있었다. 당 왕조는 노자老子를 자신의 선조로 해서 도교를 공식적인 국교로 삼았지만, 사실상 불교 세력에는 미치지 못하였다고 알려져 있다.[5]

당 시대에 불교가 궁중귀족의 의례종교로 발전함에 따라 밀가루를 이용한 식품의 다양한 품목이 생겨나게 되었고, 그 대표적인 예가 우리나라에서 유밀과라 일컫는 당과자唐菓子이다.

당나라의 궁중을 기반으로 해서 발달한 현종 치세 이래의 급격한 밀교로서의 불교는, 밀교적인 세계관이나 종교의례·미술·음악·식생활에 결정적인 영향을 미치게 되었으며, 인접국인 한반도와 일본 등지에도 밀교의 전통을 전하게 되었다. 즉 우리나라의 통일신라시대뿐만 아니라,[6] 일본의 나라 시대와 헤이안 시대에도 큰 영향을 준 것이다.[7]

신라의 뒤를 이은 고려 태조 왕건(재위 918~943)은 불교문화에 관한 한 신라의 전통을 표방·계승하고자 하였다. 그것은 왕건의 정치철학이 담긴 훈요십조訓要十條에서도 잘 나타나고 있다. 훈요십조에서 왕건은 고려의 건국은 모든 부처님의 가호에 힘입어 이루어졌음과 도선국사가 점정占定한 외에는 함부로 절을 짓지 말 것이며, 연등회와 팔관회를 여법하게 준행할 것 등을 제시하여 후대 왕들에게 위촉하고 있는 것에서[8] 알 수 있는 바와 같이, 그의 사상적 근원은 밀교에 있었다.

밀교적인 사상을 근간으로 하여 개인적·사회적·국가적인 내외의 어려움을 극복하고 퇴치하고자 함이 주목적이었던 왕건의 돈독한 밀교적 신앙심은 고려를 건국하는 이념에 커다란 작용을 했던 것이다. 이러한 중생들의 구제와 국가의 부흥을 주목적으로 하는 밀교 정신의 건국 이념은 약간의 차이는

---

[5] 와타나베 쇼코(渡辺照宏), 한경수 역, 《불교사의 전개》, 183쪽, 불교시대사, 1992.
[6] 서윤길, 《한국밀교사상연구》, 12, 27쪽, 불광출판사, 1994.
[7] 와타나베 쇼코(渡辺照宏), 한경수 역, 《불교사의 전개》, 208쪽, 불교시대사, 1992.
[8] 《고려사》(권2), 태조 26년 4월조.

보이고 있으나 고려 말까지 계승되고 있다.[9]

그러나 왕건의 정치철학은 비단 불교정신에만 국한되어 있지 않았다. 고려 초의 학자 최승로(927~989)가 태조 대를 말하면서 '석교釋敎(불교)를 존중하고 유술儒術(유교)을 중히 여기니 군왕된 영덕이 여기서 갖추어졌다'라고 한 바와 같이[10] 태조는 불교에 대한 신앙과 유교적 소양을 동시에 갖춘 인물이었다.

실제로 고려시대 정치의 커다란 틀은 유교적 테두리 속에 있었다. 당시의 지식인들은 유교를 행하는 것은 나라를 다스리는 근원이며, 불교를 행하는 것은 몸을 닦는 근본으로 인식하였던 것이다.[11] 고려 전기를 통해서 나타나는 시호에 대한 것은 고려왕조의 유교적 배경을 설명해 주는 좋은 실례이다. 고려왕조 역시 왕이나 국가에 공로가 큰 관리가 죽었을 때 시호를 올리고 또 내렸는데, 다음은 고려시대 시호에 대한 몇 가지 기록이다.

• 943년 태조 왕건이 죽자 신성대왕神聖大王이란 시호를 올렸다.

• 987년 최지몽崔知夢이 죽자 왕이 슬퍼하여 부의로 베 1,000필, 쌀 300석, 보리 200석, 차 200각角, 향香 20근을 내려 주고 민휴敏休란 시호를 내렸다. 경종의 묘정에 배향하였다.[12]

신라에 이어 5묘제로 하였던[13] 고려 종묘에서는 변邊·두豆를 사용해 제사를 올리는 고례古禮를 따르고 있었다. 또 사직을 위해 사직단을 짓고 신농씨를 제사하고 후직后稷을 배향하는 등 종묘사직제도 고례에 의해서 올렸다. 그러나 이들 중국식의 유교식 고례에 의한 종묘사직제는 어디까지나 국가적

---

[9] 《고려사》.
[10] 《고려사》(열전 6).
[11] 《고려사절요》(제2권), 성종 원년 최승로의 소.
[12] 《고려사절요》(제1권, 제2권).
[13] 김상보, 《음양오행사상으로 본 조선왕조의 제사음식문화》, 107쪽, 수학사, 1996.

| 제사음식문화 |

인 행사에 지나지 않았으며, 다른 한편으로 왕실 기일에는 불교식에 의한 기재忌祭를 올리기도 했다.[14]

고려시대의 제사음식이나 연회음식에 대한 구체적인 문헌기록이 없기 때문에 정확한 것은 알 수 없지만, 태조 왕건은 943년 당나라의 풍속을 옛날부터 본받아 문물과 예악이 모두 당 제도를 준수해 왔음을 인정하고 있다.[15] 그러므로 그 무렵 고려의 연회음식 상차림은 불교를 국교로 하면서 당으로부터 밀교의 전통을 전수받은 일본 헤이안 시대[16]의 상차림(1116년에 개최된 대신 대향 상차림 때 밀가루를 이용해 만든 당과자와 과일을 주요 내용으로 한 것)[17]처럼, 당과자와 과일을 주요 내용으로 했을 것으로 판단해도 무리는 아니라고 생각된다.

예컨대 고려 의종 11년(1157) 겨울 10월에 대부시大府寺의 유밀油蜜이 다 없어졌을 때 모든 절에서 거두어들여 재를 올리고 제사하는 비용을 충당하도록 명한 것과, 명종 9년(1179) 겨울 11월에 재상 최충열이 팔관회 경비의 폐해를 건의해 아뢰기를 '팔관회 때 백관의 과상과 궁중 금군의 복식이 너무 절제가 없으니 일체 금제하기를 청합니다'라고 하니 그 의견에 좋았다는 것은,[18] 팔관회 때나 재를 올리는 불사에서 유밀과와 과일이 상차림의 주요 내용이었음을 시사하는 것이다.

여기서 한 가지 더 생각해야 할 점은 유밀과와 과일 이외에 반드시 올리는 것이 있었다는 것이다. 그것은 차와 향이었다. 앞서도 최지몽이 죽자 왕이 부의로 베, 쌀, 보리, 차, 향 등을 내렸다는 기록이 있었는데, 이 기록은 하나의 예로서 기록한 것뿐이며 실은 고려왕조 초부터 말까지 공이 있는 신하가

---

[14] 《고려사절요》.
[15] 《고려사절요》(제1권).
[16] 헤이안 시대는 간무(恒武) 천황이 헤이안으로 수도를 정한 이후 가마쿠라(鎌倉) 막부幕府 성립 때까지 약 400년간으로 794~1192년까지를 말한다.
[17] 菊地勇次郞, 〈大饗と魚鳥料理の發達〉, 《世界の四食べもの12》, 183쪽, 朝日新聞社, 1984.
[18] 《고려사절요》(제11권, 제12권).

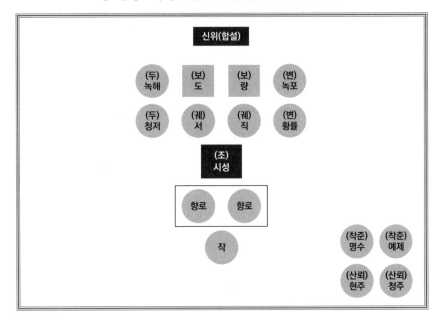

죽을 경우 왕이 부의로서 내린 물목은 이러한 범주를 크게 벗어나지 않고 있었다.[19] 이것은 재와 같은 불사에서 유밀과·과일·차·향이 하나의 세트로서 차려졌음을 의미한다.[20]

결론적으로 말해서 고려왕조에서의 종교 음식 문화 전개는 크게 두 가지 방향으로 특징지을 수 있다. 하나는 종묘사직제와 같은 국가적인 행사 때에 변邊과 두豆를 사용해 올리는 제례는 중국의 고례에 따른 것이었으며, 다른 하나는 성종 원년(982)의 기록에 나타나는 바 '우리 왕조는 겨울과 여름에 강회하고 선왕·선후의 기일에 재를 올리는 일은 이미 오래되었으니 취하고 버릴 수는 없지만'[21]에서처럼, 비록 왕실의 기일이라 하더라도 기일재는 오래된 풍속이기 때문에 유교식 제사로 바꿀 수 없다는 뜻을 내포한다고 보아야 한

---

[19] 《고려사절요》.
[20] 《고려사》, 《고려사절요》.
[21] 《고려사절요》(제2권).

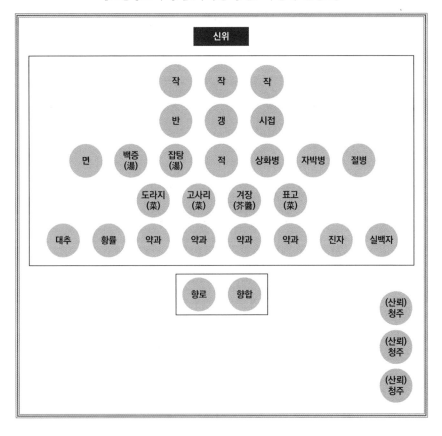

다. 따라서 왕실의 기일에는 유밀과·과일·차·향을 주요 제물로 하여 차리는 일관된 형태였다고 볼 수 있다. 이것은 다시 말하면 신의 공적인 공간에서는 신에게 변과 두를 사용하는 제사를 올렸고, 신의 사적인 공간에서는 유밀과·과일·차·향을 주요 제물로 하는 재를 올렸음을 의미한다.

신라적인 전통을 기초로 하여 토속적인 것과 불교적인 것을 유지하면서, 다른 한편에서는 국초부터 당나라 제도를 모방한 유교식을 도입해 관혼상제를 정립한 고려는, 중반경에는 오늘날 우리가 볼 수 있는 관혼상제의 대체적인 윤곽이 불교식과 융합하면서 정착되었다. 비록 공양왕 때에 이르러 원나라의 침입 이후 쇠진한 국력과 고려 말의 혼란된 사회를 수습하려는 방편으로 대명률을 모방해 근친혼 금지나 화장법 금지 등과 같은 대개혁 운동이 일어나긴 했지만, 이미 쇠진할 대로 쇠진한 고려왕조는 이것을 감당하지 못하고 조선왕조의 과제로 넘기고 말았다. 조선왕조는 유교를 통치철학으로 삼았다. 그러나 제사에 있어서는 고려에 이어 여전히 사적인 공간과 공적인 공간을 구분했다. 공적인 공간에서의 제사는 《예기》에 근거한 상차림법이었으며, 고려왕조에서부터 조선왕조로 이어진 관행으로 정착된 사적인 공간에서의 제사는 고려왕조의 불교식 재공양 음식을 유교화시켜 끼워 맞추었다.

조선왕조의 능침 속절제 진설도를 예로 들어 보면, 제물 가운데 청주·탕·적·갱은 유교화된 부분이며, 약과·과일·고사리·도라지·표고·병餠 부분은 고려왕조에 이어 계속된 불교재 문화의 일부분으로 판단된다.

이를 앞서 《사례편람》과 《사례집의》에 나타난 사시제 진설도와 비교해서 살펴보면 3행의 과果(과일·유밀과·건정과·수정과) 부분 및 병·채 부분은 불교재 문화의 잔재이고, 포·자반·해·어·적·육·갱 부분은 유교화된 부분으로 설명할 수 있다. 다시 말해 조선왕조 때에 다례·기신제·시제와 같은 사적인 공간에서 차려지는 제사음식은 고려왕조에서부터 조선왕조로 이어진 불교재 문화가 관행으로 정착된 것이고, 여기에 《예기》에 근거해 제사를 향연화하여[22] 유교식으로 끼워 맞추어진 결과가 《사례편람》 등에서 제시된 상차림의 유형이라고 말할 수 있다.

| 음양오행사상으로 본 제사음식문화 |

《예기》에 의하면 사람이 죽으면 혼기魂氣(陽神)와 형백形魄(陰神)으로 분

---

[22] 《예기》, 〈제례(제24)〉.

리되어 혼기는 하늘로, 형백은 땅으로 돌아간다고 한다. 그러므로 제사는 하늘과 땅으로 각각 돌아간 혼기와 형백 가운데 양신인 혼기는 서黍와 직稷에 쑥을 혼합해 태움으로써 불러 모시고, 음신인 형백은 울창주鬱鬯酒를 땅에 부음으로써 불러 모신 다음, 음양오행의 법칙에 따라 양신에게는 음성의 식물食物, 음신에게는 양성의 식물을 올리고, 제사 이후 음복해야만 신으로부터 복을 받을 수 있는 의식이었다.[23]

원래 이러했던 것이 《주자가례》 이후 양신은 서와 직에 쑥을 혼합해 태움으로써 불러 모시는 대신 향을 피워 모시는 것으로 바뀌었으며, 음신은 울창주를 땅에 부음으로써 불러 모시는 대신 술을 모사에 부어서 모시는 것으로 바뀌었다. 하지만 어디까지나 근본 취지는 같다.

【《예기》에 나타난 신과 제물의 음과 양】

		양신陽神			음신陰神
		향을 피워서 모심 (서와 직에 쑥을 혼합하여 태움)			술을 모사에 부어서 모심 (울창주를 땅에 부음)
1	음성의 음식	생선		양성의 음식	쌀로 만든 쌀밥
2		생채 · 숙채 · 김치			쌀로 만든 떡
3		장 · 초장			고기로 만든 고깃국
4		젓갈			고기구이
5		식해			포
6		과일 · 유밀과			고기

제사 때에 양신은 음성인 향을 피워서 불러 모셔야 하며, 음신은 양성인 술을 모사에 부어서 불러 모셔야 한다. 제사를 통해 양신은 음성의 음식을 잡수시고, 음신은 양성의 음식을 잡수시게 됨으로써 양신과 음신은 합체가 되며, 이에 따라 자손들에게 복을 내려 주는 존재가 될 뿐만 아니라 제사음

---

[23] 《예기》, 〈교특성〉;〈예운〉;〈제의〉.

식은 제례를 거치면서 신이 잡수시고 남기신 신성한 음식으로 바꾸어진다. 제사를 행하고 난 이후의 음식은 음복이라는 과정을 거쳐서 신의 축복이 전달되는 매개체로서의 역할을 하는 것이다.

원래 다례를 포함한 제사의례는 길례에 속하는 것으로서 즐거운 의례였다. 한(大) 항아리의 술을 빚어 제삿날에 조상님을 불러 모시고 올린 다음, 가족들은 그 한(大) 항아리의 술을 나누어 마신다. 오늘날 우리는 이것을 음복이라고 말한다. 이때 한(大) 항아리의 술을 신과 가족 모두가 함께 나누어 마시는 것은 가족의 결속을 다지는 행위였다.

외식문화

| 장시의 발달과 국밥문화 |

《예기》와 《의례》에 따르면 상차림법에서 밥은 음陰이고 국은 양陽이다. 여기서 양에 속하는 국이란 원래 고깃국을 뜻한다. 고대인들은 인간이 건강을 유지하기 위해서는 음과 양이 조화된 식사를 해야 된다고 생각했다. 우리의 밥상차림법이 《의례》〈공식대부례〉에서 기원하고 있다면, 한나라의 한사군 설치 이후부터 계산하더라도 우리는 적어도 2,000년 이상 밥과 국이 세트가 되는 식생활을 해 오고 있는 셈이다.

국밥(湯飯) 이란 국에 만 밥이다. 중국 문헌에서의 탕반 출현은 《의례》나 《예기》로 거슬러 올라가지만, 보다 구체적인 기술은 양梁(502~557) 시대에 등장한다. 이때 출간된 《옥편玉編》에 국에 만 밥을 '찬鑽'이라 하고 있다. 우리는 탕반이라 하고 있는데, 국에다 밥을 넣어 한 그릇으로 만든 것이 이른바 국밥이다. 밥 한 그릇에 국 한 그릇이 세트가 되어 있는 정식 양반가의 가정요리가 아닌 지극히 간편화된 음식이 국밥이다. 이 국밥이 우리나라 문헌에 처음 등장하는 것은 1800년대 말경에 나온 《규곤요람閨壺要覽》(연세대본) 과 《시의전서》에서이다. 《시의 전서》의 기록을 보자.

【기산, 《기산풍속도》 중 〈촌가여막〉】
시골의 주막 모습이다. 주막은 여인숙·식당·술집을 겸하던 곳이었다.

탕반渴: 좋은 백미를 깨끗이 씻어서 밥을 잘 짓고, 무를 넣어 잘 끓인 장국에 나물을 갖추어 만들어 국을 만다. 밥을 말아 나물을 갖추어 얹고 약산적하여 위에 얹어 후춧가루·고춧가루를 뿌린다.

국가 신경망으로서 숙박시설·말·인부를 여행자에게 제공했던 역은 칼자·갱자·착어·채원·응자·급수·장비·식모·다모·주탕(기생)·주모로 구성되어 반빗간(부엌)을 경영하였다. 이 역은 국가에서 원주에게 토지를 주고 거기에서 발생하는 이익으로 운영되었는데, 이곳에서 밥과 술도 팔았다. 《경국대전》에 따르면 전국에 540개의 역이 존재한 것으로 되어 있다.

16세기 이후 생산력의 발전은 전국 단위로 장시의 발전을 가져왔다. 특히 임진왜란 이후 장시의 발달은 인구이동과 여행자 수의 증가를 가져왔다. 역 가까이에는 객줏집이 들어섰으며, 간선도로가 아닌 곳에도 주막이 들어서서 여행자에게 숙식을 제공하기 시작했다. 탕반 문화는 역에서 출발해 임진왜

【기산, 《기산풍속도》 중 〈시장〉】
보통 오일장으로 열렸던 시장 풍경. 포목집, 됫박에 쌀을 담아 파는 모습, 그릇 장수, 우시장도 섰다. 등짐장수 · 봇짐장수인 보부상의 모습도 보인다.

란 이후 장시의 발전과 함께 객줏집과 주막에서 번성했을 것이다.

17세기 말에는 청나라와 일본이 국교를 수립했다. 그런데 조선정부는 청일 간에 국교를 수립하기 전까지는 중국으로 가는 사신 일행에 소요되는 경비를 충당하기 위해 사신과 수행원(역관 포함)이 사무역을 하는 것을 허용해 주었다. 이 역관의 사무역이 17세기에 이르러 중개무역으로 발전했다. 중국의 비단과 원사를 수입해 부산 왜관을 통해 일본에 수출하였으며, 일본으로부터는 은과 구리를 수입해 중국에 수출하였다. 역관은 이러한 중개무역으로 막대한 자본을 축적할 수 있었다.

하지만 청일 간의 국교 수립 이후 중국의 비단이 직접 일본의 나가사키항으로 들어감에 따라 역관의 중개무역은 점차 쇠퇴의 길로 들어선다. 이에 대두된 것이 인삼무역이다. 이때 자연산만으로는 늘어나는 인삼 수요를 충당할 수 없어서 18세기에는 전국에서 인삼재배가 행해졌다. 아울러 사신이 중

【김홍도, 《단원풍속화첩》 중 〈장터길〉】
아이를 업은 부인과 남편이 물건을 팔러 장터로 가고
있는 듯하다. 남자는 지게에 지고 여자는 머리에 무
엇인가를 이고 있다.

국에 갈 때 한 사람 앞에 허용
된 인삼량도 1797년에는 120근,
1811년에는 200근, 1832년에는
5,000근, 1851년에는 40,000근으
로 늘어났다.

청나라로부터 폭발적인 인
기가 있었던 인삼은 사신무역
에 의해서만 거래된 것은 아니
었다. 당시 중국과 교역하는 창
구 역할을 했던 의주 사람들 대
부분이 대청무역에 종사하고
있었다. 국내의 모든 상업망을
장악한 민간의 개성상인이 국

내 각처에서 수합한 인삼을 의주상인에게 대 주었다. 한편 의주상인들도 사
적으로 개성상인으로부터 매입한 인삼을 중국에 수출했으며, 의주상인이 구
입해 온 중국 상품은 개성상인이 국내에 내다 팔았다. 이때 동원된 상인들이
봇짐장수와 등짐장수인 이른바 보부상들이다.

인삼무역으로 거대한 부를 축적한 대표적인 인물이 임상옥이다. 19세기
초 당대 최고의 부호였던 그의 집에 한번은 의주부사·원접사·평안감사 일행
700여 명이 한꺼번에 방문했는데, 임상옥은 그들 한 사람 한 사람마다 제각
각 한 상씩의 음식을 차려 한꺼번에 제공했다는 일화도 있다.

조선의 행상인 봇짐장수는 값이 비싼 상품을 보자기에 싸 들고 다니는 장
수였고, 등짐장수는 생선·소금·미역처럼 부피가 큰 비교적 값이 싼 상품을
지게에 지고 다니는 장수였다. 이들 행상단은 조선 전기에도 있었다. 그러나
장시는 처음 등장한 15세기 말 이후 빠른 속도로 확산되어 18세기 중반에는

【이형록, 《풍속도》 중 〈설중향시〉】

눈이 많이 왔음에도 불구하고, 말에 많은 물건을 실은 행상단이 물건을 팔기 위해 시장으로 서둘러 가고 있다.

닷새 간격으로 열리는 오일장이 전국적으로 1,000여 곳이나 개설되었다. 행상들은 하루 왕복 거리를 두고 날짜를 달리하여 열리는 장시들을 차례로 돌아다니면서 물건을 팔았다.

이때 행상들이 팔고 다니는 물자를 연결해 주는 중개 역할을 담당한 것이 객주였다. 객주는 행상들의 중개지이자 여관 밥집의 기능까지도 맡았다. 행상이 다니는 도로변에는 주막이 들어서서 주막촌이 형성되었으며, 주막촌은 행상과 물건을 사러 오는 사람들의 집합소이자 음식과 술을 파는 곳이기도 했다.[1]

물론 이러한 국밥 문화는 하루아침에 생긴 것이 아니다. 주대로의 복고주의에 따른 조선왕조의 숭유주의는 결국 《예기》와 《의례》를 적극 수용하는 것으로 나타났다. 강력한 절대 왕조를 구축하기 위한 통치수단의 하나로서

---

[1] 이영화, 《조선시대 조선사람들》, 278~296쪽, 가람기획, 2003.

【김홍도, 《단원풍속화첩》 중 〈행상〉】
말을 타고 전국을 누비는 행상단의 모습이다. 담배를 피우는 모습에서 여유로움이 느껴진다.

제사를 통한 외래를 강조했던 조선왕조는 제사상차림에서도 그 어느 왕조보다 많은 희생수가 요구되었다. 그 때문에 고려 말 몽고족 침입에 의해 세워진 제주도 목장 외에도 희생수를 충당하기 위한 목장이 곳곳에 세워졌을 것이며 아울러 제사 후 음복의 결과로 육식의 섭취량도 계속 늘어났을 것으로 짐작된다.

《조선의 실정》(1924) 이란 책은 일본인의 눈에 비친 조선의 모습을 묘사한 것이다. 그중 한 대목을 보자.

조선인의 체격은 대개 우량하다. 키가 크고 골격도 조화를 이루고 있다. 한족이 이러한 체질을 가지게 된 것은 일반의 풍습으로서 육식을 하기 때문이라고 생각된다. 어육은 말할 필요도 없이 소고기, 돼지고기를 많이 먹고 있는데, 도저히 일본 민족에 비할 바가 아니며 옛날부터 조선의 집단지에는 어느 곳에도 상당의 도살장이 있다.

| 외식문화 |

이것은 1924년 당시 일반인들이 보통으로 소고기나 돼지고기를 먹고 있음을 나타내 주는 것이다. 《조선잡기》(1894)에는 다음과 같은 구절도 있다.

조선인들은 말고기를 먹지 않고 소고기를 아주 좋아하며, 팔도의 목장은 전부 관부가 지배하고 있고 도우屠牛는 목우牧牛를 보호하는 정책에 의해 도살할 때에는 한 마리마다 약간의 전錢을 관부에 납입해 허락을 얻는다. 또 소는 대단히 비대해서 서양의 젖소에 뒤떨어지지 않는다.

한편 《한국지》(1905)에서는 '소를 외국에 수출할 정도로 가축이 많은데, 소는 신장과 역량이 대단히 훌륭하다'라고 하고 있다. 관영 목장의 소는 외국에 수출할 정도로 많고, 소는 신장과 역량이 훌륭하고 비대해서 마치 서양의 젖소와 같다는 것이다. 이로써 1800년대 말과 1900년대 초 한반도에서의 소 식용 상태를 엿볼 수 있다.

《조선만화》(1909)에는 당시 정육점에서 한 남자가 소고기를 우도牛刀로 써는 그림과 소머리를 국밥집 앞에 진열해 놓은 그림이 있다. 당시 민가의 정육점에서는 소고기를 판매하였고, 또한 오늘날 시장통에서 볼 수 있는 설렁탕집 앞의 소머리 진열이 당시에도 있었던 것이다.[2]

《조선만화》에는 다음과 같은 탕반가湯飯家(설렁탕·장국밥·곰탕을 파는 집)에 대한 자세한 묘사도 눈에 띈다.

노동자 취향의 조선 음식점 가게 앞의 광경이다. 우도를 막대기 식으로 잡은 주인의 모습이 재미있다. 끓는 냄새가 말할 수 없이 코를 찌르고, 눈을 돌리면 옆집에서는 커다란 대 위에 익히지 않은 날것인 소머리가 얹혀 있다. 국물을 내는 소의 머리가 장식물로 얹혀 있는 것이다. 피가 흐르고 파리가

---

[2] 김상보, 《한국의 음식생활문화사》, 333~335쪽, 광문각, 1997.

【한 남자가 정육점에서
우도로 소고기를 써는 모습(구한말)】

【국밥집 앞에 진열해 놓은
소머리(구한말)】

몰려든다. 조선인은 공기에 몇 번이나 밥을 덜어 먹는 일이 없다. 일본 밥공기 3배 정도 크기의 밥그릇에 수북이 담아서 낸다. 젓가락은 사용하지 않고 수저로 먹는다. 음식점의 진수성찬은 소고기와 야채가 들어간 국이다. 커다란 솥에 소머리·뼈·껍질·우족을 넣어서 서서히 끓인 것이 국물로서, 별도의 작은 솥에 국물을 퍼 담아 간장으로 맛을 내고 고춧가루를 넣는다. 의사의 감정에 따르면 소머리 수프는 정말로 좋은 것으로서 닭국물이나 우유에 비길 바가 아니다. 커다란 솥을 연중 걸어놓고 씻는 일도 없이 매일 뼈를 바꾸어 가며 물을 넣어 끓여 낸다. 이 수프는 매일 끓이니까 여름에도 결코 부패하지 않는다. 이것을 정제하면 아마도 세계에서 둘도 없는 자양품이 되고, 지금의 소머리 수프가 통조림으로 한국 특유의 수출품으로서 상용될 것임에 틀림없다.

　개고기를 팔고 있지 않다는 간판을 내걸고 소머리를 통째로 가게 앞

【이교익, 《풍속도》 중 〈휴식〉】
등짐장수가 윗옷을 벗은 채 나무 밑 그늘에서 휴식을 취하고 있다.

에 진열해 놓고 국밥을 팔고 있는 광경에 대한 글이다. 아마도 1900년대 초에
는 개고기가 소고기보다 가격이 쌌음에 틀림없다. 소머릿국이 가진 자양품
으로서의 가치를 칭찬하고 있는 것에서, 일본인의 입장에서 일본에서 먹어
보지 못한 우수한 영양가 있는 식품임을 강조하고 있는 것을 알 수 있다. 《조
선인의 의식주》(1916)에는 소를 이용한 국에 관해 보다 자세한 기록이 있다.

　육과 육즙은 별도로 사용하는 경우가 많아서 육즙은 소금을 첨가해 국으
로 사용하며 또 다른 음식을 조리하는 데에도 사용한다. 국물 낸 고기는 간
장을 찍어 먹거나 다른 요리에 이용된다. 육류 음식으로는 육즙(고깃국) 외
에 무릎뼈·꼬리 등을 푹 고아서 약식으로 제공되기도 한다. 또 소의 위와 연
육을 잘게 썰어 푹 고은 후 베에 걸러 짜서 그 즙에 소금·후춧가루를 첨가해
약용으로 먹기도 한다. 상하 소고기를 모두 즐겨 먹고 있다.

이것은 고깃국·곰탕·고음·편육에 대한 기록이다.[3]

국밥 문화가 장시의 발전과 더불어 발전한 것은 이와 같이 조선왕조 제사 문화에 반드시 수반되는 제사음식에서 가장 중요한 육류 공물 때문에 희생 수가 많이 필요했으며, 그 결과로 고기뿐만 아니라 부산물인 소머리나 내장 등을 손쉽게 구할 수 있었기 때문으로 보인다.

객줏집이나 주막과 같은 탕반가는 출입구 옆에 하얀 종이 술(장식으로 만 든 여러 가닥의 종이실)을 만들어서 장대 끝에 높다랗게 매달아 표지로 삼았 다.[4] 이들이 술과 같이 판 국밥이 탕반은 그러나 1800년대 중반이 되면 탕반 만을 전문으로 파는 탕반가에서 장국밥이나 설렁탕을 팔았다. 특히 장시가 크게 열렸던 서울 무교동의 무교탕반과 경기도 안성의 장국밥은 유명했다.

다음은 1800년대 말부터 1900년대 초의 외식산업의 전개상황을 살펴보기 로 한다.

《조선잡기》에 따르면 '모석상두첨주전暮惜床頭沾酒錢'이라고 문에 글을 써 놓은 주막에서는 명태·돼지고기·김치뿐인 안주와 술을 팔고, 여인숙에 서도 음식을 파는데, 음식값만 지불하면 숙박료는 받지 않았으나 1실에서 수 십 명씩 묵고, 때로는 방에 메주 덩어리를 천장에 매달아 놓은 집도 있었다 고 한다. 이것이 1800년대 말 주막의 실정이었다. 《경성번창기京城繁昌記》 (1915)에는 이들 음식점에 대한 좀 더 구체적인 기록이 있다. 즉 식사만을 하 는 곳을 국밥집(湯飯屋), 약주만을 파는 집을 약주집(藥酒屋), 탁주만을 파는 집을 주막, 하등의 음식점을 전골집(煎骨家)이라 하고, 주막에서는 음식도 팔고 숙박을 겸업한다고 설명하고 있다. 한편 《고적과 풍속》(1927)에 나타난 술집과 국밥집에 대한 설명은 이렇다.

---

[3] 김상보, 《한국의 음식생활문화사》, 341쪽, 광문각, 1997.
[4] 이성우, 《한국요리문화사》, 116쪽, 교문사, 1999.

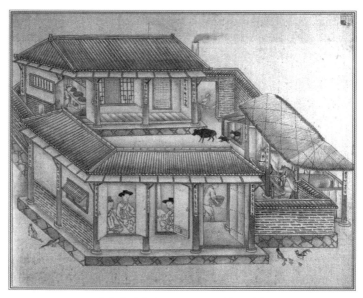

【기산, 《기산풍속도》 중 〈객줏집〉】
행상들이 팔고 다니는 물자를 연결해 주는 중개 역할을 담당한 것이 객주였다. 객주
는 행상들의 중개지이자 여관 밥집의 기능까지 도맡았다.

조선인의 술집은 조선인의 생명이라고 말할 정도이다. 술집은 집 뒤에 긴
대를 세워서 그 끝에 기름종이로 바른 장방형의 제등提燈을 밤낮 구별 없이
높이 매달고 있다. 밤에는 납촉蠟燭(밀랍으로 만든 초)을 점화한다. 이 술집
은 거의 하등 사회의 조선인을 대상으로 하는 것으로 양반은 절대로 이 술집
에 드나들지 않는다. 술은 조선 술잔으로 한 잔에 5전이고 이것은 안주를 포
함한 값이다. 두세 잔 마시면 배가 나온다. 국밥집은 그다지 큰 집이 아니고
대로에 높직이 제등을 매달지도 않는다. 돗자리를 깔고 토방을 세워서 짐꾼
과 시골 사람이 식사하는 곳이다. 밥에 고기 국물을 넣었다. 여기에는 콩나물
과 그 밖의 것도 들어 있다. 김치가 곁들여진다. 또 불고기도 있다. 술집에는
문을 단 큰 집도 있지만 밥집에는 문이 있는 집이 거의 없다. 밥은 커다란 밥
그릇으로 한 그릇에 10전 정도이다.

【김홍도, 《단원풍속화첩》 중 〈주막〉】
주막에서 남자가 국밥을 맛있게 먹고 있다. 거의 다 먹고 밑에 약간 남은 국밥을 탕그릇을 기울여 마지막 한 숟가락까지 긁어 먹는 모습이다. 옆의 밥그릇에 비하여 탕그릇은 상당히 크다. 밥그릇의 왼편에 보이는 음식은 김치인 듯하다.

현재의 해장국밥을 연상시키는 국밥집 풍경이다. 하층민에게는 다만 반찬으로서 국 한 그릇이 올려졌던 식생활에서는 국이 차지하는 비중은 상당히 큰 것이었으리라. 이용기는 《조선무쌍신식요리제법朝鮮無雙新式料理製法》(1924)에서 우리나라 국에 대한 결론을 다음과 같이 명쾌하게 내리고 있다.

국은 밥 다음이요 반찬에 으뜸이라, 국이 없으면 얼굴에 눈이 없는 것 같은 고로 온갖 잔치에든지 신도에든지 국이 없으면 못쓰나니, 또 이것 아니면 밥을 말아 먹을 수 없으니 어찌 소중치 아니하리오. 불가불 잘 만들어야 하나리라.[5]

《경성번창기》에는 당시 장시를 구성했던 가게의 종류가 다음과 같이 나열되어 있다. 이를 통해 1910년대 중반경에는 이미 탕반가가 반찬점·주막·전골가·보행객주·물건객주 등으로 분화되어 각각 나름대로 국밥을 팔았던 것으로 짐작된다.

유과점油果店(식료잡화점), 목기점木器店(칠기상), 상점床店(골동점 및 잡화상), 사기점砂器店(도자기점), 건재방乾材房(한약방), 반찬점飯饌店

---

[5] 김상보, 《한국의 음식생활문화사》, 342쪽, 광문각, 1997.

(밥과 국을 파는 가게), 주막酒幕(길가의 음식점으로 숙박을 겸업하는 집), 약주가藥酒家(약주를 판매하는 집), 전골가煎骨家(하등 음식점), 우물전隅物廛(과일 및 연초가게), 동기점銅器店(일명 발기전鉢器廛이라고도 해서, 구리로 만든 그릇을 파는 가게), 유기점鍮器店(유기제의 음식 담는 그릇 및 가구를 파는 가게), 금자가金字家(금분金粉을 찍는 집), 미점米店(쌀가게), 잡곡점雜穀店(잡곡가게), 어물점魚物店(생선가게), 칠기점漆器店(칠기가게), 옹기점瓮器店(옹기 및 목기를 파는 가게), 도자점刀子店(장식용으로 쓰이는 작은 칼을 파는 가게), 목기점木器店(목기·자(尺) 등을 파는 가게), 약국藥局(약을 파는 가게), 마미도가馬尾都家(말 꼬리를 소매하는 가게), 보행객주步行客主(여인숙), 물건객주物件客主(숙박 및 중개업을 겸업하는 여인숙)[6]

| 구한말의 술집문화 |

1942년에 나온《조선사정》에는 앞서《고적과 풍속》에 나타나는 술집 풍경과는 좀 더 다른 모습이 펼쳐진다. 어떻게 다른지, 그 모습을 한번 들여다보자.

술 제조장 및 술 판매를 하는 가게에는 고통古籠(장방형으로 제등提燈)과 같은 것을 막대기 끝에 씌워서 세워 놓았다. 그 이유는 농이 술을 건넬 때에 사용하는 것이기 때문인 것 같다. 신주新酒가 나왔다는 표식으로는 세죽을 세운다. 약주가는 주점 같은 분위기는 없고 보통의 주택과 같은 집의 분위기이다. 내외주점은 남과 여를 구별하는 주점이라는 의미로 가동이 달려 있고

---

6 김상보,《한국의 음식생활문화사》, 439~440쪽, 광문각, 1997.

작부가 없이 술만 파는 집이다. 색주가는 작부가 있는 주점이다.

비록 1940년대 무렵 술집에 대한 묘사이지만, 이때까지만 하더라도 1900
년대 초의 약주가·색주가·내외주점과 같은 술집이 있었고 다음과 같이 변함
없이 이어지고 있었다.

- 헌주가獻酒家: 대규모의 양조업을 하는 곳
- 집주가執酒家: 소규모의 양조업을 하는 곳
- 내외주가內外酒家: 자양自釀하면서 몇 종류의 술을 팔고 주객을 초빙해
안주를 제공하는 곳
- 목석주가木石酒家: 일반 술집
- 색주가色酒家: 여자가 술손님을 접대하는 곳
- 모주가母酒家: 모주를 파는 곳
- 탁주가濁酒家: 탁주를 파는 곳

마지막으로 《조선의 제俤》(1923)에 나타난 당시의 술 풍속을 덧붙인다.

청주淸酒를 약주藥酒라고도 한다. 약수로서 만들었기 때문에 약주이다.
재료는 소맥과 소맥누룩으로 양조한다. 이것은 100일 후에 신주新酒를 걸러
서 짜며, 신주를 짠 술지게미에 물을 붓고 두 번째 술을 짜내고, 이 지게미를
다시 짠 것이 모주母酒이다. 이것은 노동자들의 음료로서, 초저녁에 '모주를
마시세요'라고 큰 소리로 손님 부르는 것을 볼 수 있다. 모주를 짜낸 지게미
는 돼지의 사료가 된다.

약주는 대단히 탁하고 신맛이 있다. 약주이지만 짜내지 않은 것이 탁주이
다. 상등의 약주는 쌀을 재료로 한다. 찹쌀로 만든 탁주를 '합주合酒'라고도

한다.

소주燒酒는 기장과 고량을 재료로 하여 증류해서 만든다. 여기에 꿀·육계 등을 가미해 가지각색의 아름다운 이름을 붙여 판매하는데, 일반의 여름 음료이다. 여름이 되면 시골에서부터 머리 위에 얹어서 여자가 팔러 온다. 이 여자는 옛날에는 상당히 닳고 닳은 듯했지만 지금은 소박한 여자처럼 보인다.

【기산,《기산풍속도》 중 〈색주가 모양〉】
술과 여색을 파는 술집을 색주가라고 하였다.

주막과 술집의 술은 섞어 팔기 때문에 맛이 나쁘지만, 자기 집에서 만드는 것은 '가양주家釀酒'라 하여 상당히 맛이 좋고, 제사 때에도 사용하며 자랑의 하나가 되고 있다. 자가용의 술, 특히 제사용 술은 사정이 허락하는 한 가양주를 사용하는데 밀조 등이 끊이지 않은 것은 여기에 원인이 있다.

일반적으로 조선의 술은 시간이 지나면 부패하기 때문에 오래된 술은 없다. 하층에서는 '보리밭을 지나도 취한다'고 한다. 이것은 술의 원료가 소맥이기 때문에 나온 재미있는 말이다. 상층에서는 흉년과 기아 때에 금주령이 내렸기 때문에 지하실을 만들고 낮에는 침실에서, 밤이 되면 지하실에 들어가서 몰래 마셨다.[7]

---

[7] 김상보,《한국의 음식생활문화사》, 438쪽, 광문각, 1997.

| 요릿집 음식으로 전락한 궁중음식 |

조선왕조 궁중연회식 의궤 중 1848년·1877년·1887년에만 유일하게 재료와 분량이 나타나고 있는 '승기아탕(勝只雅湯)'은 왜토장倭吐醬을 조미료로 채택한 탕이다. 이 승기아탕을 《조선무쌍신식요리제법》에서는 '승기악탕勝妓樂湯'으로 적고 '이 맛이 어쩌나 좋은지 기생과 풍악보다 더 낫다 하여 승기악탕이라 한다'고 하였다.

여기서 분명히 알 수 있는 것은 1848년·1877년·1887년의 조선왕조 궁중연회식 의궤에 기록되어 있는 승기아탕이 1924년에 이르러서는 승기악탕이 되어 버렸다는 사실이다. 즉 궁중음식이 요릿집 음식이 된 전형적인 예이다.

경성에 일본 요릿집이 생긴 것은 1885년의 일이며, 1888년에는 '화월花月'이라는 요릿집에서 오사카로부터 게이샤(기생)를 데리고 와서 근무시켰다.

청일전쟁(1894~1895)이 시작되고 우리나라에 체류하는 일본인이 늘어남에 따라 요릿집의 수도 증가했는데, 1895년 가을에는 일본 영사관으로부터 요릿집에 게이샤 두는 것을 허락받아 34명의 게이샤가 공식적으로 들어와 근무하기 시작했다. 그 후 전쟁이 끝나고 일본 거류민의 수가 더욱 증가하면서 비약적인 발전을 보인 일본 요릿집은, 러일전쟁(1904~1905)을 겪으면서 2단계 발전을 하였고, 한일병합(1910) 이후 조선총독부가 설치되고 나서부터는 3단계의 발전을 거듭하였다. 당시 번창했던 일본 요릿집으로는 하월루·국취루·청화정·송엽정·명원루·광승루 등이었으며, 이 밖에도 12개소가 더 있었다.

일본 요릿집의 영향과 시대적 필요성이 맞물려 조선식 요릿집도 세워졌다. 유명한 명월관이 그것이다. 명월관은 한말에 궁내부 주임관奏任官 및 전선사장典膳司長으로 있으면서 어선과 향연을 맡아 궁중요리를 담당했던 안순환이 1909년 지금의 세종로 동아일보사 자리에서 문을 열었다. 그해 관기

官妓 제도가 폐지되고 기생조합이 생겨남에 따라 일본 요릿집에 게이샤를 두듯이 자연스럽게 관기들이 명월관에 모여들었으며, 이에 따라 궁중요리와 관기들이 일반인에게 공개되었다.

명월관의 호황으로 명월관 지점을 위시해 봉천관奉泉館 · 영흥관永興館 · 혜천관惠泉館 · 세심관洗心館 · 장춘관長春館 · 식도원食道園 · 국일관國一館 등의 요릿집이 곳곳에서 생겨났다. 그리고 때마침 갑오경장 이후 궁중재정을 합리화한다는 명목으로 궁인의 수를 감축함에 따라 이때 퇴출당한 사용원과 명부사 등의 궁인 출신들이 제2, 제3의 명월관에서 궁중음식을 보급하게 되었다.

명월관은 개관 초기에는 순수한 궁중음식의 보급처였다는 말도 있다. 하지만 명월관을 포함해 다수의 조선식 요릿집들은 점차 대중화되어 1928년경에는 일본풍과 서양풍도 가미되었다.

1928년 새해 첫날 명월관(본점은 경성 돈의동 145번지, 지점은 경성 서린동 137번지)과 식도원(경성 남대문동 116번지)에서 내보낸 광고문을 살펴보자.

금번에 본관을 2층 양제 및 조선제로 신건축 20,000여 평을 준공하였습니다. 후은에 보답키 위해 각실마다 화려함과 제반설비를 완비하고 사회봉사에 미력하나마 실행하고자 합니다.

- 1928년 1월 1일, 조선 원조요리 명월관 본점, 명월관 지점

궁중식 명물 순 조선요리...... 순 토산 식료...... 대소연, 신식·구식 서양요리, 혼례·수연·고배상·독상·검상...... 순 조선식 건물 200여 평, 양식 누상 1동 100평.

- 1928년 1월 1일, 식도원

【음식점에서 신선로를 먹는 모습(구한말)】
신선로 틀의 크기가 무척 큰 것이 눈에 띈다.

1909년 경성에 사는 귀빈들의 연회장으로 개관했던 고급 요릿집 명월관이 19년 후인 1928년에는 보다 대중적이 되어 지점까지 두게 되었으며, '조선식량품평회 요리' 대회에서 1등상을 수상한 경력이 있는 식도원도 '궁중식 명물 순 조선요리'를 팔면서 명월관에 버금가는 요릿집으로 부상하고 있다.

이상의 짧은 광고문은 격변했던 20세기 초 조선왕조 궁중음식 문화가 어떻게 요릿집의 궁중음식으로 변모했는가를 잘 반영해 주는 대목이다.[8]

조선왕조 궁중음식 중에서도 대표적인 것을 꼽으라면 대개 신선로를 들 것이다. 신선로의 원래 명칭은 신설로新設爐 또는 열구자탕悅口子湯인데, 요릿집 음식으로 전락하면서 신선로로 고정되었다.

《조선만화》에서는 일본인이 본 당시의 신선로를 다음과 같이 묘사하고 있다.

신선로 속에 들어가는 국물은 소머리를 끓여서 만든 즙으로 이 속에 잣, 밤이 들어가기 때문에 맛이 있다. 신선로 냄비를 중심으로 4~5명이 둘러앉아서 먹는데, 건더기를 다 먹고 즙만 남으면 이번에는 조선 명물 우동을 넣어

---

[8] 김상보, 〈20세기 조선왕조 궁중연향음식문화〉, 《조선후기궁중연향문화》(권3), 민속원, 2005.

끓여 먹는다. 신선로의 묘미는 이 우동을 끓여 먹는 데에 있다. 특히 기둥의 노와 냄비가 일체 되어 있는 것이 신선로의 특색이다. 선물로서 일본에 가지고 돌아가려고 맞추었다. 신선로란 그 진수성찬을 먹으면 신선과 수명을 같이한다고 하는 의미인데, 냄비의 제작은 주문이다. 일본에 수입해 정교하게 개조하면 재미있을 것 같다.

한편 《조선의 제俤》에는 다음과 같은 흥미로운 기록도 있다.

신선로란 노爐의 명칭으로 그 노로 익히는 요리를 신선로라고 부르는 것이다. 소 내장과 생선전을 주재료로 하고, 은행·잣·달걀을 곁들여 소고기로 끓인 국물로 익히는 것이다. 겨울철에는 따뜻하게 먹으며 대단히 진중하기 때문에 술집에서는 일명 '친절로'라고도 부른다.

이상의 기록은 궁중음식의 하나인 열구자탕이 1900년대 초에는 신선로라는 이름으로 대중화되었음을 나타내 주는 것으로, 앞서 승기악탕勝妓樂湯의 경우처럼 《조선무쌍신식요리제법》이 나왔던 1924년에는 이미 많은 궁중음식이 요릿집에 합당한 것으로 변질되었던 것이다.[9]

| 조선시대 여성들의 화전놀이 |

불교국가였던 고려의 여성들은 무척 개방적이고 활달했다. 이러한 기질은 유교를 제창한 조선왕조에 들어서서도 그대로 이어졌다.

고려시대 이래로 상류층 여성들이 누려 온 자유로운 풍속 중의 하나가 화

---

[9] 김상보, 《한국의 식생활문화사》, 339쪽, 광문각, 1997.

【작자 미상(19세기),
《사계풍속도》 중 〈화류유희〉】

꽃놀이를 하는 여인들. 제목으로 보아 기생들의 꽃놀이 모습으로 보인다. 그러나 임진왜란 전까지만 해도 조선의 상류여인들도 꽃놀이를 즐겼다. 아이를 안은 여인의 앞에는 아름다운 찻잔이 놓여 있다.

전놀이다. 이 화전놀이는 지금도 안동 하회마을의 유성룡 종가 댁에서는 행해지고 있는데, 진달래꽃이 피는 봄에 부녀자들이 모여 진달래 화전을 지져 먹으면서 꽃놀이를 즐기는 것이다.

화전花煎이란 '지진 꽃'이란 의미이지만, 찹쌀가루에 진달래꽃을 많이 섞어 익반죽한 다음 둥그렇게 빚어내어 참기름에 지져서 꿀을 바르는 것이 화전이다.

솔거노비들의 도움을 받은 양반 여성들은 화전놀이를 위해 경쟁적으로 음식을 풍성하게 만들어서 진달래가 활짝 핀 산기슭의 경치 좋은 곳으로 갔다. 그곳에서 화전과 준비해 간 음식을 펼쳐 놓고 서로 얼마나 잘 만들어 왔는가를 보여 가면서 나누어 먹는 가운데 음주와 가무를 즐겼다.

조선왕조 전기의 여성들은 화전놀이 외에도 연등회·수륙재 등의 종교행사, 중국사신 행렬의 관람, 왕의 친경행사 관람 등에도 매우 자유스러웠음은 물론이다.[10] 비록 유교를 국교로 하였지만 오랜 풍속이기 때문에 금지시킬 수가 없었던 것이다. 그러나 임진

---

[10] 《태종실록》;《세종실록》;《성종실록》.

왜란 이후 내외법이 사회 예제로 파급되면서 상류층 양반 여성들은 평생 동안 서너 번밖에는 문밖출입을 하지 않았으며, 남녀의 접촉을 막기 위해 양반 부녀자들의 거리 나들이도 강제적으로 금지시켰다.

【진달래 화전】

　조선왕조 후기의 엄격한 내외법이 이렇듯 여성들의 사회생활 범위를 좁혔음에도 불구하고, 현재 안동 하회마을의 유성룡 종가에 여전히 이어져 오고 있는 화전놀이는 유서 깊은 풍속의 생명력을 다시 한번 느끼게 한다.

2부

찬품 각론

조선시대 찬품개괄

| 필수식품이었던 쌀·소금·건어물·젓갈·콩·장 |

1392년 태조가 조선왕조를 개국할 당시에도 쌀·소금·건어물·젓갈·콩·장
등은 지금과 마찬가지로 필수식품이었다. 그것을 뒷받침하는 기록이 《세종
실록》에 나온다.

이때가 바로 왕조를 세운 초기로서 수도를 한양으로 옮기던 때였다. 이유
는 쌀·소금·건어물·젓갈을 많이 마련해 권세 있는 사람에게 뇌물을 바치니
온 조정이 칭찬하였다. 상주 목사로 있을 때에는 여름철에 고을 백성들이 물
을 채워 두고 관개하는 곳을 터트려서 고기를 잡아 말리기도 하고 젓갈도 담
가서 뇌물로 썼으므로......[1]

실록에 등장하는 이유는 함경도 관찰사를 지낸 인물로서 천성이 무척 탐
욕스러웠던 모양이다. 쌀·소금·건어물·젓갈을 뇌물로 바쳤는데, 때로는 민
물고기를 잡아서 건어물도 만들고 젓갈도 만들어서 뇌물로 하였다는 이야기
이다. 이때에는 빈번하게 필수식품이 뇌물이 되었다. 세종 4년(1422)에는 장

---

[1] 《세종실록》(제19권), 세종 5년 2월 계해조.

윤화라는 사람이 죄를 면해 보려고 배 2척에다 육포(소고기 말린 것)와 건어물을 잔뜩 실어다가 중앙의 권력 있는 사람에게 뇌물을 주려고 했다는 기록도 나온다.[2]

옛날에도 필수식품은 지금과 마찬가지로 관청 창고에 보관하였다가 비상시에 대처하기도 하였다.[3] 호조에서는 강원도의 굶주리는 백성들을 구제하기 위해 창고에 저장되어 있던 필수식품을 방출했는데 1일 1명 기준으로 15세 이상의 남녀에게는 쌀 4홉·콩 3홉·장 3홉을 주었으며, 11세에서 15세까지는 쌀 2홉·콩 2홉·장 1/2홉을 2세에서 10세까지의 어린아이에게는 쌀 2홉·장 1/2홉을 주고 있다.[4] 아울러 사람이 죽었을 때에도 나라에서는 부조로서 쌀과 콩을 주었다.[5]

여기서 장은 된장을 일컫는다. 세종대왕의 형 양녕대군은 태종의 눈 밖에 나서 한때 경기도 이천으로 쫓겨 가 살았던 적이 있다. 그 때문에 궁중에서는 수시로 이천의 양녕대군에게 식품을 보내야 했는데, 이때 가장 큰 비중을 차지한 것도 역시 쌀과 된장(末醬) 이었다.[6]

쌀·소금·건어물·젓갈·콩·장이 필수식품이었다 할지라도 그들 사이에는 약간의 차이가 있었다. 즉 쌀·소금·콩·장이 가장 기본적인 필수식품이었던데 비해, 건어물·젓갈은 뇌물로 바칠 정도로 사치한 식품의 범주에 드는 필수식품이었던 것이다.

---

[2] 《세종실록》(제15권), 세종 4년 2월 신사조.
[3] 《세종실록》(제15권), 세종 4년 2월 계미조.
[4] 《세종실록》(제23권), 세종 6년 정월 무술조.
[5] 《세종실록》(제23권), 세종 6년 3월 계미조 ; 세종 6년 12월 무진조.
[6] 《세종실록》(제23권), 세종 6년 3월 계해조.

| 명나라 황제에게 보낸 식품 선물 목록 |

위화도 회군이 결정적 계기가 되어 새로 나라를 창건하고 왕위에 오른 태조 이성계는 명나라와의 외교 관계에 각별한 관심을 기울였다. 조선왕조 건국 이후 가장 번잡하며 지성으로 대한 것이 명나라 사신 접대였다. 명나라 사신에 대한 소홀한 태도는 황제에 대한 불손한 예의로 간주되었기 때문에 조정에서는 좋든 싫든 상하가 일심으로 단결해 접대에 신경을 쓴 것이다.

명나라 사신이 조선을 방문한 목적은 여러 가지였다. 조선 국왕의 즉위 및 왕세자 책봉 승인, 사시(시호를 하사하는 것), 명나라 황제의 즉위 및 황태자·황태후의 책봉을 알리는 조서와 칙서 전달, 예부자문禮部咨文(자문이란 중국의 조정과 교섭하는 문서를 가리키는 것으로, 예부자문이라 함은 예부와 교섭하는 문서를 말함), 요동도사 자문, 조제弔祭(초상 시의 위문 사절), 표류인 송환 및 월경인 문제, 입조화자入朝火者(조선에서는 12세부터 18세까지의 어린 소년을 환시宦侍 후보자로 중국 조정에 바쳤는데 이들을 화자火者라 했음) 관계, 처녀 택송擇送, 물품 청구 등 명목도 다양했다.

명나라 사신은 병자호란 이전까지 왔으며, 병자호란 이후에는 중국에 청나라가 들어섰으므로 당연히 청나라 사신이 왔다. 그런데 이들 중국에서 사신이 올 때에는 공식 사신 외에도 무역을 목적으로 수행한 두목이 있어서, 대개는 말린 양고기·말·양·후추·비단·돼지·여지·귤정과·단향 등과 같은 선물을 가져왔다.[7] 세종 원년(1418) 8월에는 1,052마리의 양을 선물로 가져오기도 하였다.[8]

명나라 사신이 뜻한 바 목적을 이루고 중국으로 돌아갈 때에는 황제에게 혹은 사신에게 주는 선물이 있었다. 그중 식품만을 보면 인삼·잣·오미자·

---

[7] 《세종실록》 세종 2년 6월 을유조 ; 세종 3년 9월 신사조 ; 세종 5년 3월 무술조 ; 세종 8년 3월 정미조.
[8] 《세종실록》(제5권), 세종 원년 8월 병신조.

차·소주·청주·미역·젓갈 등 다양한 품목에 이른다.[9] 미역 등은 국내에서도 일상식품의 하나였지만 중국 사신들의 밥반찬으로 쓰이거나 선물로 주는 식품이기도 하였다. 세종 5년(1423) 각 도에 내린 지시를 보자.

사신들이 요구하는 물품과 반찬을 깨끗한 것으로 넉넉히 바치되, 전라도에서는 미역·건은어·건송이버섯을, 경상도와 함길도에서는 미역·건연어·건은어·건송이버섯·건문어를, 유후사留後司와 경기도·충청도에서는 건송이버섯을, 강원도에서는 미역·건연어·건송이버섯·건문어를 바칠 것이다.[10]

한편 세종11년(1429) 명나라 황제에게 줄 선물 목록으로 다음과 같은 기록도 있다.

소주 10항아리·잣술 15항아리·황주 15항아리·배꽃술 15항아리, 돌등잔 10개, 큰 매 50마리·아골매 20마리·검은매 6마리·응매 70마리·황새끼매 30마리, 잣 50섬, 여러 가지 미역, 건어류, 젓갈.......[11]

이와는 별도로 세종 11년(1429)에 작성된 또 다른 선물 목록이 다음의 표이다.[12]

아래의 내용을 통해 조선왕조 초기인 세종 시대에는 각종 건어물, 황어식해·잉어식해·가리맛식해, 굴젓·곤쟁이젓·생합젓·밴댕이젓·박하젓·조기새끼젓·섭조개젓, 미역·다시마·김·감태·해태·황각채, 잣, 황주·소주·청주·잣술(柏子酒)·배꽃술(梨花酒), 건송이버섯, 오미자, 인삼 등이 명나라 황제

---

[9] 《세종실록》, 세종 원년 1월 을축조 ; 세종 6년 10월 을사조.
[10] 《세종실록》(제21권), 세종 5년 8월 기사조.
[11] 《세종실록》(제44권), 세종 11년 5월 무신조.
[12] 《세종실록》(제45권), 세종 11년 7월 계해조.

식품 분류	식품
건어물	준치, 홍어, 잉어, 청어, 고등어, 민어, 상어, 삼치, 농어, 연어, 대구, 숭어, 문어, 조기, 밴댕이, 붕어, 오징어, 대하, 전복
식해류	황어식해, 잉어식해, 가리맛식해
젓갈류	굴젓, 곤쟁이젓, 생합젓, 밴댕이젓, 박하젓, 조기새끼젓, 섭조개젓
미역류	미역, 햇미역, 실미역, 미역귀
다시마	다시마
김	김, 감태, 해태
황각	황각채
잣	잣
술	황주, 소주

와 조정에 보낸 주요한 선물이었음을 알 수 있다. 이들은 대개 토산식품으로서 명나라에까지 알려져 있었을 뿐만 아니라 조선의 상층부에서도 즐겨 먹었던 것이다.

| 음식의 웃꾸미를 뜻한 말, 교태 |

음식을 만들어 그릇에 담고 그 음식 위에 장식으로 얹는 것을 고명이라 하고, 떡을 고일 때 떡 위에 고이는 장식 떡을 웃기떡이라고 한다. 이러한 명칭이 본격적으로 등장한 것은 《시의전서》가 나온 1800년대 말 이후의 일이다.

그런데 웃기·고명 등의 명칭 외에 또 다른 명칭으로 교태가 있다. '교태'란 말이 처음 등장한 것은 《음식지미방》이 나온 1670년경이며, 조선 후기의 실학자 서유구(1764~1845)가 지은 《임원십육지林園十六志》(1825~1827)에는 한자어로 '교태交胎'라 적고 있다. 《음식지미방》의 내용을 살펴보자.

사면絲麵은 소素가 아니면 생채(꿩)를 곱게 다져서 볶아 넣는다. 간장국에 타면 교태하고, 오미자국에는 잣만 웃기로 얹는다.

다시 말해 국수를 그릇에 담아 장국을 담을 때, 곱게 다져서 볶은 꿩고기를 국수 위에 얹고 장국을 부어서 담으라는 이야기이고, 이때 고기로 얹는 것을 교태한다고 표현한 것이다. 교交란 '사귈 교·벗할 교'이며, 태胎는 '처음 태·시작 태'이다. 글자대로 해석하면, 음식에서의 교태란 '처음에 벗하는 음식'이라는 의미를 지니고 있다. 즉 위를 꾸미는 웃꾸미의 또 다른 명칭이 교태이다.

| 원나라 《거가필용》의 영향을 받은 육류 찬품 |

고려 말 원나라의 침입은 이 땅에 도살 및 육식의 부활을 가져왔다. 고려 충렬왕 원년(1275)에 원나라에 매를 보내기 위해 설치한 응방도감鷹坊都監에서 몽고인들에 의해 소의 도살이 행해지고 있었다. 우리나라의 사냥용 매인 송골매(海東)는 원나라뿐만 아니라 원의 뒤를 이은 명나라, 그리고 일본에까지 선물로 보내짐으로써 가히 아시아 전역을 휘어잡은 인기 상품이어서 그것을 잡기 위한 기구가 따로 설치될 정도였다.[13]

아무튼 소의 도살은 이처럼 응방도감의 몽고인에 의해 출발되었지만, 고

---

[13] 김상보·장철수, 〈조선중기 한일 관계에서의 교역 물품과 일본사신 접대〉, 《한국식 생활문화학회지》(Vol. 13, No. 4), 한국식생활문화학회, 1998.

려 말에 중국을 거쳐 들어온 회회인回回人(위구르인)에 의해서도 도살이 이루어졌다. 그리하여 충혜왕은 회회인에게 돈을 빌려주고 그 이자로 하루에 15근의 소고기를 받기도 하였다. 고려는 원래 불교국이자 농경국가로서 도살이 금지되고 있었다. 도살에 익숙하지 않은 고려인들 대신에, 소의 이마에 망치로 일격을 가하여 단숨에 죽여 버리는 뛰어난 도살 기술을 가지고 있던 북방 유목민들은 고려가 망한 이후에도 여전히 이 땅에 남아 도살업으로 생계를 꾸려 가다가 조선왕조에 들어와서 백정 계급이 되었다.[14]

한편 고려왕조 성립 이후에도 혼란기에 처하면 그 틈을 타 북방 유목민이 한반도에 유입되었다. 이들은 농경민으로 정착하지 못하고 유목하던 시절의 습성 그대로 유랑 생활을 하며 살았는데, 이들을 고려시대에는 양수척楊水尺 또는 화척禾尺이라 하였다.[15] 유목민족의 생활습속을 버리지 못하고 이동생활을 하면서 수렵과 목축을 한 이 양수도 도살업에 참여했을 것이다.

조선왕조가 건국된 이후 최대의 과제는 재정적 기반을 견실하게 유지할 수 있는 농민층의 확보였다. 그리하여 세종 때에는 양수척에게 농토를 주어 농민으로 만들고자 하면서 백정이란 칭호를 주었다. 백정이란 말은 고려시대에는 일반 농민층을 가리킨 말이었다. 그러나 양수척이 백정이란 칭호를 얻으면서 당초 일반 농민층을 가리키던 의미는 사라져 버렸다.[16] '몽고인과 회회인들에 의해 형성되었던 백정이든, 양수척에 의한 백정이든 이들은 조선왕조가 들어선 이후 주로 도살업에 종사하였다.

앞서도 말했지만 조선왕조는 강력한 절대 왕조를 위한 통치수단의 하나로서 제사를 통한 의례를 강조했다. 이처럼 주대로의 복고주의에 따른 조선왕조의 숭유주의는 결국 《예기》와 《의례》를 적극 수용하는 것으로 나타났다. 그 결과 제사 의례를 충실히 지키기 위해 소·돼지·양 등의 희생수가 절실히

[14] 이성우, 《한국식품사회사》, 32쪽, 교문사, 1995.
[15] 이영화, 《조선시대 조선사람들》, 343, 344쪽, 가람기획, 2003.
[16] 이영화, 《조선시대 조선사람들》, 346쪽, 가람기획, 2003.

요구되었다. 여기에서 조선의 백정들은 떠돌면서 살던 고려의 양수척과 달리 일정한 지역에 정착해 특수 분야에 종사하는 직업인으로 존재할 수 있었으며, 도살업을 독점하게 되었다.

희생수가 많이 요구되는 조선의 유교적 사회 분위기는 자연스럽게 육류를 재료로 하여 만드는 조리법의 발달을 가져왔다. 곰탕과 설렁탕을 포함하는 각종 탕, 편육 등의 수육, 족편, 각종 찜, 설야멱과 난로회, 육회 등의 다양한 찬품 구성을 형성하기에 이른 것이다.

원나라의 고려 지배는 조리법에 있어서도 일대 변화를 가져왔다. 몽고인이 식용을 위해 제주도에 소와 말을 키우는 대목장을 설치한 이후,[17] 자연스럽게 몽고풍의 조리법이 전해졌다. 이때 조리법의 일단을 짐작하게 해 주는 책이 《거가필용居家必用》이다.

원나라 초에 발간된 작자 미상의 이 책은 약 390종류의 조리법을 소개하고 있는 일종의 가정대백과전서이다. 몽고풍·회회풍·여진풍 등이 결합된 《거가필용》에는 양의 순대, 양의 삶은 머리 등이 나와 있으며, 고기를 구울 때에는 미리 장·기름·술·향신료 등으로 조미해 굽고 있다.

고려 말에 정착된 《거가필용》 풍의 육류 요리법은 이후 조선시대로 그대로 이어진다. 조선 숙종 때 실학자 홍만선(1664~1715)이 지은 《산림경제山林經濟》(1715) 속의 고기요리는 60퍼센트 이상이 《거가필용》에서 그대로 옮겨 적은 것이다.[18] 그리고 《산림경제》보다 약 100년 후에 나온 《임원십육지》에는 오늘날의 갈비탕, 육개장, 설렁탕, 설야멱, 선지순대, 육류찜, 소머리편육, 돼지머리편육, 개소주 조리법에 대해 양고기를 이용해 할 수 있음을 기록함과 동시에 인용문헌을 《거가필용》이라 적고 있다.[19]

---

[17] 이성우·김상보 외, 《식과 요리의 세계사》, 245쪽, 동명사, 1991.
[18] 이성우, 《한국식품사회사》, 33쪽, 교문사, 1995.
[19] 이성우, 《한국요리문화사》, 210, 211쪽, 교문사, 1999.

주식류

| 백반·팥물밥·유반·골동반·잡곡반 |

궁중에서는 패쪽을 가지고 출퇴근하며 밥 짓는 일을 도맡아서 하는 노비가 있었는데, 이들은 자비差備에 속하면서 반공飯工이라 불렀다.[1] 철저히 분업화된 궁중에서의 반공들은 시흥·김포·예산·합덕·정읍·고창·해주·재령 등지에서 진상된 쌀로 곱돌(蠟石)을 깎아서 만든 곱돌솥을 사용해, 백반(쌀밥) 또는 팥물밥(팥밥)을 꼭 한 그릇씩만 지었다. 화로에 숯불을 담아 그 위에 곱돌솥을 올려놓고 은근히 뜸을 들여 짓는 것이다.[2]

이러한 곱돌솥밥 짓기는 궁중뿐만 아니라 사대부가에서도 이용되었다. 1915년에 나온 《부인필지夫人必知》에는 다음과 같이 기록하고 있다.

밥과 죽은 곱돌솥이 으뜸이고 오지탕관이 다음으로 좋다. 높은 온도에 밥이 쉴 듯하면 비름잎으로 옆과 위를 덮으면 쉬지 않는다. 붉은팥을 통째로 삶아 팥은 건지고 그 물에 좋은 쌀로 밥을 지으면 빛과 맛이 좋다.

---

[1] 《세종실록》(제19권), 세종 5년 2월 신유조.
[2] 《한국요리문화사》(이성우, 교문사, 1999) 68쪽에 있는 김용숙의 글 인용.

이상의 기록으로 알 수 있는 것은 조선시대에는 밥 하면 백반과 팥물밥을 대표적으로 생각하고 궁중에서부터 일반 민중에 이르기까지 즐겨 먹었으며, 맛있는 밥을 짓기 위해서는 곱돌솥을 사용해서 밥을 지었다는 사실이다. 팥물밥을 궁중에서는 적두수화취赤豆水火炊라 하였다.[3] 팥물(赤豆水)로 밥을 지었다는 뜻이다. 이렇게 해서 지은 밥은 때로 유반遊飯이 되었다. 유遊란 '놀 유·여행 유'이다. 글자 그대로 해석한다면 놀러 가서 먹는 밥 또는 여행 가서 먹는 밥이지만, 일반적으로 놀러 가서 먹는 밥을 함축해서 유반이라 한 것 같다.

필자가 아는 한 '유반'이란 말이 처음 등장하는 문헌은 아래의 《동국세시기》에서이다. 그러므로 적어도 《동국세시기》의 저자인 홍석모가 살던 시기에는 놀러 갈 때 유반을 해서 가지고 다녔다는 해석이 가능하다.

골동지반骨董之飯: 강남 사람들은 유반을 반盤으로 만들기를 좋아하는데, 유반은 밥 밑에 자鮓·포脯·회膾·구炙 같은 것을 빼지 않고 넣는다. 이것이 즉 반飯의 골동骨董이다.

여기서 자鮓란 식해食醢(생선식해)를 가리키고, 포란 육포나 생선 말린 것, 회는 어회나 육회, 구炙는 구이를 지칭한다. 이상의 것들을 담고 그 위에 밥을 퍼 담아 놀러 가서는 섞어서 먹는 형태였다. 왜냐하면 골동은 비빔으로 해석되기 때문이다. 오늘날의 비빔밥과는 전혀 다른 형태의 골동반骨董飯이다. 그런데 이 골동반을 어디에 담아서 놀러 갔는가 하는 것이다.

'유반遊飯을 반盤으로 만들기를 좋아한다' 하였다. 여기서 반盤은 이른바 도시락에 해당된다. 찬합 따위를 반이라고 하였다. 도시락과 같은 용도로 사용할 수 있는 반이 당시에 있었으며, 여기에 자·포·구이를 밥과 함께 담아

---

[3] 《원행을묘정리의궤》(1795).

야외에 놀러 가서 먹고 즐긴 도시락을 유반과 반으로 기술한 것이다.

1800년대 초의 도시락 문화가 놀라울 정도로 와닿는 것은 상당한 수준에 올라 있었던 도시락 문화를 일찍이 조선왕조에서 향유하고 있었다는 사실 때문인데, 밥과 식해, 밥과 포, 밥과 생선회, 밥과 구이가 어우러져 만든 지극히 호화스러운 도시락 문화를 향유하고 있었다.

《동국세시기》의 골동반骨董飯을, 1800년대 말에 나온 것으로 추정되는 《시의전서》에서는 골동반骨董飯(부빔밥)으로 표기하면서 다음과 같이 적고 있다.

밥은 정히 짓고, 고기는 재워 볶고, 간납肝納(제사에 쓰는 저냐)은 붙여 썬다. 각색 남새를 볶아 놓고, 좋은 다시마로 튀각을 튀겨서 부셔 놓는다. 밥에 모든 재료를 다 섞고 깨소금·기름을 많이 넣어 비벼서 그릇에 담는다. 위에는 잡탕거리처럼 계란을 부쳐서 골패짝만큼씩 썰어 얹는다. 완자는 고기를 곱게 다져 잘 재워 구슬만큼씩 빚은 다음 밀가루를 약간 묻혀 계란을 씌워 부쳐 얹는다. 비빔밥 상에 장국은 잡탕국으로 해서 쓴다.

《동국세시기》와 《시의전서》의 골동반 차이는 확실히 구분된다. 전자는 밥 상에 차리는 밥이 아니라 어디까지나 유반遊飯이고 식해·포·회·구이를 밥 밑에 넣어 담는 데 반해, 후자는 밥상에 잡탕과 세트로 하여 차리는 밥으로서 밥에 볶은 고기·나물·다시마튀각·전유어·깨소금·참기름을 넣어 비벼 그릇에 담아 맨 위에 고명으로 달걀지단과 완자를 얹고 있다. 이러한 사실은 1800년대 초의 유반遊飯적 성격의 골동반이 1800년대 말에는 밥상 위의 골동반으로 정착되었음을 의미한다. 오늘날 비빔밥의 전신이 1800년대 말에 이미 성립되고 있다.

결론적으로 조선왕조에서는 시기에 따라 두 종류의 비빔밥 문화를 갖고 있었던 셈이다. 당시의 시대적 상황과 맞물려 비빔밥 음식문화가 왜 이렇게 변화되었는가 하는 것은, 유교의 제례문화와 함께 연구되어야 할 흥미로운 소재가 아닌가 생각된다.

【이명기(18세기), 〈후원유연〉】
한량 4인이 후원 뜰에서 풍류를 즐기고 있다. 앞에는 술병과 음식을 담는 그릇이 보이는데, 특히 손잡이가 달린 합 속에는 유반이 담겨 있을 법하다. 그러니까 이 합은 지금의 도시락일 것이다.

한편 《동국세시기》 '정월正月 상원上元'에는 오곡밥을 오곡잡반五穀雜飯이라 하며 다음과 같이 소개하고 있다.

오곡으로 잡반을 지어 먹는다. 또 이것을 이웃에 나누어 준다. 영남지방의 풍속도 또한 그러한데 종일 이것을 먹는다. 이것은 사반社飯[4]을 서로 나누어 먹는 옛날 풍속을 답습한 것 같다.

정월 상원(1월 15일)에 오곡밥 먹는 유래에 대해 알기 쉽게 설명한 글이다. 토지신에게 오곡(쌀·조·기장·콩·팥)의 수확을 감사드리고, 제사를 올린 다음 골고루 음복해 나누어 먹던 옛 풍속에 기인한다는 것이다. 이 오곡밥을 1700년대에는 뉴반紐飯이라고도 하였다.

---

[4] 입춘 후 다섯 번째 술일戌日과 입추 후 다섯 번째 술일을 사일社日이라 한다. 이날은 토신土神에게 제사 지내고 그 음식을 음복하는데, 이때 먹는 음식을 사반社飯이라 한다.

반가 조리서에 제시된 반류 찬품은 다음과 같다.

- 《지봉유설》(1613) : 죽실반竹實飯 (곡류+죽실).
- 《증보산림경제》(1766) : 뉴반방紐飯方 (쌀·조·기장·콩·팥 등을 섞어 지은 밥).
- 《원행을묘정리의궤》(1795) : 백반白飯, 팥물밥(赤豆水火炊).
- 《임원십육지》(1825~1827) : 산도반山桃飯, 감저반甘藷飯, 죽실반竹實飯, 줄풀열매반, 연근반蓮根飯根, 연실반蓮實飯, 국화반, 맥반麥飯(보리밥), 건율반乾栗飯, 건시반乾柿飯.
- 《동국세시기》(1849) : 오곡잡반五穀雜飯, 유반遊飯, 골동반骨董飯.
- 《시의전서》(1800년대 말) : 골동반汨董飯(부빔밥).
- 《이씨음식법》(1800년대 말) : 장국밥(湯飯).
- 《규곤요람》(연세대본, 1896) : 장국밥.

| 죽 |

조선시대에는 아침에 밥 대신 죽을 먹는 문화가 발달해 있었다. 《원행을묘정리의궤》에 따르면 정조대왕과 그 어머님이신 혜경궁 홍씨에게 죽 수라상을 초조반初朝飯으로 올리고 있는데, 이때 반찬은 밥을 올릴 때와 같았다.

조선 후기 규장각 검서관을 지낸 이덕무(1741~1793)의 문집 《청장관전서青莊館全書》(1795)에는 '서울 시녀들의 죽 파는 소리가 개 부르는 듯하다'는 대목이 나온다. 1700년대 말 죽은 일반 서민들에게 시판될 정도로 왕에서부터 서민에 이르기까지 널리 퍼져 있었다. 이러한 사회적 분위기는 《임원십육지》에서 '매일 아침에 죽 한 사발을 먹으면 위장에 좋다. 이것은 음식의 최묘

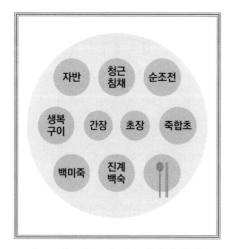

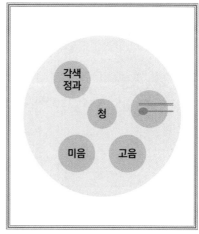

【1795년 2월 11일 정조대왕께 올린
죽 수라상(흑칠족반, 유기, 7기)】

【1795년 2월 혜경궁 홍씨께 올린
미음상차림(원족유쟁반, 화기, 3기)】

결最妙訣이다'라고 한 바와 같이 보양식으로서 널리 확산된 듯 보인다. 죽은
미음米飮·의이薏苡·원미元米 등으로 분화 발달해서 독특한 문화를 구축하
였다.

미음은 쌀을 불려 곱게 갈아 끓이거나 그대로 끓인 죽에 비해, 쌀을 충분
히 고아서 체에 받친 것이다. 그러므로 글자 그대로 죽보다는 훨씬 수분 함
량이 많아서 마시는 음료에 가까운 음식일 뿐만 아니라, 죽보다는 더 소화성
이 있는 음식이다. 따라서 죽상차림과 미음상차림은 같을 수가 없다. 전자는
열량이 충분하지만 후자는 음료에 가까운 매우 불충분한 열량을 갖고 있기
때문이다.

《원행을묘정리의궤》에서는 미음·고음·각색정과各色正果(여러 가지 정
과)가 미음상의 세트가 되어 정조대왕의 어머님이신 혜경궁 홍씨께 봉진되
고 있다. 고음은 고기나 생선을 푹 삶아 오랫동안 끓인 국으로서 지금의 곰
국에 해당된다. 열량이 낮은 당질 음식인 미음에 단백질이 진하게 함유되어
있는 곰국을 곁들여 보완하고 있고 미음과 고음을 먹은 후 입가심으로 각색

정과를 먹도록 하고 있다.[5]

【김홍도, 《단원풍속화첩》 중 〈시주〉】
돗자리 위에 부적인 듯한 물건과 엽전이 펼쳐
져 있고, 지나가던 여인이 주머니를 열고 있
다. 이 모습을 물끄러미 쳐다보는 처녀는 머리
에 인 그릇의 모습으로 보아 죽 파는 여성인지
도 모른다. 당시 《청장관전서》(1795)에 의하
면 아녀자들의 죽 파는 소리가 개 부르는 듯하
였다 한다.

의이는 원래 율무를 가리키는 말
이다. 율무 껍질을 벗겨서 물에 충분
히 불린 다음 맷돌에 갈아서 앙금을
안친 후 윗물은 따라 버리고 앙금만
햇볕에 말려 두었다가 죽을 쑨 것이
의이다.[6] 이 의이가 조선시대에는 어
떠한 곡물이든 갈아서 앙금을 얻어
쑨 죽을 의이 또는 응이라고 불렀다.

원미元米란 곡물을 굵게 맷돌에
갈아서 쑨 죽을 말한다. 《시의전서》
에서는 소주원미燒酒元味와 장탕원
미醬湯元味에 대해서 구체적으로 설
명하고 있다.

• 소주원미: 백비탕(맹물)을 끓이다가 원미 쌀을 넣되 묽고 되기는 된 죽
처럼 쑤어 그릇에 담아 소주와 백청白淸(흰꿀)을 타서 쓰고 소주는 주량대로
다소 가감한다.

• 장탕원미: 쌀을 하얗게 정미해 물에 담가 불린 다음에 건져내어 물기가
없게 말린다. 이것을 팥을 타듯이 맷돌에 갈아 가루는 체에 치고 덩어리는
기름종이를 깔아 말려 둔다. 장탕원미를 쓸 때에는 소고기를 다져서 표고·석
이·느타리·파를 전부 채로 썰어 합해 양념한다. 이것을 장국에 넣고 장국을
솟구치게 끓이다가 원미 쌀을 넣는다. 묽고 되기를 맞추어 그릇에 담아 고춧

---

[5] 김상보, 《조선왕조 궁중의궤 음식문화》, 242~247쪽, 수학사, 1995 ; 《원행을묘정리의궤》(175) ;
《청장관전서》(1795).
[6] 이익, 《성호사설》.

가루·후춧가루를 위에 뿌려서 쓴다.

소주원미이든 장탕원미이든 풍류가 있으면서 다소 이색적이고도 화려한 죽 문화를 보여 주고 있다.

죽을 먹으면서 죽 한 그릇에 담긴 하늘과 구름과 청산까지 통째로 먹은 김삿갓의 다음의 시는 조선시대 죽 문화가 가졌던 대중성과 풍류를 대변하고 있다.

사각송반죽일기四脚松盤粥一器 (네 다리 소반 위에 멀건 죽 한 그릇)
천광운영공배회天光雲影排徊 (하늘에 뜬 구름 그림자가 그 속에서 함께 떠도네)
주인막도무안색主人莫道無顏色 (주인이여, 면목이 없다고 말하지 마오)
오애청산도수래吾愛靑山倒水來 (물속에 비치는 청산을 내 좋아한다오)

요컨대 조선시대에 죽은 대용 주식·별미식·보양식·치료식·환자식·구황식·음료 등의 역할을 두루 담당했던 것이다. 하지만 그 밖에 민속식으로서의 죽도 있었다. 《동국세시기》에는 정원과 복날 및 동짓날 시식에 적두죽赤豆粥 (팥죽)이 있음을 기록하고 있다.

• 정월 적두죽: 망望(15일)이 되기 전에 붉은 팥죽을 먹는다. 《형초세시기荊楚歲時記》[7]를 상고하면 고을이나 동리의 풍속으로 정월 망일에는 제문祭門에 먼저 버들가지를 꽂는 데 인연하여 팥죽에 먼저 젓가락을 꽂고 제사를 지낸다. 지금 풍속에 팥죽을 만들어 먹는 것은 여기에서 인연된 것 같다.

---

[7] 《형초세시기》는 중국 양쯔강 중류 유역을 중심으로 한 형초 지방의 연중세시기이다. 원래 10권이었으나 명 대에 현재의 1권으로 종합되었다. 양나라의 종름(宗懍)이 6세기경에 지은 《형초기荊楚記》를 7세기 초 수나라의 두공섬杜公瞻이 증보·가주加注하여 《형초세시기》라 하였다. 현존하는 중국 세시기 중에서 가장 오래된 것으로 초나라 특유의 세시뿐만 아니라 일반적인 풍습도 기술되어 있다.

- 유월 복죽: 적소두죽을 끓여 먹는데 삼복에도 이와 같이 한다.
- 동지 적두죽: 동짓날을 아세亞歲(작은설)라고도 한다. 이날은 적두죽을 끓여서 찹쌀가루에 꿀을 섞어 새알 모양으로 만들어 팥죽에 넣고 시식侍食으로서 제사에 공급供給하는데, 팥죽을 문판門板에 뿌려서 부정을 제거한다고 한다.

팥죽이 풍속 음식으로서 정착된 것에 대한 문헌적 출현은 고려시대에 이미 등장하고 있다.[8] 집안의 나쁜 액을 풀어서 잡귀를 물리치기 위한 주물呪物이 팥죽이었던 것이다. 팥죽이 가지는 주술적 의미에 대해서는 앞서 '밥상차림의 문화'에서 음양오행사상과 관련지어 설명했으므로 여기서 다시 설명하지는 않겠다.

밥 짓기와 마찬가지로 돌솥에 쑤는 죽을 가장 맛있는 죽으로 여겼던[9] 조선시대에는 일찍이 죽 조리법에 대해서도 터득하고 있었다.

흰죽은 만도미晩稻米가 상上이고 돌솥에 쑤는 것이 가장 맛이 좋으며, 그 다음이 무쇠솥이고, 노구솥이 하下이다. 물은 감천甘泉을 쓰는 것이 좋다. 천泉이 나쁘면 죽 빛깔이 누렇고 잘되지 않는다.[10]

고문헌에 나타나는 죽류 찬품은 다음과 같다.

- 《영접도감의궤》(1609): 타락죽.
- 《영접도감의궤》(1643): 의이죽.
- 《도문대작》(1611): 방풍죽防風粥.

---

[8] 《목은집》 등에 풍속식으로서 동지팥죽이 등장한다.
[9] 《증보산림경제》(1766) ; 《부인필지》(1915).
[10] 《증보산림경제》(1766).

- 《동의보감》(1613): 구선왕도고의이九仙王道糕薏苡.
- 《산림경제》(1715): 연자죽, 해송자죽海松子粥(잣죽), 청태죽, 박죽, 아욱죽, 보리죽, 병아리죽, 소양죽, 붕어죽, 석화죽石花粥(굴죽), 연뿌리죽, 방풍죽, 가시연밥알맹이죽, 마름죽, 칡뿌리녹말죽, 황률죽, 전복죽, 홍합죽, 소고기죽.
- 《증보산림경제》(1766): 의이죽.
- 《원행을묘정리의궤》(1795): 백미죽, 팥물죽, 백자죽, 백감죽, 두죽(팥죽), 대조미음, 백미음, 백감미음, 추모미음, 황량미음, 청량미음, 삼합미음.
- 《규합총서》(1815): 삼합미음, 의이죽.
- 《옹희잡지》(1800년대 초): 의이죽.
- 《임원십육지》(1825~1827): 무죽, 당근죽, 쇠비름죽, 근대죽, 시금치죽, 냉이죽, 미나리죽, 아욱죽.
- 《역주방문》(1800년대 중반): 백자죽, 삼미음三昧粥.
- 《시의전서》(1800년대 말): 흑임자죽, 잣죽, 개암죽, 행인죽, 호두죽, 장국죽, 갈분웅이, 장국원미, 소주원미, 삼합(해삼+홍합+소고기) 미음.
- 《윤씨음식법》(1854): 팥죽.

| 국수 |

조선시대에 국수에 대한 기록이 처음으로 문헌에 등장하는 것은 《세종실록》이다. 수륙재 때에 공양 음식으로 정면淨麵을 올리고 있다.[11] 이 정면의 재료는 메밀이었을 것이다. 한편 국수 조리법에 대한 기록이 처음으로 나타나는 문헌은 《음식지미방》인데, 여기에는 다양한 국수가 소개되고 있다. 메

---

[11] 《세종실록》(제16권), 세종 4년 5월 계유조.

밀가루로 만든 면, 녹말로 만든 사면絲麵, 밀가루로 만든 난면卵麵이 그것인데, 이와 같이 조선시대에는 국수의 재료로 메밀가루·녹말·밀가루가 사용되고 있었다. 메밀국수·녹말국수·밀국수 중에서 귀한 국수는 밀국수였고, 왕에서 서민에 이르기까지 가장 보편적인 국수는 메밀국수였으며, 다음이 녹말국수였다.

밀가루는 중국의 화북에서 수입해 왔기 때문에 진말眞末이라 불렀다. 그리고 성례成禮 때가 아니면 먹지 못할 만큼 귀한 식품 중의 하나였다.[12]

국수의 일반 재료는 거의 메밀과 녹말이었다. 조선왕조 초기 세종대왕 때에는 궁중에서 메밀 소비가 많아 나라에 진공進貢하는 메밀만으로는 부족해 경기도 강원도 충청도에 205섬을 더 할당시킬 정도로, 메밀 소비는 다른 어떤 것보다도 많았다.

호조에서 제의하기를 '내자시와 내섬시에 정규적으로 바치는 공물인 메밀쌀은 1년 동안 소비하기에는 모자랍니다. 그 모자라는 만큼 내자시에 120섬을 더 바치게 하고, 경기에 40섬, 강원도에 80섬을 배당시킬 것입니다. 내섬시에는 85섬을 더 바치게 하되 경기에 40섬, 충청도에 45섬을 배당시키고자 합니다' 하니 그 의견에 따랐다.[13]

으뜸가는 국수 재료였던 메밀은 가루로 만들어 반죽한 것을 목판에 놓고 밀대로 얇게 밀어서 가늘게 실처럼 썰어[14] 끓는 물에 삶아 낸 다음 냉수에 담가 씻어 표면의 끈끈한 전분을 제거하고 호화糊化의 진행을 막음으로써 발이 질긴 국수를 만들고 있다.[15] 이른바 메밀칼국수이다.

---

[12] 서긍, 《선화봉사고려도경》, 〈잡속〉.
[13] 《세종실록》(제26권), 세종 6년 10월 병인조.
[14] 《증보산림경제》(1766).
[15] 《음식지미방》(1670년경) ; 《주방문》(1600년대 말경).

일반적으로 메밀은 끈기가 없는 것이 특징이다. 13~15퍼센트의 단백질을 함유하고 있는 반면 점탄성이 없어 잘 끊어지는 단점을 갖고 있다. 이 단점을 보완해 주는 것이 연결제로 쓰는 밀가루·녹말·달걀이며, 반죽할 때 뜨거운 물로 반죽해 녹말을 호화시켜 점탄성을 늘린다.

면: 겉메밀을 씻어서 바싹 말리지 말고 적당히 말린다. 메밀쌀을 가루로 만들 때 미리 물을 뿌려 축축하게 해 놓고 메밀쌀 5되에 물에 불려 건져 낸 거피한 녹두 1복자(기름복자)씩 섞어 절구에 담아 방아를 찧는데, 가만가만 찧어 겉물을 키로 까불어 버리고, 키 끝에 흰 쌀이 나거든 모아 다시 찧으면 매우 흰 메밀가루를 얻는다. 면을 반죽할 때 더운물에 늦게 말아 누르면 빛이 희고 좋은 면이 된다. 교태는 사면 교태와 같이 한다.[16]

1600년대 말경의 메밀국수 만드는 법을 비교적 잘 설명하고 있다. 메밀에 녹두를 약간 섞어 가루로 만들어 더운물로 반죽해 면본으로 눌러 국수를 뽑아 끓는 물에 삶아 낸 다음 냉수에 헹구어 건져 물기를 뺀다. 국수 그릇에 국수를 담고 장국을 부어 곱게 다져서 볶은 꿩고기를 교태(웃꾸미)로 얹는 것이다. 소위 압착식 국수법이다.

압착식 국수는 녹두녹말을 많이 사용했다. 반죽을 작은 구멍 속으로 밀어 내어 열탕 속에 국수발이 바로 들어가 호화하게 하여 강한 점성의 국수를 만드는 것이다. 이러한 국수를 사면絲麵 또는 세면細麵이라 하였다.

그 밖에 밀가루에 물을 넣고 죽을 쑤어 그 죽에 녹두녹말을 넣고 반죽해(밀가루와 녹말의 비율은 1:3 정도) 더운 반죽에 면본을 사용해 누르면 국수발이 나온다. 이 국수발이 끓고 있는 물에 바로 들어가 익으면 건져 내어 찬물에 씻는다. 찬물에 건져 낸 국수는 두 가지 형태의 음식이 되었다. 하나는

---

[16] 《음식지미방》(1670년경).

장국에 마는 것이고, 나머지 하나는 꿀을 탄 오미자국에 마는 것이다. 장국에 말 때에는 다져서 볶은 꿩고기를 웃꾸미로 올려놓고, 오미자국에 말 때에는 잣을 웃기로 올려놓는 형태이다.[17]

《음식지미방》에서는 녹말과 밀가루를 3:1의 비율로 하여 사면을 만들고 있지만, 당시 궁중에서는 녹말 100퍼센트로 사면을 만들었다. 궁중의 사면 역시 장국 또는 탕, 그리고 오미자국에 마는 두 가지 형태의 것이 존재했다.[18] 이러한 압착면은 《음식지미방》이 나온 지 약 100년 후에 소개된 《증보산림경제》(1766)에서는, 메밀가루 1말에 녹말 2되를 넣고 반죽해 국수틀에 넣어 압착시켜 국수를 뽑아서 삶아 낸 다음 찬물에 헹구어 장국에 말고 있다.

《음식지미방》에서는 메밀쌀 5되에 물에 불린 녹두 1복자를 섞어서 가루로 만들어 압착 국수로 만들었는데, 마찬가지로 메밀가루 1말에 녹말 2되를 넣어 반죽해 국수로 한 것이 《증보산림경제》의 압착면이다. 메밀가루·녹말·밀가루가 전부 동원되면서 국수틀(국수기계)이 등장한다. 《임원십육지》에는 국수틀을 다음과 같이 설명하고 있다.

큰 나무통의 중간에 지름 4~5치의 구멍을 뚫고, 이 둥근 구멍의 안을 무쇠로 싸서 그 바닥에 작은 구멍을 무수하게 뚫는다. 이 국수틀을 큰 무쇠솥 위에 고정시키고 국수 반죽을 놓아 지렛대를 누르면 가는 국수발이 물이 끓고 있는 솥으로 줄을 이어 흘러내린다.[19]

보다 손쉽게 얻을 수 있는 메밀가루가 압착면의 주재료가 되면서, 조선사회의 국수 문화는 일반 서민들에게도 빠른 속도로 확산 보급되었다. 냉면에 대한 기록이 처음 등장하는 문헌은 《동국세시기》이다. 이 책에서 골동면과

---

[17] 《음식지미방》(1670) ; 《주방문》(1600년대 말경)에는 장국에 말지 않고 깻국에 말고 있다.
[18] 김상보, 《조선왕조 궁중의궤 음식문화》, 수학사, 1995.
[19] 《임원십육지》, 〈섬용지〉(1825~1827).

냉면을 동짓달의 시식으로 소개하고 있다. 음식의 시식 풍속은 하루아침에 생겨나는 것이 아니므로, 적어도 조선왕조 중기 이후에는 이미 보편적인 음식이 아니었나 생각된다. 《임원십육지》에 소개된 국수들은 훨씬 그 이전에 보급되었을 것이다.

열탕 속에 국수발을 밀어 넣음으로써 강한 점성의 국수발을 만드는 원리는 기본적으로 국수발이 끊어져서 쉽게 성형되지 않는 전분의 일반적인 특성 때문에 생겨난 것이지만, 국수들을 사용해 쉽게 압착면을 생산할 수 있게 되면서, 여기에 겨울철의 진미인 겨울 침채, 즉 동치미와 어우러져 동짓달의 시식으로 정착되었다고 본다.

다음의 표는 시대적으로 분류한 냉면의 재료 구성이다. 메밀국수·무·동치미·돼지고기·배·잣이 재료 구성의 주류를 이루고 있음을 알 수 있다. 《진찬의궤》(1848) 와 《진작의궤進爵儀軌》(1873) 는 조선왕조의 연회 때에 올랐던 냉면의 재료와 분량을 기록하고 있는 책인데, 이것 역시 《동국세시기》, 《규곤요람》(연세대본), 《시의전서》 속의 냉면과 크게 다르지 않다. 다만 한말 명월관이라는 조선 요릿집의 냉면을 소개한 《부인필지》의 냉면에서 유자·달걀지단·후춧가루가 재료로서 올라 있는 것이 약간 색다를 뿐이다. 결론적으로 말하면 냉면은 동치미국물에 마는 것이 정도라고 말할 수 있다.

또 하나의 동짓달 시식인 골동면(비빔국수) 역시 메밀로 만든 압착면이 국수 재료였다. 《동국세시기》의 기록을 보자.

골동면: 국수에 잡채[20]·배·밤·소고기·돼지고기·참기름을 넣고 비빈 것을 골동면이라 하는데, 생각건대 나부영이란 노인이 여러 가지 식품을 섞어서 만든 갱을 골동갱骨董羹이라 하였고, 골동이란 뒤섞는다는 뜻이다. 지금의

---

[20] 당시의 잡채는 여러 가지 채소를 혼합하여 양념한 것이다. 오늘날의 당면을 사용한 잡채는 1912년 이후에 생겨난 것이다.

문헌	시대	면 종류	재료 구성				
《동국세시기》	1849	메밀국수	무동치미	배추동치미	돼지고기		
《진찬의궤》	1848	메밀국수		배추동치미	양지머리고기 돼지고기	배, 꿀, 잣	
《진작의궤》	1873	메밀국수	무동치미		돼지고기	배, 잣	고춧가루
《규곤요람》 (연세대본)	1869	메밀국수	무동치미		돼지고기	배, 복숭아, 밤, 잣	
《시의전서》	1800년대 말	국수	무동치미	배추통김치	양지머리고기	배, 잣	고춧가루
《부인필지》*	1915	국수	무동치미		돼지고기	배, 유자, 잣	달걀지단, 후춧가루

*《부인필지》에서는 이 냉면을 '명월관 냉면'이라고 하였다.

잡면雜麵은 이러한 것이다. 관서지방의 면이 가장 좋다.

비빔국수를 골동면·잡면이라고도 하고 있다. 관서지방은 메밀 주산지인 평안남도와 평안북도를 지칭하는 바, 오늘날에도 평양냉면의 명성이 높은 것과 통한다. 이상에서 살펴본 바와 같이 조선시대의 국수 재료는 녹두·메밀·밀이 주재료였으나, 이 밖에 마·칡·동부·수수·팥·율무 등도 썼다.

국수 만드는 방법은 크게 세 가지로 나눌 수 있다. 하나는 국수틀에 뽑아내는 방법이고, 다른 하나는 면본이라 지칭하는 구멍 뚫은 바가지에 반죽을 밀어 넣어 뽑아내는 방법이며, 또 다른 하나는 밀대로 반죽을 밀어 도마 위에 놓고 써는 방법이다. 이들 국수 만드는 방법은 음식 용도에 따라 일정한 규칙이 있었다. 허균(1569~1618)이 전국 팔도의 식품과 명산지에 관하여 적은 《도문대작屠門大》(1611)에서의 사면絲麵과, 《음식지미방》과 《산림경제》에서의 사면은 구멍 뚫은 바가지를 사용하는 면으로 생각된다. 국수를 넣고 마는 국물에는 육수장국·동치미국물·참깨국·콩국·오미자국·꿀물이 있었지만, 이들 역시 국수 재료에 따라 달리하였다. 조선시대에 사용되었던 국수들이 과연 어떤 모양이었을지는 남아 있는 자료가 없어서 분명치 않으나, 구한말의 《기산풍속도》와 《조선만화》의 그림으로 알려져 있고 특히 1909년에 출간된 《조선만화》에는 당시의 국수틀에 대한 상세한 설명이 나와 있다. '국수

【기산, 《기산풍속도》 중 〈국수 누르는 모양〉】
한 남자는 지렛대를 누르고, 다른 한 남자는 면발이 물이 끓는 솥에 골고루 들어가도록 조절하고 있다.

집'이라는 제목하에 기록되어 있는 기사를 소개한다.

조선의 음식점에는 어느 곳을 보아도 국수가 없는 곳이 없을 정도로 국수를 좋아하는 국민으로 보인다. 국수는 눈과 같이 하얗고 일본의 소면이나 말린 국수보다도 훨씬 희다. 어느 음식점이라도 음식점마다 한구석에 국수를 제조하는 장소가 있어서 밖에서 보인다. 온돌집이기 때문에 국수 제조기계가 놓여 있는 곳은 낮에도 어둡다. 밑에는 큰 가마솥의 물이 부글부글 끓고 있다. 장작에 불을 지폈기 때문에 연기가 검게 올라온다. 솥(가마솥 위에는 커다랗고 두꺼운 조판 모양의 물체가 있고, 이 물체에는 5~6차 정도의 구멍이 뚫려 있다. 이 구멍에 국수반죽을 넣는다. 위에서 절굿공이를 내리누르면 밑에 망이 있어서 이 망으로 국수가 실 모양으로 따라 내려와 끓고 있는 가

【국수집에서 국수틀을 이용해
국수를 만드는 광경(구한말)】

마솥에 떨어진다. 하얗게 거품이 생기면
서 끓는다. 이것을 퍼서 물에 넣는다. 드
디어 백색의 상등 국수가 완성된다. 지레
에 등을 대고 누워 다리를 천장에 대고 버
틴다. 지레가 내려가서 발이 천장에 닿지
않게 되면 기둥에 고정시킨 횡목에 발을
대고 버틴다.

상당히 사실적인 표현법으로 잘 묘사
되어 있는 국수집의 국수 전경이다. 문화
의 보수성이 강했던 조선시대의 상황으
로 볼 때, 《임원십육지》가 쓰였던 1800년
대 초 이전에도 이러한 국수들이 사용되었을 것으로 짐작된다. 이 국수들은
1915년에 발간된 《경성번창기》에도 묘사되어 있다.

조선인은 종래의 메밀면만을 먹으며 그 제조 및 판매는 기계에서 떨어지
면 동시에 끓고 있는 솥의 물에서 끓여서 판매하고 있다.

조선시대의 국수 재료가 녹두·메밀·마·칡·동부·수수·팥·율무 등 다양
했다고는 하지만, 주된 국수 재료는 역시 메밀이었다. 메밀은 서민에서부터
왕에 이르기까지 애용해 먹는 국수 재료가 되었다. 조선왕조 궁중연회식 의
궤상에 등장하는 국수의 대부분은 물론 메밀국수가 주류를 이루고 있다.[21]

---

[21] 김상보, 《한국의 음식생활문화사》, 407~409쪽, 광문각, 1997.

반가 조리서에 나타나는 면류 찬품은 다음과 같다.

- 《도문대작》(1611) : 사면絲麵(메밀가루).
- 《음식지미방》(1670년경) : 면(메밀가루·녹두가루), 사면법絲麵法(녹두가루·밀가루·생치·간장 또는 녹두·밀가루·오미자·잣, 면본 사용 | 맛질 방문 22: 녹말, 구멍 뚫은 바가지 사용), 토장법(녹말가루·참깨국, 도마에 놓고 썰어서 사용), 착면(녹말가루·오미자국, 도마에 놓고 썰어서 사용 | 맛질 방문: 메밀가루·밀가루·오미자국·잣, 도마에 놓고 썰어서 사용), 난면법(밀가루·달걀·꿩고기, 면본 사용).
- 《주방문》(1600년대 말) : 면麵(메밀가루·녹두가루·쌀가루, 찹쌀 끓인 물로 반죽하면 질겨짐), 누면漏麵(밀가루·녹말·참깨죽, 구멍 뚫은 바가지 사용), 착면着麵(녹두 녹말, 도마에 놓고 썰어서 사용).
- 《산림경제》(1715년경) : 사면법(녹두 녹말, 구멍 뚫은 바가지 사용), 산서면법山薯麵法(마 가루·우유·꿀, 구멍 뚫은 바가지 사용), 갈분면법葛粉麵法(칡뿌리 녹말, 구멍 뚫은 바가지 사용).
- 《규합총서》(1815) : 녹말법(녹두).
- 《음식방문》(1800년대 중반) : 육국수·오이국수·진주면·화면.
- 《역주방문》(1800년대 중반) : 육면·수면·진주면·신면.
- 《시의전서》(1800년대 말) : 녹말 수비법(녹두), 동부 녹말 수비법(동부), 팥 녹말 수비법(팥), 송홧가루 수비법(송화), 갈분 수비법(칡뿌리), 수수가루 수비법(수수), 율무가루 수비법(율무), 온면(국수. 고기 장국·무·웃기), 냉면(메밀국수·동치미 국물·양지머리·배·배추통 김치·고춧가루·잣), 골동

---

22 《음식지미방》에는 조리법의 명칭 뒤에 '맛질 방문'이라고 덧붙여진 것이 16종이나 있다. '맛질 방문'이란 '맛집에서 행해지는 방문方文(조리법)'이라는 뜻이다. 이 책을 쓴 장씨 부인의 친정 마을이 경북 예천의 '맛질'로서, '맛질 방문'이란 장씨 부인이 친정어머니 권씨로부터 전수받은 조리법이다. 즉 예천 맛질에서 살고 있던 권씨 집안의 조리법이라 할 수 있다.

면(국수·소고기·숙주·미나리·묵·고춧가루·깨소금·장국), 장국냉면(국수·
고기장국·오이채·오이무침(깨소금·고춧가루·참기름·간장·양지머리·실고
추·석이버섯·호박·달걀지단)), 깻국국수(밀국수·깻물·채소 채 친 것), 난
면(달걀에 반죽한 밀가루 반죽을 머리털처럼 썰어 삶아 낸 것·오미자국), 밀
국수(밀가루·달걀·닭·오이·호박·달걀지단·석이버섯·고추 또는 밀가루·
날콩가루·닭·오이·호박·달걀지단·석이버섯·고추, 도마에 놓고 썰어서 사
용), 콩국국수(밀국수·콩국·오이·호박·달걀지단·석이버섯·고추), 세면(녹
말가루·오미자국·꿀·잣), 착면(녹말가루·꿀물, 썰어서 사용), 낭화(밀가루·
장국·소고기·표고·석이버섯·파·달걀지단채·후춧가루, 밑반죽을 얇게 밀어
꼴패쪽 썰기로 썬 것).

- 《이씨음식법》(1800년대 말): 난면·화면.
- 《윤씨음식법》(1854): 냉면·면·약면·난면·수면.
- 《규곤요람》(연세대본, 1896): 냉면·국수局水·골동면·숙면.
- 《부인필지》(1915): 명월관 동치미 냉면(국수·동치미 국물·무·배·유자
·돼지고기편육·달걀지단·후추·잣), 국수비빔(국수·숙육·돼지고기편육·해
삼·배추·생강·표고·파·미나리·고기완자·잣·깨소금·후춧가루·초간장).[23]

| 상화와 만두 |

조선왕조 궁중연회식 의궤에 등장하는 만두류는 다음과 같다.

상화병床花餅, 병시餅匙, 만두饅頭, 생치만두生雉饅頭, 생복만두, 황육만
두, 진계만두, 육만두肉饅頭, 어만두魚饅頭, 동아만두冬果饅頭, 양만두胖饅

[23] 김상보, 《한국의 음식생활문화사》, 406, 407쪽, 광문각, 1997.

頭, 천엽만두, 생합만두生蛤饅頭, 골만두骨饅頭[24]

상화床花의 원이름은 雙下이다. 고려가요인 〈쌍화점雙花店〉에는 '쌍화점雙花店에 쌍화사라 가고신된 회회回回아비 내 손모글 주여이다'라는 구절이 있다. 즉 '만두가게에 만두 사러 갔더니 만두 파는 회회아비가 손을 잡더라'는 말이다. 이것을 통해 만두 사러 간 사람은 고려 여인이고, 만두를 파는 가게는 회회아비가 운영하였으며, 만두를 쌍화라고 불렀음을 알 수 있다.

고려가요에 나오는 雙花를 고려 궁중에서는 雙下라 불렀다.[25] 고려에서는 나라에서 개최한 팔관회 때 왕에게 쌍하를 올리는 의례가 있었다. 비록 쌍하가 어떻게 조리된 음식인지는 몰라도 국가 차원의 행사 때에 의례 중 일부분으로 '진쌍하進雙下'가 있었음은 당시 쌍화가 식생활에 미친 영향을 짐작할 수 있는 대목이다. 쌍하(雙下·雙花)는 조선시대에 들어서서 상화(床花·霜花)로 되었다. 상화에 대한 기록이 처음 등장하는 조선시대 문헌은 1609년에 나온 《영접도감의궤》이다. 《영접도감의궤》는 명나라에서 사신이 왔을 때 조정에서 접대한 전말에 대한 기록인데, 1609년에 나온 《영접도감의궤》에는 상화병床花餠이라 되어 있으며, 그 재료와 분량에 대해서는 1643년에 나온 《영접도감의궤》에 다음과 같이 나타나 있다.

밀가루 5되, 간장 2홉, 참기름 2홉, 생강 5전, 후추 1전, 소금 1홉, 석이버섯 2홉, 잣 5작, 무 20뿌리, 두부 3괴, 기주말起酒末 1되, 기화 3되……

《영접도감의궤》(1643)에 기록된 상화병에 대한 재료 구성으로 조리법을 연상해 보면 이렇다. 밀가루 반죽할 때 밑술로 반죽해 발효시킨 다음, 석이버

---

[24] 김상보, 《조선왕조 궁중연회식의궤 음식의 실제》, 85~86쪽, 수학사, 1995.
[25] 《고려사》, 〈팔관회〉.

섯·잣·무·두부·간장·참기름·생강·후추·소금을 합하여 양념해 소(속)를 만든 뒤, 밀가루 반죽에 소를 넣고 꽃 모양으로 빚어 기화를 사용해서 쪄 낸 것으로 오늘날의 찐만두에 다름 아니다.

성종 19년(1488)에 사신으로 온 명나라의 동월이 쓴 《조선부朝鮮賦》에는 '대만두의 껍질 속에 소만두가 들어 있고, 호두만 한 구슬 모양으로 입에 넣기 좋다'라는 구절도 있다. 만두의 모양을 쪘을 때 호두만 하게 하였다면, 조선시대 궁중의 상화병은 상당히 작은 크기로 소를 넣고 빚어 찐 다음 이것을 모아 대형의 밀가루 반죽 피 속에 집어넣고 오므려 다시 한번 살짝 쪘을 것이다.

조선시대 궁중의 상화병을 《음식지미방》에서는 상화霜花라 하였다. 여기에서도 밀가루를 반죽할 때 밑술로 반죽하고 있는데, 소는 두 종류로 하고 있다. 하나는 오이·무·박·석이버섯·표고버섯·참버섯·단간장·참기름·잣·후춧가루로 만든 소와, 나머지 하나는 꿀을 화합한 팥소이다. 이러한 두 종류의 소를 사용한 경향은 《주방문》(1600년대 말)에도 나타나므로 궁중에서는 상화床花, 민가에서는 상화霜花라 불렸던 1600년대의 상화는 오늘날의 찐만두와 찐빵과 같은 두 종류의 형태를 취하고 있었다고 볼 수 있다.

1700년대로 접어들자 궁중에서는 상화란 이름이 사라지고 만두가 등장해 한말까지 이어진다. 《진연의궤進宴儀軌》(1719)에 기록된 만두의 재료 구성을 살펴보면 그 전신은 상화이다.

밀가루 8되, 꿩 1마리, 연계 1마리, 돼지 앞다리 1개, 송이버섯 3개, 표고버섯 3냥, 소금 3작, 간장 2홉, 생강 5전, 잣 1홉, 기주말 3홉, 작본미作本米 1홉 5작, 기화 1되 5홉......

다만 《영접도감의궤》(1643)의 상화에서는 전혀 육류를 사용하지 않았지만, 《진연의궤》(1719)의 만두에서는 꿩·연계·돼지 등의 육류를 소의 일부로서 채택하고 있다. 명칭 변화만 일어난 셈이다. 이후 상화란 이름은 없어지고 한말까지 만두란 명칭으로 이어진다.

《성호사설》이 지적한 기수起溲(술기운으로 발효시킨다는 뜻), 즉 발효를 원칙으로 하였던 상화는 어쩐 일인지 《진연의궤》(1719)를 끝으로 조선왕조 궁중연회식 의궤에서는 사라지고 발효시키지 않은 만두가 이후 대두되고 있다. 밀가루를 재료로 한 만두를 병시餠匙와 만두饅頭 등으로 분류하면서, 발효시키지 않은 상태에서 물에 삶아 먹는 만두를 병시, 쪄서 먹는 만두를 만두라 한 것이다.

그런데 만두라는 명칭을 사용해도, 만두는 다시 피의 재료에 따라 몇 가지로 나뉘게 된다. 하나는 밀가루 반죽으로 피를 만드는 만두, 다른 하나는 메밀가루 반죽으로 피를 만드는 만두이다. 이 양자는 피의 재료에 관계없이 만두라 불렀다. 그러나 소에다 꿩·생복·소고기·닭고기를 넣을 때에는 메밀가루를 피로 했을지라도 생치만두生雉饅頭·생복만두·황육만두·진계만두라 하였다.

병시란 '수저로 떠먹는 병'이란 의미로, 밀가루 반죽을 피로하여 만든 물만두·장국만두의 궁중용어이다. 중국에서는 밀가루로 만든 것을 병이라 했기 때문에 다분히 중국의 영향을 받은 것이 병시인데, 이 궁중의 병시는 민가에서 편수片水[26]·변씨만두卞氏饅頭[27]·수교의[28] 등 다양한 명칭으로 분화해서 많은 종류의 물만두가 생겨난다.

한편 만두피를 밀가루나 메밀가루로 하지 않고 소고기·생선·동과 등으로 한 만두를 육만두·어만두·동아만두·양만두라 하였다. 아울러 피를 녹말가루로 한 생합만두·골만두도 있었는데, 조리법은 생합 또는 등골 등을 다져서

---

[26] 황필수, 《명물기략》(1870년경) ; 《시의전서》(1800년대 말경).
[27] 《동국세시기》(1849) ; 《옹희잡지》(1800년대 초).
[28] 《음식지미방》, 1670.

【만두의 계보】

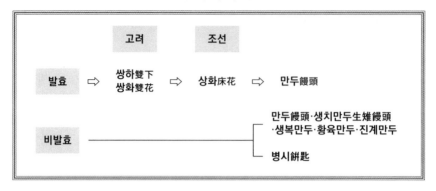

양념해 소로 만든 다음에 녹말가루에 굴려 쪄 내는 것이었다.

다음은 반가 조리서에 나타나는 만두류이다.

- 《도문대작》(1611) : 대만두大饅頭.
- 《음식지미방》(1670년경) : 만두법(메밀가루·무·꿩·간장·참기름·잣·후추·천초·밀가루·소고기·표고버섯·석이버섯·송이버섯·잣·후추·천초, 초간장에 생강즙을 타서 찍어 먹도록 한다), 슈교유법(밀가루·표고버섯·석이버섯·오이·잣·후춧가루, 초간장에 찍어 먹도록 한다), 상화법霜花法((1) 밀가루·누룩·술·오이 또는 박·무·표고버섯·석이버섯·참버섯·참기름·간장·잣·후추, (2) 밀가루·팥)
- 《음식방문》(1800년대 중반) : 어만두·생합만두·굴만두.
- 《시의전서》(1800년대 말) : 어만두·밀만두·수교의, 만두(메밀가루·연두부·소고기·꿩·돼지고기·닭고기·미나리·숙주·무·다진 배추김치·파·생강·마늘·고춧가루·깨소금·참기름·잣·고기장국·후추, 초장에 고춧가루를 타서 쓴다).
- 《윤씨음식법》(1854) : 어만두·수교의·제육만두·전복만두·건치만두.

• 《규곤요람》(연세대본): 만두.

• 《부인필지》(1915): 밀만두(일명 편수·밀가루·만두소), 슈교의(밀가루·
오이·소고기·표고버섯·느타리버섯·석이버섯·고추·달걀지단채·감잎, 초장
에 찍어 먹도록 한다).

• 상화霜花법: 밀가루·탁주·누룩가루·볶은 꿀팥소.[29]

---

[29] 김상보, 《한국의 음식생활문화사》, 412쪽, 광문각, 1997.

탕류

| 전철과 전골 |

《동국세시기》의 10월 시식에 난로회라는 것이 나온다.

난로회: 도회지 풍속에 화로에 숯불을 피워서 번철에 놓고 유장·계란·파·마늘·고춧가루 등을 조합한 소고기를 구우면서 화로에 둘러앉아 이것을 먹는데 난로회煖爐會라 한다. 이달부터 추위를 막는 시식으로 하는데 (이것은) 옛날부터 있었던 난란회煖暖會이다. 《세시잡기歲時雜記》[1]에 북경 사람들은 10월 초하루에 화로에 둘러앉아서 고기를 굽고 술을 마시며 난로회라 하였다. 또 《동경몽화록東京夢華鑛》[2]을 보면 10월 초하루에 궁중 난로에 피울 숯을 진상하고, 민간에서는 술을 빚어 놓고 난로회를 한다. 지금 풍속도 역시 그러하다.

이상의 내용을 보면 난로회란 10월 초하루에 화로에 둘러앉아 술을 마시면서 먹는 모임으로, 이때 술안주로 화로 위에 올려놓은 번철 위에 양념한

---

[1] 《세시잡기》는 중국 북송 때의 학자 여원명이 지은 세시서이다.
[2] 《동정몽화록》은 중국 남송 때의 맹원로가 지은 역사서이다. 1147년에 완성되었으며 북송 말 변경의 상업 및 민간의 풍속에 관한 기록을 담고 있다.

소고기를 구워 먹는다는 것이다.

전골이란 용어는 궁중의 전철에서 유래한다. 문헌상 전철이란 말이 처음 등장하는 것은 《원행을묘정리의궤》인데, 그 재료 구성으로 보았을 때 철판구이 즉 번철구이와 같은 의미이다. 그러면 《원행을묘정리의궤》가 나온 1795년 당시의 철판은 어떠한 형태였을까? 서유구의 《옹희잡지饔饎雜誌》(1800년대 초)에 구체적인 형태가 제시되어 있다.

적육기炙肉器에 전립氈笠을 거꾸로 눕힌 것과 같은 모양이 있다. 도라지·무·미나리·파 등을 잘게 썰어 복판의 우묵한 곳에 넣어 둔 장수에 담근다. 이것을 숯불 위에 놓고 철을 뜨겁게 달군다. 고기는 얇게 썰어 기름장에 담갔다가 젓가락으로 집어서 사면의 전에 지져 굽는다. 한 그릇으로 3~4인이 먹는다. 이것이 속칭 전철煎鐵 또는 전립투氈笠套이다.

전철 또는 전립투라고 부르는데, 전립꼴의 사면에서는 고기를 굽고, 가운데 우묵한 곳에는 고기를 구울 때 생기는 고기즙이 모이게 되고, 여기에 갖은 야채를 넣어서 잠시 끓여 먹는 음식이라는 것이다. 전철 또는 전립투는 냄비 이름이었다. 정조 때의 실학자 유득공(1749~1807)이 서울의 세시풍습을 기록한 《경도잡지京都雜志》(1770년대)에는 다음과 같은 기록도 있다.

냄비 이름에 전립투氈笠套라는 것이 있다. 벙거지 모양에서 이런 이름이 생긴 것이다. 채소는 그 가운데 움푹하게 들어간 부분에다 넣어서 데치고 변두리의 편편한 곳에 고기를 굽는다. 술안주나 반찬에 모두 좋다.

《옹희잡지》와 《경도잡지》에 소개된 전철 또는 전립투는 일종의 구이 형태로서, 물이 거의 없는 형태에 속한다. 난로 또는 화로라고 부르는 특수한 모

【김홍도, 《사계풍속도병》 중 〈설후야연〉】
눈이 와서 온통 하얀데, 귀가 시려 귀막이 모자를 뒤
집어쓴 채 전립투 위에 고기를 놓아 구워 먹고 있다.
《동국세시기》에서 묘사한 이른바 '난로회'이다.

양에 걸쳐 얹도록 고안해 벙거
지꼴로 만든 일종의 지짐 팬이
전철인데, 이 전철을 19세기 말
경에는 전골로 부르게 되었다.

전골이란 말이 처음 등장하
는 것은 19세기 말경에 나온
《시의전서》이다. 이 책에 소개
된 '두부전골'은 일종의 찌개
형태인 냄비전골에 속한다. 전
골이란 용어는 전립골氈笠骨에
서 립이 빠지고 전골氈骨이 되
었다가, 다시 전골煎骨로 되었
다. 한말 격변기에 변화된 또
하나의 변형된 우리 음식이 전
골이라고 말할 수 있다. 순조
때 조재삼(1808~1866)이 지은
《송남잡식松南雜識》(1900년대
초)에는 전골의 어원을 보다
분명히 제시하고 있다.

전골氈骨이란 전립골氈笠骨 모양으로 만들어 고기를 굽기 때문에 이 이름
이 생겼다.

전철이 궁중용어라면 전골은 그 모양에서 유래한 반가에서 쓰던 용어였
다. 화로라고 하는 숯을 넣어 불을 지피는 것에 얹도록 고안된 것이 전철이

【전철과 불고기판】

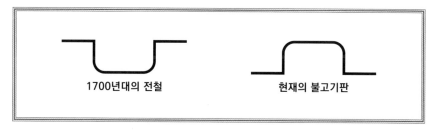

고, 전철을 중심으로 빙 둘러앉아 양념한 고기를 얹어 구워 먹는 것이다. 이
때 고기즙은 가운데로 모이게 되고, 그 고기즙에 야채를 넣어 잠시 익혀 먹
는데, 겨울의 문턱인 10월 초하루 이렇게 둘러앉아 고기를 구워 먹는 것을 난
로회라 하였다.

전철의 역사는 《경도잡지》에 소개된 바와 같이 적어도 1700년대로 거슬러
올라간다. 화로를 사용하지 않는 오늘날에는 벙거지꼴을 괴기와는 빈대로
사용하게 됨으로써, 즉 거꾸로 야채가 들어갔던 곳에 고기를 얹고, 고기가 올
라갔던 전에 고깃국물이 고여 때로는 고기를 구울 때 야채를 넣어서 먹고 있
다.

결론적으로 말하면, 오늘날 우리가 불고기라 부르는 것의 원형이 전철이
다. 이것을 반가에서는 그 모양에서 착안해 전골이라고 하였으나, 1800년대
말 한말 격변기에 변형되어 찌개전골인 냄비전골로 되어 버렸던 것이다.

《동국세시기》에서 언급한 대로 난로회란 명칭은 중국 송나라의 영향인 것
같다. 즉 송나라 문화를 잘 아는 지식층에 의해 생겨난 이름일 것이다. 그러
나 조선시대 중기에는 난로회를 골식회骨食會(전립골을 사용해 먹는 모임)
라 하였는데, 구수훈이 쓴 《이순록二旬錄》(1643)에는 '근시近時 골식회骨食
會가 있는데, 이것은 호인이 사냥터에서 먹는 것으로서 노래를 둘러싸고 스
스로 구워 다투어 먹는다'고 했다. 그러니까 난로회의 기원은 유목인들의 문

---

[3] 김상보, 《조선왕조 궁중연회식의궤 음식의 실제》, 18쪽, 수학사, 1995.

화이고 이것을 철공업이 발달해 철로 만든 조리기구가 널리 보급되었던[3] 송나라에서 채택해 난로회라 이름 붙였으며, 우리나라에는 아마도 고려 말경에 전해진 이 음식이 골식회 또는 난로회가 되어 시식음식으로서 정착되기에 이른 것이 아닐까. 그리고 궁중에서는 이것을 전철이라고 한 것이다.

| 승기아탕 또는 승기탕 |

조선왕조 궁중에서 '승기아탕'이 처음 등장하는 것은 1848년의 《진찬의궤》에서인데, 그 뜻은 '여자와 음악을 능가하는 탕'이란 것이다. 이 탕은 일반에게 전해져 《규합총서》(1815)에서는 승기악탕勝妓樂湯(기생과 음악을 능가하는 탕), 이학규가 지은 《금관죽지사金官竹枝詞》(1809)에서는 승가기탕勝歌妓湯(노래와 기생을 능가하는 탕), 최영년이 쓴 《해동지海東竹枝》(1925)에서는 승가기탕勝佳妓湯(기생을 능가하는 절묘한 탕) 등 다양한 명칭으로 파생되었다.

이와 같이 궁중의 승기아탕이 민가에 전해져 다양한 명칭을 얻은 이유는 승기아탕이 갖는 음식의 성격 때문이다. 부엌에서 끓여 나오는 것이 아니라 풍로와 냄비를 직접 연회석에 갖고 나와 즉석에서 끓여 먹는 특성을 지니고 있을 뿐만 아니라, 여럿이 빙 둘러앉아 먹는 공음공식의 성격이 짙기 때문이다. 따라서 승기아탕은 겨울철 음식이자 모임(향응) 음식으로 점차 기생집 또는 요릿집 음식으로 성격이 변한 결과 앞서 열거한 바와 같이 음식의 이름 속에 기생의 '기妓'자가 포함되기에 이르렀다. 《진찬의궤》(1848)에 기록된 승기아탕의 재료를 보면 다음과 같다.

• 해물류: 숭어, 농어, 고등어, 건전복, 생합, 생전복, 해삼, 낙지, 홍합.

- 수조육류: 곤자소니, 양, 천엽, 소등골, 소콩팥, 돼지애기집, 연계, 달걀.
- 채소류: 도라지, 미나리, 무, 오이, 표고버섯, 석이버섯, 능이버섯, 파.
- 가루: 녹말가루, 밀가루.
- 과일류: 밤, 호두, 은행, 잣.
- 조미료: 후춧가루, 왜토장, 참기름.[4]

재료 구성이 수·조·어·육·채소·과일 등을 망라한 다양함에도 놀랍지만, 조미료로서 왜토장을 쓰는 것도 흥미로운 사실이다. 그러나 가만히 생각해 보면 임진왜란이 끝난 1607년부터 1811년까지 총 12회에 걸쳐 조선통신사가 일본을 왕래하면서 두 나라 사이에 문화교류가 있었으며, 아울러 많은 일본 인들이 부산 왜관에 머물렀던 점을 감안하면 이해 못 할 일도 아니다.

《요리물어料理物語》(1647)라는 일본의 요리책에는 도미를 재료로 하는 도미탕인 '고려자高麗煮'가 소개되어 있다. 이 고려자는 도쿠가와 시대에 조선 통신사가 데리고 온 요리인을 통해 배웠으며, 승기아탕과 비슷하다는 것이 다.[5]

조선통신사가 일본에 갈 때에는 조리사인 칼자를 포함해 약 500여 명이 갔기 때문에 고려자는 조선통신사 수행원이었던 칼자에 의해 배웠을 가능성 이 높다. 그런데 《규합총서》에는 승기악탕이 '왜관 음식'이라는 것이다.

일본사신이 오면 일본사신 영접은 경성에서 하는 것이 원칙이었지만, 임 진왜란 이후 광해군 원년(1609)에 조선과 일본 사이에 기유약조가 체결되 고 난 이후 사신 영접은 경성에서 행하지 않고 부산 왜관에서 전적으로 도맡 았다. 왜관에서의 연회 종류를 보면 하선다례·하선연·노차연·예단다례·별 연·상선연·명일연 등이 있었다. 이때 멥쌀, 떡쌀, 찹쌀, 대두, 소두, 녹두, 메

[4] 김상보, 《조선왕조 궁중의궤 음식문화》, 361쪽, 수학사, 1995.
[5] 이성우, 《한국요리문화사》, 145쪽, 교문사, 1999.

밀, 밀가루, 콩가루, 누룩, 엿기름, 참기름, 꿀, 감장, 간장, 소금, 개자, 생강, 대추, 밤, 황률, 배, 홍시, 곶감, 잣, 호두, 개암, 오미자, 지초, 표고버섯, 산돼지, 포, 반건치, 닭, 달걀, 해삼, 피백합, 생선, 생전복, 건전복, 홍합, 문어, 광어, 상어, 건어 등을 재료로 음식을 만들어 연회하였으며, 조선 정부에서 파견된 숙수에 의해 음식이 만들어졌음은 물론이다.[6] 따라서 《규합총서》에서 언급한 승기악탕이 왜관 음식이라는 내용은, 왜관에서 기생이 참석한 연회에서 자주 먹었다는 의미이지 일본의 음식이라는 뜻은 아니다. 왜관의 성격을 반영한 것이 바로 승기악탕睦妓樂湯이란 명칭으로 생각된다.

그럼 《진찬의궤》에 등장하는 왜토장은 어떻게 설명할 것인가. 이것은 조선통신사 또는 왜관을 통한 일본 토장의 유입이라고 볼 수 있는데, 조선통신사보다는 왜관을 통한 유입에 보다 더 가능성을 둘 수 있을 것이다.

일본에 전파된 고려자는 두 가지 경로를 밟았을 것으로 추정된다. 하나는 조선통신사를 수행한 조리사인 칼자에 의해, 다른 하나는 조선 정부가 부산 왜관에 파견한 숙수에 의한 전파 경로를 생각할 수 있다. 하지만 그 경로야 어찌되었든 수조어육류와 과일을 재료로 한 조선의 궁중음식 승기아탕이 임진왜란 이후 왜관에서 일본사신에게 행한 접대음식이 되면서 승기악탕이란 명칭으로 변화한 것임은 틀림없는 것 같다.

| 열구자탕·신설로·신선로 |

열구자탕悅口子湯은 조선왕조의 대표적 궁중음식으로 널리 알려진 음식이다. 지금까지 알려진 바로 열구자탕이 궁중 문헌상 처음 등장하는 것은

[6] 김상보 · 장철수, 〈조선중기 한일 관계에서의 교역 물품과 일본사신 접대〉, 《한국식생활문화학회지》(Vol. 13, No. 4), 364, 376, 377쪽, 한국식생활문화학회, 1998.

《원행을묘정리의궤》이며, 중국어 역관이었던 이표가 1746년에 쓴 《수문사설》에는 열구자탕熱口子湯으로 기록되어 있다. '최신의 노爐'라는 의미를 지니고 있는 신설로를 사용해서 만든 탕이 열구자탕이다. 중국에서는 청나라 때 중국 전역에 '훠거쯔火鍋子'란 음식이 보급되었는데, 이 훠궈쯔 역시 신설로를 사용하는 음식으로 중국의 훠궈火鍋(불에 올려놓는 냄비)와 조선의 신설로는 모양이 같다.

신설로라는 음식 표기는 1868년의 《진찬의궤》에서 '면신설로麵新設爐'라는 이름으로 처음 등장한다. '새로운 노爐를 사용한 국수'라고 해석할 수 있다. 신설로의 등장은 북학北學과 관련해, 청나라로부터 유입된 문화 중의 하나로 필자는 보고 있다. 《동국세시기》의 기록을 보자.

소고기나 돼지고기에 무·오이·훈채·달걀을 섞어 장탕醬湯을 만든다. 이것을 열구자悅口子 또는 신선로神仙爐라 하는데 중국의 난로회에서 온 것이다.

이것은 중국을 통한 열구자탕의 유입을 나타내 주는 자료가 된다. 당시 중국에서 닭고기와 돼지고기를 휘궈에 넣어 끓여 먹던 문화가 조선에 들어와 열구자탕이 된 것으로, 정조 때 서유문(1762~?)이 지은 《무오연행록戊午燕行錄》(1798)에는 중국에는 열구자탕 장사가 무수히 많음을 소개함과 동시에 열구자탕에 둘러앉아 먹는 풍경이 기록되어 있다.

《원행을묘정리의궤》에서 처음 등장한 열구자탕은, 반가의 조리서로 보이는 고조리서에는 1800년대 초부터 본격적으로 등장한다.

궁중음식이 일반 사대부가에 전해진 배경은 다음의 네 가지 요인으로 생각해 볼 수 있다. 즉 시호諡號 문화에 의한 보급, 각종 궁중 연향 뒤에 있었던 사찬, 출퇴근하는 여악女樂과 조리에 종사했던 각색장 및 궁중의 나인에 의

한 보급, 연회에 참석했던 관료들의 부인인 외명부에 의한 보급이 그것이다. 이들에 의해 궁중음식이 마침내 반가의 조리서에도 나타나기 시작한 것이다.

반가의 고조리서에 나타나는 궁중음식의 명칭 가운데 열구자탕에 해당하는 명칭을 살펴보면 다음과 같은데, 이를 통해 열구자탕·신선로·신설로·구자탕·열고자탕 등 다양한 명칭으로 불렸음을 알 수 있다.

- 《원행을묘정리의궤》(1795) : 열구자탕.
- 《동국세시기》(1849) : 열구자탕(신선로).
- 《규합총서》(1815) : 열구자탕.
- 《음식방문》(1800년대 중반) : 열구자탕.
- 《윤씨음식법》(1854) : 열구자탕.
- 《규곤요람》(연세대본, 1896) : 구자탕(신선로).
- 《이씨음식법》(1800년대 말) : 열고자탕.
- 《시의전서》(1800년대 말) : 열구자탕.
- 《부인필지》(1915) : 열구자탕(신선로).

조선왕조에서 사용한 신설로新設爐와 열구자탕이라는 명칭은 꾸준히 이어졌다. 1882년 동궁 가례 때의 어상기御床記에는 면신설로麵新設爐·탕신설로·잡탕신설로가 등장하고 있으며, 《진찬의궤》(1902)에서는 열구자탕이란 명칭이 등장하기 때문에 1795년 이후 1902년까지 명칭의 변화는 발견할 수 없다.

궁중의 신설로와 열구자탕을 반가에서는 왜곡시켜 신선로神仙爐·구자탕·열고자탕으로 부르거나 혹은 궁중에서와 마찬가지로 신설로·열구자탕으로 부르거나 하였던 것이다.

【기산,《기산풍속도》중〈쌍륙 치는 모양〉】

한 남자가 기생과 쌍륙을 치는 동안 남자아이가 국수상을 준비하고 있다. 국수가 놓여 있는 상에 신설로를 막 갖다 놓으려고 하고 있다. 신설로 국물을 떠먹는 숟가락도 보이는데 중국풍의 자기로 만든 수저 2개가 상 위에 놓여 있다.

신설로의 크기는 대야와 같다고 한다. 1800년대 초 신설로 문화를 한눈에 알 수 있는《옹희잡지》의 기록을 보자.

놋쇠를 써서 관을 만든다. 크기는 대야와 같고 복판에 굴뚝을 둔다. 형태는 주둥이가 위로 난 당구호唐口壺와 같으며 뚜껑이 있다. 일지一指 길이 정도의 숯불을 속에서 피우도록 되어 있다. 사주四周는 지池를 이루고 7~8완碗의 물이 들어갈 수 있다. 재료를 지원에 잠입해 장수를 붓는다. 뚜껑을 닫은 후 탄화炭火를 호 속에 넣고 가열한다. 탕이 끓고 재료가 고루 익게 되면 화자시畵磁匙(《기산풍속도》에 그려져 있는 자기 숟가락)로 떠내어 먹는다. 재료는 소갈비 고기·양·천엽을 데쳐 내어 채로 썬 것, 닭고기·꿩고기를 채로 썬 것, 붕어·숭어·전유어를 썬 것, 건전복·해삼·파·부추·미나리·순무·무·

207

생강·고추·천초·후추·잣·대추·달걀 등을 쓴다.

7~8사발의 물이 들어가는 대야만 한 신설로 틀을 사용하였다는 것은 적어도 4~5인이 둘러앉아 먹었음을 뜻하고, 또 이 음식은 국물이 많은 탕 종류였으며, 이를 떠먹을 때에는 화자시를 사용한다는 것이다. 중복되는 감이 있지만, 화자시는 중국의 수저이기 때문에 이것 또한 신설로가 중국에서 왔음을 암시하는 내용이다.

《옹희잡지》에 등장한 대야만 한 신설로는, 구한말이 되면 신선로란 명칭으로 고착되어 대야만 한 크기에서부터 1인용의 신설로까지 다양한 크기로 여전히 인기 있는 조선음식의 대표로 자리 잡게 된다.

1928년 경성여행사에 근무하였던 것으로 보이는 청수성구淸水星丘라는 일본인이 조선 요릿집에서 조선요리를 먹고 기록한 글에는 다음과 같은 내용이 들어 있다.

요리 중에서 가장 눈에 띄는 것은 신선로이다. 이것은 중앙에 연통이 있고 그 속에 숯불이 들어 있기 때문에 연통 주위의 음식이 끓는 작은 냄비이다. 주문하면 한 사람 앞에 한 개의 신선로가 나온다. 신선로 안의 내용물은 소고기·튀김·은행·호두·죽순·버섯·잣·밤·달걀·두부이다.

| 면신설로 |

조선왕조 궁중연회식 의궤를 표본자료로 할 경우, 임진왜란 이후 조선왕조에서 즐겨 먹었던 면류는 다음의 표에 나타난 바와 같이 6종류가 있다.

면신설로麵新設爐는 1868년의 《진찬의궤》에 기록되어 있는 것이 유일한

【조선왕조 궁중연회식 의궤에 등장하는 면류】

	1719	1765	1795	1827	1828	1829	1848	1868	1873	1877	1887	1892	1901	1902
면		○	○	○	○	○	○		○	○	○	○	○	○
목면		○	○											
냉면							○		○					
건면							○		○	○	○	○	○	○
면신설로								○						
도미면													○	

자료로서, '새로운 노를 사용한 면'이라는 뜻이다. 신설로를 사용하는 음식으로는 면신설로 외에 열구자탕이 있다. 그런데 이 열구자탕은 1795년에 나온 《원행을묘정리의궤》를 기점으로 등장하고 있기 때문에, 당시의 북학北學과 관련된 시대적 상황으로 미루어 볼 때 청나라의 훠궈쓰라는 음식의 영향을 받은 결과가 신설로新設爐이고, 신설로를 사용해서 만든 탕이 열구자탕이며, 신설로를 사용해서 만든 국수가 면신설로이다. 훠궈쓰라는 음식을 담는 그릇은 우리나라의 신설로 틀과 같다.

《진찬의궤》(1868)에 기록된 면신설로의 재료 구성을 보면 도가니·닭·달걀·후춧가루·간장·메밀국수 6종류이다. 비록 6종류에 불과한 재료 구성이라 할지라도, 도가니와 닭이 갖고 있는 약선적 효능이 메밀국수가 갖고 있는 단점을 보완하도록 재료 구성에 신경을 쓴 것으로 보인다.

- 도가니: 실혈失血에 좋고 모든 질병을 치료한다. 성온性溫하다.
- 닭: 성온하고 오장을 보익하며 골수를 더한다. 양기를 도울 뿐만 아니라 정精을 보하고 소장을 따뜻하게 한다.

---

7 김상보, 《조선왕조 궁중음식》, 수학사, 2004 ; 김상보, 《조선왕조 궁중의궤 음식문화》, 수학사, 1995.

• 메밀: 성한하고 오랫동안 먹을 때에는 어지럼증과 같은 면독麵毒이 발생한다.[7]

다시 말해 면신설로의 약선적 구성은 '메밀국수 ↔ 도가니·닭고기'이며, 1868년 《진찬의궤》에서 유일하게 소개되고 있는 면신설로에 대한 재료와 분량은 조선왕조의 면신설로 문화를 밝히는 데 더없이 귀중한 자료이다.

| 사라져 버린 시식 - 잡탕과 골동갱 |

조선왕조 궁중연회식 의궤에 거의 빠짐없이 등장하는 탕류 중에 잡탕이 있다. 궁중의 탕으로는 과제탕, 추복탕, 삼어탕, 생선화양탕, 해삼탕, 용봉탕, 금린어탕, 홍어탕, 당저장포, 염수당안, 염수, 저육장방탕, 완자탕, 금중탕, 열구자탕, 칠지탕, 골탕, 만중탕, 초계탕, 칠계탕, 저포탕, 양탕, 승기아탕, 가리탕, 임수탕, 계탕, 잡탕 등이 있는데, 이들 탕 중에서도 잡탕의 출현 빈도가 가장 많은 것으로 보아 가장 즐겨 먹었던 탕이 아닌가 한다.

【조선왕조 궁중연회식 의궤에 등장하는 잡탕】

1643	1719	1795	1827	1828	1829	1848	1868	1873	1877	1887	1892	1901	1902
잡탕	잡탕	잡탕 별잡탕	잡탕	잡탕	잡탕	잡탕	잡탕	잡탕	잡탕	잡탕	잡탕	잡탕	잡탕

《진작의궤》(1828)에는 잡탕의 재료 구성을 '소고기 등심, 소양, 곤자소니, 두골, 돼지아기집, 돼지사태, 닭, 해삼, 전복, 오이, 박고지, 무, 표고버섯, 간장, 후춧가루, 잣'으로 기록하고 있다. 이것으로 잡탕은 수조어육류·야채류 등 다양한 재료가 사용된 탕임을 알 수 있는데, 이 잡탕이 《동국세시기》에는

'골동갱骨董羹'으로 명칭이 바뀌어 11월 동짓달 시식으로 소개되고 있다. 즉 궁중의 잡탕이 경성의 시식으로 나타난 것이다.

골동갱骨董羹: 골동이라는 것은 여러 가지라는 뜻으로, 여러 가지 재료를 골고루 섞어서 끓인 국을 골동갱이라고 한다.

동짓달 시식인 골동갱은 다름 아닌 잡탕인데, 이 잡탕은 다음과 같이 끓인 국일 것이다.

양지머리와 갈비 삶은 국물에 소의 허파와 창자, 소의 양, 통무, 다시마를 넣고 푹 삶아 꺼내어 골패 모양으로 썰고, 고비·도라지·파·미나리는 밀가루를 묻히고 달걀을 씌워 부쳐서 골패 모양으로 썬 다음 합해 끓고 있는 국물에 넣어 끓여서 그릇에 퍼 담고 모지게 썬 달걀 황백지단을 얹는다.[8]

다시 말해 소갈비, 소 양지머리, 소 부아, 소 창자, 소의 양, 통무, 다시마, 고비, 도라지, 미나리, 파, 밀가루, 달걀, 식용유, 양념 등으로 재료 구성이 이루어진 것이 1800년대 궁중을 떠난 반가의 잡탕이었으며, 11월의 시식으로 자리하고 있었던 것이다.

반가 조리서에 나타난 탕류 찬품은 다음과 같다.

• 《음식방문》(1800년대 중반): 잡탕, 열구자탕, 어느름탕, 금강동탕, 게탕, 연포탕, 추포탕, 금중탕.
• 《윤씨음식법》(1854): 잡탕, 열구자탕, 개장, 소탕.

---

[8] 《시의전서》(1800년대 말경).

• 《규곤요람》(연세대본, 1896): 구자탕(신설로), 육개장.

• 《이씨음식법》(1800년대 말): 열고자법, 금중탕, 완자탕, 제호탕, 부어탕, 승가기탕.

• 《시의전서》(1800년대 말): 떡국(餠湯), 토란국, 두부전골, 잡탕, 열구자탕, 개탕, 연포국, 쇠꼬리국, 완자탕, 애탕, 육개장, 생선국, 생치국, 송이국, 알국, 전골, 천엽조치, 생선조치, 선지조치, 무왁조치, 곰국, 양즙, 왜각탕, 외무름탕, 연계탕.

| 궁중식 용봉탕 |

용봉탕이란 용과 봉황이 들어 있는 탕을 뜻한다. 용은 숭어 또는 붕어, 봉은 닭이다. 조선시대 용봉탕은 그다지 인기 있었던 탕은 아니었던 것 같다. 조선왕조 궁중연회식 의궤에 용봉탕은 1800년대 말인 1892년부터 1902년까지 짧게 등장하며, 일반 민가의 용봉탕도 고종 때 이기원이 지은 《농가월령》에 비로소 처음 등장한다.

조선왕조에서 먹던 용봉탕의 재료는 용을 숭어 또는 붕어로 삼은 것이 특징인데, 그 재료 구성은 '숭어·닭(《진찬의궤》, 1902)'으로 일정하지 않았다. 이와 같이 조선왕조에서 숭어와 붕어로 용봉탕의 용의 재료로 삼은 이유는 용의 상징인 잉어와 장어(뱀)를 피한 까닭이다.

조선시대 말까지 궁중에서 먹지 않았던 어류에는 장어·삼치·쥐치가 있다. 장어는 용의 상징인 뱀과 비슷하다고 해서 먹지 않았고, 삼치와 쥐치는 불길한 생선이라 하여 먹지 않았다. 조선시대에 용은 왕을 상징하였기 때문에 왕이 입는 옷도 곤룡포袞龍袍라 하였다. 그리하여 장어와 뱀은 식품에서 제외되었으며, 잉어는 '잉어가 뛰어넘어 용이 된다'는 전설에서 등용문登龍

門이 나온 바와 같이 잉어도 용으로 상징되어 궁중의 용봉탕에서는 제외되었던 것이다.

《규합총서》에 나타난 잉어에 대한 다음의 기록은 잉어와 용과의 관계를 잘 말해 주는 대목이다.

겨울에 얼음이 언 후는 좋고 봄에는 풍병을 일으킨다. 그 비늘을 길이로 세면 36린鱗이니 그중 거꾸로 붙은 비늘이 하나라도 있으면 용족龍族이니 먹지 말라.

잉어 비늘의 숫자는 36개이고 이를 66으로 가리켰는데 용이 되면 비늘이 81개이고 이를 99로 가리켰으니까, 66이 거꾸로 되면 99가 되는 고로 비늘이 하나라도 거꾸로 있으면 용족이라는 이야기이다.[9] 또 명나라 때 이시진 (1518~1593)이 엮은 약학서 《본초강목本草綱目》(1590)에는 다음과 같은 대목도 나온다.

당나라 때 잉어(鯉)를 먹으면 그 벌로 곤장이 60이라, 이것은 국성國姓인 이李와 음이 비슷하기 때문이라 한다. 그때 사람들은 감히 잉어라 부르지 못하고 적혼공赤鯶公이라 하였다.

당나라와 마찬가지로 이씨李氏 왕조였던 조선왕조에서 용봉탕의 재료로 잉어를 배제한 까닭이 이로써 분명히 드러난다. 하지만 우리나라의 일반 민중들은 잉어를 먹었다.[10]

---

9 《たべもの日本史總覽》, 신인물왕래사, 1993.
10 《산림경제》(1715);《증보산림경제》(1766) ;《규합총서》(1815) ;《임원십육지》(1825~1827).

| 관노들의 음식이었던 추어탕 |

조선시대의 어떠한 조리서에도 추어탕이란 명칭의 음식은 없다. 그러므로 추어탕은 반가에서 먹지 않았다는 해석이 가능하다. 추어탕에 대해 언급하고 있는 최초의 문헌은 조선 후기의 학자 이규경(1788~?)이 쓴 백과사전류의 책인 《오주연문장전산고五洲衍文長箋散稿》(1850년경)인데, 여기에서 추두부탕鰍豆腐湯이란 이름으로 설명하고 있다.

미꾸라지를 물이 담긴 항아리에 넣고 하루에 3회 물을 바꾸어 주면서 5~6일 지나면 진흙을 다 토해 낸다. 솥에다 두부 몇 모와 물을 넣고 여기에 미꾸라지 50~60마리를 넣어서 불을 때면 미꾸라지는 뜨거워서 두부 속으로 기어들어 간다. 더 뜨거워지면 두부의 미꾸라지는 약이 바싹 오르면서 죽어 간다. 이것을 참기름으로 지져 탕을 끓이는데, 이 탕은 경성의 관노館奴[11]들 사이에서 성행하는 음식으로 독특한 맛을 즐긴다.

1850년경 백정들이 먹던 추두부탕은 《조선무쌍신식요리제법》(1924)이 나온 시기에는 어느 정도 대중화되었는지 추탕鰍湯·별추탕別鰍湯이란 명칭으로 조리법이 등장하고 있으며, 양자 모두는 두부를 사용하고 있다.

미꾸라지에 물을 붓고 소금을 뿌리면 대단히 요동을 친다. 2분 동안 두었다가 맹물에 두 번 부으면 진흙을 전부 토해 낸다. 찬물에 소고기 업진육·사태육을 넣어 무르도록 끓여서 고기는 꺼내고 국물은 식힌다. 국물이 더우면 밀가루가 풀리지 않기 때문이다. 국물에 밀가루를 걸쭉하게 풀고, 두부를 납

---

[11] 관노를 반인泮人이라고도 한다. 성균관 부근에 살던 특수 계층으로서, 소의 도살이나 소고기 판매를 직업으로 삼았다. 일종의 백정이다.

작납작하게 썰어 넣고, 고비·표고·송이버섯을 굵직굵직하게 썰어 넣으며, 소곱창·소의 양도 삶아 썰어 넣는다.

여기에 생강 다진 것, 고추 다진 것, 파 다진 것을 넣고 불을 들여 타지 않게 휘저어 가며 끓이는데, 한소끔 끓으면 미꾸라지를 재빨리 쏟아부은 후 뚜껑을 닫는다(미꾸라지가 튀어나오는 것을 방지하기 위함이다). 미꾸라지가 어느 정도 익으면 뚜껑을 열고 저어 가며 끓인다. 완전히 익으면 달걀로 줄알을 쳐서 그릇에 담는다. 먹을 때 후춧가루나 계핏가루를 넣어 국수를 말아 먹으면 좋다. 생강을 많이 넣는 것이 제일 좋다.

오늘날 우리들이 먹는 추어탕과는 전혀 다른 호화스러운 추어탕으로서, 미꾸라지·소고기·소곱창·소의 양·고비·표고버섯·송이버섯·두부가 주재료가 되어 색다른 추어탕 문화를 형성하고 있는 것이다.

| 병갱과 떡국 |

병갱餅羹에 대한 기록이 처음으로 문헌에 등장하는 것은 《영접도감의궤》(1609)이다. 이때 조정에서는 명나라 사신 접대 찬품의 하나로 병갱을 책정하였다.

그럼 병갱은 과연 어떠한 음식이었을까. 《동국세시기》와 《경도잡지》와 《열량세시기》는 각각 정월 초하루와 섣달 그믐날 밤의 세찬으로 병탕餅湯(병갱)에 대해 적고 있다.

흰떡을 엽전과 같이 잘게 썰어서 간장국에 화합하여, 소고기·꿩고기와 고춧가루(蕃椒屑)를 섞어 익힌 것을 병탕이라 한다. 제사와 손님접대에 쓰는 세찬에 없어서는 안 된다. 육방陸放 옹翁의 《세수서사시歲首書事詩》주註의 향속鄕俗에 '세일歲日에 반드시 탕병湯餠을 쓰는데 이것은 동혼돈冬餛飩 연박탁年餺飥이니 다 옛 풍속에서 온 것이다'라 하였다.

- 《동국세시기》

흰떡을 손으로 주물러서 길게 만들어 두었다가 굳어지면 엽전같이 얇게 횡으로 썰어 꿩고기와 후춧가루를 넣고 국을 만든 것이다. 설에 없어서는 안 된다. 나이를 물을 때 떡국을 몇 그릇 먹었느냐고 묻기도 한다. 육방 옹의 《세수서사시》 주의 향속에 세일에는 반드시 탕병을 쓰는데 이것을 동혼돈 연박탁이라 하였다.

- 《경도잡지》

먼저 장국은 끓여 놓고 떡을 엽전 모양으로 잘게 썰어 넣은 다음, 돼지고기·소고기·꿩고기·닭고기 등을 섞어 넣어 그믐날 밤에 한 그릇씩 먹는데 이것을 병탕이라 한다. 보통 아이들에게 나이를 물을 때 떡국을 몇 그릇 먹었느냐고 묻기도 한다. 육방 옹의 《세수시》에 보면 석제여분박탁石祭餘分이라 하였고, 또 주의 향속에 세일에는 반드시 병탕을 쓴다고 하였으니 동혼돈 연박탁이라 함은 이것일 것이다.

- 《열량세시기》

이로써 1700년대와 1800년대에 병탕, 즉 떡국이 섣달 그믐날 밤과 정월 초하루의 세찬으로 자리 잡았다는 것과 주재료는 흰떡이었음을 분명히 알 수 있다. 당시에는 흰떡을 권모拳模라고도 하였고 백병白餠, 즉 흰떡이라고도 하였다. 《열량세시기》와 《동국세시기》에는 흰떡 만드는 방법 또한 기록되어 있다.

권모拳模: 좋은 도미稻米로 가루를 만들어 물을 넣고 반죽해 쪄 낸 뒤 목판 위에 올려놓고 절굿공이로 찧는다. 그다음 적게 떼어서 손으로 굴려 떡 모양을 문어다리같이 길게 만든 것을 권모라 한다.

- 《열랑세시기》

백병白餠: 쪄 낸 멥쌀가루를 큰 목판 위에 올려놓고 나무 떡메로 여러 번 쳐서 긴 다리같이 만든 떡을 백병이라 한다.

- 《동국세시기》

멥쌀가루를 익반죽해 만든 떡을 여러 번 쳐서 손으로 문어다리같이 굴려 빚어 길게 만든 것을 권모 또는 백병이라 한다는 것이다. 지금의 가래떡 전신이다. 반가나 일반 민중들은 17세기와 18세기에 떡국을 해서 먹을 때 재료로 멥쌀가루를 100퍼센트 사용해 권모를 만들어서 굳힌 뒤 엽전 모양으로 썰어서 끓고 있는 장국에 넣어 끓여 먹었지만, 궁중에서는 그렇지 않은 것 같다.

앞서도 말했다시피 궁중에서 떡국에 대한 기록이 처음 등장하는 것은 1609년에 나온 《영접도감의궤》이다. 궁중에서는 떡국을 병탕이라 하지 않고 병갱이라 하였다. 그러나 탕湯과 갱羹은 모두 '국'을 뜻하는 한자어이기 때문에 병갱과 병탕은 결국 떡국을 뜻한다.

궁중에서의 떡국 재료와 분량에 대한 최초의 기록은 《원행을묘정리의궤》(1795)이다. 여기에서는 멥쌀가루를 섞어 쪄 낸 뒤 쳐서 권모를 만들어 끓고 있는 장국에 넣고 끓이되, 고기로는 소고기·꿩고기·닭고기를 재료로 하고 있다.

《동국세시기》, 《경도잡지》, 《열량세시기》에 한결같이 등장하는 혼돈·박탁은 밀가루를 물로 반죽해 얇게 한 다음 고기를 싸서 삶은 것으로, 혼餛은 '경단·도래떡 혼'이고 돈餛은 '경단·도래떡 돈'이다. 그리고 밀가루 반죽을 손바닥으로 펴서 삶은 박탁에서, 박餺은 '밀수제비 박'이고 탁飥은 '밀수제비 탁'이다.[12] 그러니까 혼돈과 박탁의 주재료는 밀가루가 되는 셈이다.

원래 중국에서는 밀가루로 만든 것을 병餠이라 하였고, 쌀가루로 만든 것은 이餌라 하였다. 한반도는 남쪽을 중심으로 활발하게 전개되었던 벼농사에 비해 밀농사는 상당히 좁은 지역에서만 경작했기 때문에 중국에서 밀을 수입하지 않으면 안 되었다. 그래서 밀가루를 진말眞末이라 하기도 했는데, 이것은 조선왕조 말까지 여전히 귀한 것이었다. 따라서 중국에서 사용했던 밀가루로 만든 떡이란 뜻의 병餠만을 채택하면서, 밀가루 이외의 곡식으로 만든 떡을 우리나라에서는 병餠이라 한 것이다.[13] 중국의 밀가루로 만든 혼돈·박탁이, 우리나라에서는 쌀가루로 혼돈·박탁을 만들어 이것을 병갱 또는 병탕이라고 하였다는 이야기이다.

시대를 내려와 1800년대 말 쓰인 것으로 보이는 《시의전서》에는 어떻게 기록되어 있는지 살펴보도록 한다.

탕병湯餠(떡국): 흰떡을 얇게 썰어 고개 장국이 팔팔 끓을 때 떡점을 잠깐 넣었다가 얼른 꺼내고, 생치生雉(꿩고기)를 맛나게 끓여 고기 볶은 즙을 타서 다시 떡점을 말고, 위에 약산적을 작게 하여 얹고 후춧가루를 뿌린다. 맛난 장국을 따끈따끈하게 끓여 곁에 놓고 부어 가며 먹는다.

떡국이란 명칭이 등장하고 병탕을 탕병이라 거꾸로 적고 있다. 병갱·병탕·탕병·떡국 등 다양한 명칭의 이 음식은 '조롱떡국'이라고도 하였다. 홍선표의 《조선 요리학》(1940)에는 조롱떡국에 대해 다음과 같이 적고 있다.

---

[12] 김상보, 《한국의 음식생활문화사》, 250쪽, 광문각, 1997.
[13] 김상보, 《한국의 음식생활문화사》, 246쪽, 광문각, 1997.

백병白餅을 어석어석 길게 써는 것은 전국적이지만, 개성만은 이조李朝 개국 초에 고려의 臣心으로 이조를 이렇게 하는 모양으로 떡을 비벼 가지고 끝을 비비 틀어서 경단 모양으로 잘라 내어 생떡국처럼 끓여 먹는데 조롱떡 국이라 한다.

찜류

| 정조대왕이 잡수신 황구찜 |

한반도에서 개고기를 식용한 역사는 깊다. 문헌에 기록된 것만을 놓고 볼 때에도 부여시대로 거슬러 올라간다. 부여에서는 6축六畜이라 해서 여섯 가지 가축의 이름으로 관직명을 지었는데, 구가狗加도 그중 하나였다.[1]

개고기 식용은 아마도 불교 전개 이후 살생을 금지하면서 쇠퇴하였으리라고 보이지만, 조선왕조 개국 이후 유교를 표방하면서 숭유주의에 의한 주대로의 복고주의에 따라 다시금 적극적으로 환원되었다. 향음주례에서 술안주로 등장하는 등 유교에서는 개고기가 각종 의례에서 안주가 되었을 뿐만 아니라 개를 제사의 희생물로 쓰고 제사 이후에는 음복하는 문화를 갖고 있었다.[2]

더군다나 개고기에는 약선적인 요소도 가미되었다. 《동의보감》에는 개고기를 가리켜 '성온性溫하고 무독하며 오장을 편안하게 하고 위와 장을 튼튼하게 한다. 골수를 충족시킨다. 허리와 무릎을 따뜻하게 할 뿐만 아니라 혈액을 통하게 하고 양도陽道를 일으켜 기력을 증진시킨다'고 하고 있다. 숭유주

---

[1] 《후한서》, (부여전) ;《삼국지》, (부여전).
[2] 《예기》;《의례》.

의에다가 이 같은 약선적인 요소도 가미되어 조선시대에 개고기 조리는 크게 발달했다. 《음식지미방》을 통해 개장·느르미·수육·찜으로 분류한 조리법을 알아본다.

개장: 개를 잡아 뼈를 발라 버리고, 고기는 여러 번 씻어 솥에 넣고 간장 1되, 참기름 1종지, 깨소금 1되를 넣고, 후추·천초를 넣어 물을 붓고 끓인다. 고기가 잘 무르면 가리는 찢고 내장은 썰어서 쓴다.

개장국느르미: 개를 잡아 끓는 물에 삶아서 뼈를 발라 버리고, 고기는 여러 번 물에 씻은 다음 다시 솥에 넣고 깨소금·간장과 합해서 다시 삶는다. 이 고기를 어슷어슷하게 썰어 즙을 친다. 즙은 물에 진가루(밀가루)를 풀고 기름과 간장을 합해 한소끔 끓인 다음 파를 두들겨 넣는다. 즙은 너무 걸쭉하지 않게 하고 후추·천초를 넣고 대접에 푼다.

수육: 황구黃狗에게 황계黃鷄를 한 마리 먹인 다음 대엿새쯤 지난 후 그 개를 잡아 뼈를 발라 버리고 고기를 여러 번 물에 씻은 후 작은 항아리에 넣는데, 여기에 청장 1사발, 참기름 5국자를 합해 항아리 주둥이를 김이 새지 않게 밀봉한다. 이것을 중탕으로 오랫동안 삶아 무르게 익힌다. 초장에 파를 넣어 찍어 먹는다.

찜: 황백견이 가장 좋다. 가리와 부아(허파)·간은 끓는 물에 살짝 삶아 낸다. 간장에 깨소금을 합해 고기와 함께 시루나 혹은 항아리에 담아 무르도록 찐다. 항아리의 입을 촘촘하게 막대기로 막고 같은 크기의 다른 항아리를 거꾸로 맞대는데 두 항아리 사이에서 김이 새지 않게 시룻번처럼 바른 다음 위의 항아리가 뜨겁도록 찐다. 무는 어슷어슷 썰고 가리는 찢어서 초·겨자를

찍어 먹는다.

《음식지미방》의 개고기 요리는 오늘날의 조리개념과는 좀 색다른 느낌이 든다. 물에 삶아 낸 개고기에 밀가루 소스를 끼얹어 먹는 것이 느르미이고, 수육과 찜 양자는 중탕으로 만들고 있다. 《음식지미방》(1670)이 나온 지 245년 이후인 《부인필지》(1915)에는 물에 삶은 개고기 요리를 소개하고 있다.

개고기는 피를 씻으면 개 냄새가 난다. 피가 사람에게 유익하니 버릴 것이 아니라 개 잡을 때 피를 그릇에 받아 고깃국에 넣고 차조기잎을 뜯어 넣은 후 끓이면 개 냄새가 나지 않는다. 눈이 붉은 개는 미친개이니 먹지 말고, 매월 술일戌日에도 개를 먹지 말며, 황구가 눈까지 누런 것은 토색土色으로 비위를 보하고 부인 혈분에 명약이다. 흑구가 꼬리와 발까지 검은 것은 임계수색壬癸水色으로 남자 신경에 성약하다. 살찐 개를 잡아 피를 씻지 말고 내포內包(내장)만 씻어 간장에 고추장을 섞어 넣고, 참기름에 초·깨·소금·후추·미나리·파를 넣고 무르도록 삶는다. 익으면 살을 손으로 뜯어 양념한다. 국을 끓일 때에는 밀가루는 풀지 않는다.

《음식지미방》에도 찜에는 황견이 좋다고 했는데, 《부인필지》에서는 눈까지 누런 황구는 토색으로 비위를 보한다고 설명하고 있다. 황구라고 하는 구체적인 언급은 《원행을묘정리의궤》에도 나타난다. 구증狗蒸이라고 이름 붙인 이 찬품은 재료와 분량으로 '황구 1수·소고기 안심육 1부·숙저熟猪 1각·진계陳鷄 2수·파 30단·참기름 2되·잣 2홉·참깨 1되·후춧가루 1전·고추 20개·장 7홉, 밀가루 5홉'인 것을 볼 때, 밀가루가 들어간 찜임을 알 수 있다. 국을 끓일 때에는 밀가루를 풀지 않는다는 《부인필지》에 나타난 말은, 국 외의 찜에는 밀가루가 들어간다는 해석이 가능하기 때문에 《원행을묘정리의궤》

의 구중에 들어 있는 밀가루는 어색할 것이 없다. 조리법은 《음식지미방》의 '개장국느르미'와 같이 하되, 《음식지미방》에서는 고기를 삶았으나 《원행을 묘정리의궤》에서는 중탕해 쪄서 어슷어슷하게 썬 다음 밀가루 소스를 끼얹는 것이다.

《원행을묘정리의궤》의 '구증(황구찜)'이 암시하듯이 조선왕조에서 개고기 요리를 찜 형태로 조리해 먹었다는 것은 조선시대에 개고기조리법은 단연코 찜요리가 우세했음을 나타내는 것이다. 이 찜은 항아리 속에 넣어서 찌는 건열식 찜을 즐겨 한 것 같다.

개는 황자黃者가 대보大補하고 흑자黑者가 다음이다. 개고기를 술·초·소금·참기름·장 등과 섞어 동아 속에 가득히 넣고 뚜껑을 다시 닫아 밀봉해 짚에 싸서 새끼로 동여 왕겻불 속에 묻어 하룻밤 재운다. 이튿날 꺼내면 고기맛·동아맛 모두 좋다. 만일 동아가 없으면 외관을 써도 좋다.[3]

조선 중기의 문신 김광욱(1580~1656)의 시에는 '닭찜 개찜 올벼(早稻) 점심 날 시키소'라는 구절이 있다. 이것을 보면 건열식 찜이든 중탕형 찜이든 조선시대의 개고기 찜은 왕에서부터 서민에 이르기까지 애용된 찬품이었던 것 같다.

반가 조리서에 나타난 찜류 찬품은 다음과 같다.

• 《음식방문》(1800년대 중반): 창자찜, 양찜, 물고기찜, 석이찜, 생치찜, 가지찜, 부어찜, 닭찜, 외찜, 호박찜, 준치찜, 서여찜, 칠양계.
• 《역주방문》(1800년대 중반): 우양증, 우장증, 양증, 동과증, 해삼증.

---

[3] 《임원십육지》(1826~1827).

- 《윤씨음식법》(1854): 생포찜, 무찜, 무선, 묵찜, 소찜, 배추선.

- 《규곤요람》(연세대본, 1896): 전복숙, 숭어찜.

- 《이씨음식법》(1800년대 말): 도미찜.

- 《시의전서》(1800년대 말): 동과선, 호박선, 배추선, 고추선, 전복숙, 숭어찜, 붕어찜, 연계찜, 송이찜, 죽순찜, 돼지새끼찜, 아저찜, 메추리찜, 게찜, 고사리찜, 봉통찜, 가리찜, 수란, 건수란, 어교 순대, 도야지순대.

| 숙종대왕이 잡수신 어묵 - 생선숙편 |

숙종 45년(1719)의 기록인 《진연의궤》에는 생선숙편生鮮熟片이란 찬품이 있고, 이 음식의 재료 구성으로 '대생선 3미, 간장 3홉, 녹말 1되 5홉, 참기름 3홉, 잣 5작'이라는 기록이 나온다. 생선과 녹말의 구성 비율로 보았을 때, 생선 으깬 것에 녹말·참기름·간장을 넣고 차지게 섞어 틀에 넣어 쪄 낸 다음 이것을 편片으로 썰어서 잣가루를 넣은 간장에 찍어 먹었던 것으로 생각된다. 즉 생선어묵이다.

생선숙편은 이후 기록에서는 사라졌지만 《진찬의궤》(1829), 《진연의궤》(1901), 《진연의궤》(1902)에 생선문주生鮮紋珠란 세련된 명칭으로 변모되어 나타난다.[4]

일본에는 생선묵을 가마보고라 하는데, 중국어 역관이었던 이표가 지은 《수문사설》(1746)에는 생선묵에 대해 일본의 이름인 가마보고를 加麻甫串(가마보곶)이라고 표기해 소개하고 있다.

숙종대왕께서 잡수신 생선숙편과 이표의 가마보고와는 어떠한 상관관계가 있는지 현재로서는 알 길이 없으나, 당시 일본으로부터 들여온 것은 전부

---

[4] 김상보, 《조선왕조 궁중의궤 음식문화》, 397쪽, 수학사, 1995.

'왜倭' 자를 붙였기 때문에,[5] 생선숙편이 일본에서 들여온 문화라면 '왜' 자가 생선숙편의 앞에 붙어 왜생선숙편이 되든지 가마보고가 되어야 옳다.

생선묵(가마보고)이 조선통신사를 통해 일본으로부터 전래된 음식이라고는 생각되지 않는다. 필자는 오히려 우리의 생선숙편이 일본에 전해져 가마보고가 되었으며, 그곳에서 발달한 어묵이 우리나라에 역수입되었다고 보는 것이다. 어쨌든 1719년의 생선숙편은 그로부터 170여 년이 지난 후에는 생선문주란 화려한 찬품으로 조선왕조의 연회에 등장하고 있다. 이 생선문주가 일본 가마보고의 영향을 받아 생선문주가 된 것이 아닐까 하고 생각한다.

---

[5] 예를 들면 일본에서 들여온 당을 왜당倭糖이라 하였고, 된장을 왜토장倭吐醬이라고 하였다.

구이류

| 설야멱 |

설야멱雪夜覓은 소고기구이의 궁중용어이다. 《수작의궤受爵儀軌》(1765)에 기록되어 있는 설야멱의 재료 구성을 보면 소고기 안심육·소고기 사태육·참기름·소금으로 되어 있기 때문에, 재료 구성상 소고기에다 소금과 참기름을 발라 불에 구운 음식이 설야멱이라고 볼 수 있다. 《해동죽지》(1925)에 다음과 같은 기록을 보자.

설야적雪夜炙은 개성부에서 예부터 내려오는 명물로서 만드는 법은 소갈비나 소 염통을 기름과 훈채葷菜로 조미해 굽다가 반쯤 익으면 냉수에 잠깐 담갔다가 센 숯불에 다시 구워 익히면 눈 오는 겨울밤의 술안주에 좋고 고기가 몹시 연해 맛이 좋다.

설야적과 설야멱은 같은 음식이다. 개성의 명물인 설야적은 눈 오는 날 밤에 구워 먹는다는 것이다. 그런데 설야멱의 멱覓은 '구할 멱·찾을 멱'이다. 따라서 '눈 오는 날 밤에 찾는 음식'으로 풀이된다. 개성부에서 예로부터 내려오는 명물이란 의미는, 고려시대부터의 명물이라는 확대 해석이 가능하다. 그런데 원나라의 조리서 《거가필용》에서 돼지갈비구이를 설야멱 식으로 굽는다고 하고 있다.[1] 그렇다면 고려 말에 《거가필용》의 영향을 받아 생겨난 음식이지만, 재료가 돼지고기에서 소고기로 바뀐 것이다.

설야멱은 꽂이구이이다. 이에 대해 고문헌에서는 다음과 같이 기록하고 있다.

소고기 등심을 넓이 10센티미터 길이 35센티미터로 손바닥 두께만큼 두껍게 썰어서 편을 만들고 칼등으로 두들겨 연하게 한 뒤 대나무 꼬챙이에 꿰어서 참기름과 소금으로 조미한다. 차곡차곡 재워 놓았다가 기름이 충분히 스며들면 숯불에 굽는데…… 구운 것을 급히 물에 한 번 담갔다가 굽고 또 물에 담갔다가 굽는 것을 세 번 되풀이한 다음 기름을 바른 후에 또 굽는다. 그러면 매우 연하고 맛이 좋다.

- 《산림경제》

소갈비 고기를 개성식의 설야멱처럼 물에 담그어 가면서 굽는다.

- 《옹희잡지》, 《증보산림경제》

설야멱을 일명 곳적이라 하는데 이것은 대나무꽂이로 소고기를 꿰어서 굽는 것이다.

- 《세시기歲時記》[2]

소고기를 편으로 썰어 소금과 참기름만으로 조미해 꽂이에 꿴 다음 숯불에 올려놓아 굽다가 반쯤 익으면 찬물에 담갔다가 꺼내어 굽는 것을 세 번

---

[1] 이성우, 《한국요리문화사》, 181쪽, 교문사, 1999.
[2] 《세시기》는 조선 후기의 시인 조수삼이 지은 책이다.

반복해 굽는다고 요약할 수 있는 설야멱은, 앞서 조선왕조에서 나온 《수작의궤》에서의 재료를 소개한 바와 같이 소고기 안심육과 아롱사태가 최상의 재료가 된 듯 보인다. 그러나 소고기 안심육과 아롱사태를 재료로 사용한 계층은 궁중을 포함한 상류층이었으며, 그 외에 소갈비·소의 염통·소의 양·가지도 설야멱의 재료가 되었다.[3]

꽂이에 꿰어 불에 직접 굽는 설야멱은 철이 많이 생산됨에 따라 1800년대 초반에는 철사로 만든 석쇠를 사용하게 되었다.[4] 즉 석쇠구이가 생겨나면서 꽂이에 꿰어 굽는 방식은 서서히 사라지게 된 것이다.

궁중에서의 설야멱雪夜覓은 《음식지미방》(1670)과 《산림경제》(1715) 그리고 《규합총서》(1815)에서는 설하멱雪下覓 혹은 설하멱적雪下覓炙으로 이어져 조선시대의 대표적인 꽂이구이 음식의 하나로 자리 잡았으나 철사 석쇠 때문에 사라져서 지금은 옛 음식의 하나가 되었다.

| 느르미·느름적·어음적·화양적 |

조선시대 중기에는 밀가루로 소스를 만들어 구이나 찜 위에 끼얹는 음식이 발달해 있었다. 이런 유의 음식을 '○○느르미'라고 하였다. 예컨대 개고기를 삶아 썰어 느름한 즙인 밀가루 소스를 끼얹는 것을 '개장느르미'라 하였다.

느르미란 한자의 '인引'에서 출발한 것이다. 《역주방문歷酒方文》(1800년대 중반)에서는 우육느르미를 우육인牛肉引으로 적고 있다. 인引은 '활 당길 인'으로서, 늘어난다는 의미를 지니고 있다. 곧 '○○느르미'란 늘어나는 소

---

[3] 《음식지미방》에서는 가지느르미 조리법을 설명하면서 '가지를 설하멱적처럼 단간장·기름·밀가루를 얹어 굽는다'고 하고 있다.
[4] 《임원십육지》(1825~1827).

스를 끼얹은 'ㅇㅇ음식'이란 뜻을 함축하고 있는 것이다. 조선시대 중기의 느르미는 1700년대로 접어들면서 자취를 감추고 대신 느름적이 등장한다. 느름적이란 꽂이에 꿴 것에 늘어나는 소스인 밀가루즙을 입혀 불에 구운 음식을 뜻한다. 느름적의 등장은 철이 많이 생산되면서 번철燔鐵의 대중화에 따른 것이다. 번철을 다른 말로 전철煎鐵 또는 철판鐵板이라 하였는데, 철판에 굽기 위해서는 타지 않도록 하기 위해 먼저 기름을 두르고 지지듯이 굽는 것이 좋다. 이 지지듯이 굽는 것을 다른 말로 '전煎'이라 하지만 굳이 '적炙'이라 한 까닭은 꽂이에 꿰었기 때문이다.

느름적의 궁중용어로는 어음적於音炙과 화양적華陽炙이 있다. 화양적의 전 단계가 어음적이다. 조선왕조 궁중연회식 의궤에 따르면 1765년의 《수작의궤》까지 어음적이 등장하고, 1795년부터 1902년까지의 의궤에는 화양적으로 등장한다.[5]

어음적이 화양적이 된 까닭은 볶기(卜只)다가 초炒로 된 경우와 같다. 화양적이란 의미는 태양꽃(花陽)과 같이 만든 적이란 뜻이다. 태양꽃의 의미에 대해서는 필자의 생각으로는, 연회음식으로서 화양적을 생각해야 될 것 같다. 꽂이에 꿰어 만든 적을 둥근 접시에 담을 때 빙 둘려 담고 고명을 얹은 모습이 태양꽃과 같은 형태라고 해석된다.

1700년대 말경의 실학사상과 북학의 수용에 대한 여러 가지 사회적 개혁요인이 음식의 명칭에도 반영되어 보다 중국적이 되면서 볶기는 초로 어음적은 화양적으로 명칭 변화를 일으켰다고 보지만, 그러나 화양적이 갖고 있는 철학적·종교적 의미는 중국적이라기보다는 고구려와 백제가 지니고 있었던 태양숭배사상과 가깝다고 본다.

태양꽃이란 곧 수련이다.[6] 수련은 동명신東明神을 맞이하는 상징체계이기

---

[5] 김상보, 《조선왕조 궁중의궤 음식문화》, 384~388쪽, 수학사, 1995.
[6] 서정록, 《백제금동대향로》, 156~191쪽, 학고재, 2001.

【화양적】

도 하다. 조선왕조의 연회음식에 서 차지하는 화양적의 위치는 곧 수련을 뜻하며, 조상신인 동명신 을 맞이하기 위한 음식으로 확대 해석이 가능하다. 어음적이란 명 칭보다는 화양적이 보다 조상신 을 맞이하는 데 적합한 명칭으로 판단되어 변한 명칭이 화양적이 라고 필자는 본다. 화양적은 동 명신을 맞이하기 위한 수련의 상 징체계인 것이다.

조선왕조 궁중연회식 의궤에 나타나는 어음적과 화양적을 살펴보면 다음 과 같다.

- 《진연의궤》(1719) : 생복어음적, 낙제어음적, 계란어음적, 천엽어음적, 양 어음적.
- 《수작의궤》(1765) : 황육어음적.
- 《원행을묘정리의궤》(1795) : 각색화양적.
- 《자경전진작정례의궤》(1827) : 황적, 잡적, 화양적.
- 《진작의궤》(1828) : 황적, 잡적.
- 《진찬의궤》(1829) : 각색화양적, 화양적, 생복화양적, 어화양적, 낙제화양 적, 압란화양적, 양화양적, 천엽화양적.
- 《진찬의궤》(1848) : 각색화양적.
- 《진찬의궤》(1868) : 잡적, 각색화양적.

• 《진찬의궤》(1873) : 잡적, 각색화양적, 화양적.

• 《진찬의궤》(1877), 《진찬의궤》(1887) : 각색화양적, 화양적.

• 《진찬의궤》(1892) : 각색화양적, 화양적, 생복화양적, 어화양적, 낙제화양적, 동과화양적.

• 《진연의궤》(1901), 《진연의궤》(1902) : 각색화양적, 생복화양적, 어화양적, 낙제화양적, 동과화양적.

필자는 이상의 음식들을 각각의 재료와 특성에 따라 먼저 시대별로 분류한 후, 그다음에는 화양적만을 대상으로 재료 및 분량을 비교해 보았다.

【시대별로 구분한 어음적과 화양적】

《진연의궤》(1719)	《수작의궤》(1765)	《원행을묘정리의궤》(1795)	《진찬의궤》(1829)	《진찬의궤》(1892)	《진찬의궤》(1901,1902)
		각색화양적* ⇨	각색화양적 ⇨	각색화양적 ⇨	각색화양적
생복어음적 ┐			생복화양적 ⇨	생복화양적 ⇨	생복화양적
낙제어음적 ├──────── ⇨			낙제화양적 ⇨	낙제화양적 ⇨	낙제화양적
천엽어음적 ┘			천엽화양적		
계란어음적			압란화양적		
양어음적			양화양적		
황육어음적* ⇨ 황육어음적* ───────── ⇨			화양적 ⇨	화양적	
			어화양적 ⇨	어화양적 ⇨	어화양적
				동과화양적 ⇨	동과화양적

*각색화양적: '화양적'으로 기록되어 있지만 재료의 구성상 각색화양적임.
*황육어음적: 재료의 구성으로 보아 이후 화양적이 되었다고 사료됨.

이상에서 1829년의 화양적은 1765년과 1873년을 잇는 교량 역할을 해 주고 있음을 알 수 있다. 1765년과 1829년에는 재료에 밀가루가 들어 있고, 이 밀가루의 용도는 옷을 입히는 데 사용되었다고 보이며, 더욱이 1829년에서 유독 많은 재료와 분량이 책정되어 있는 달걀의 용도는 밀가루옷 위에 달걀을

231

【시대별로 구분한 화양적의 재료 및 분량】

	《수작의궤》(1765)	《진찬의궤》(1829)	《진작의궤》(1873)	《진찬의궤》(1877)	《진찬의궤》(1887)
	황육어음적	화양적	화양적	화양적	화양적
소우둔육	1/50척	2부	1부	1/2부	1/3부
달걀	1/2개	80개	20개	2개	2개
표고버섯	1작 5리	5홉			
참버섯	1작 5리				
밀가루	4작	3되			
참기름	1작	2되	3되	5홉	4홉
석이버섯		5홉			
도라지		2말	3말	5되	5되
쪽파		50단	15단	1.5단	1단
깨		2되	3되	5홉	4홉
간장	6작	2되	3되	3홉	1홉
후추	2리	3홉	5홉	2작	1작
소금		5홉			
잣		3홉			
마늘				2뿌리	2뿌리
생강				1작	1/2작
도가니			2부		

씌워 참기름에 지져 낸 것으로 필자는 보고 있다. 다시 말해 1765년에는 밀가루즙만을 입혀 지져 낸 느름적 형태이고, 1829년은 밀가루와 달걀을 입혀 지져 낸 느름적 형태이다. 옷을 입혀 지져 내는 느름적 형태의 화양적은 1873년 이후 사라지고, 이후로는 각 재료의 개성을 살리는 방향을 채택하고 있다. 주재료인 소고기·도라지·쪽파를 각각 양념해 참기름에 지져 낸 후 꽂이에 꿰어 내는 것이다. 더욱이 1877년과 1887년의 소고기 양은 1/2부이며 달걀 분량은 2개뿐이다. 1877년·1887년은 1765년과 마찬가지로 달걀이 고명 용도로 사

용된 까닭이다.

1765년에는 소우둔육·표고버섯·참버섯·밀가루, 1829년에는 소우둔육·표고버섯·석이버섯·밀가루·달걀, 1873년에는 소우둔육·도라지·쪽파·달걀, 1877년에는 소우둔육·도라지·쪽파, 1887년에는 소우둔육·도라지·쪽파로 주재료가 구성되었는데, 소우둔육·도라지·쪽파로 구성된 화양적은 1873년 이후의 일이다. 이상과 같은 화양적이란 명칭의 궁중음식이 1900년대 이후의 조리서에는 어떠한 재료 구성으로 이루어졌는가를 니다낸 것이 다음의 표이다.

【1900년대 이후 조리서에 나타난 화양적의 재료 구성】

《조선무쌍신식요리제법》 (1924)		《조선요리제법》 (1930)	《한국의 요리, 궁중음식》 (황혜성, 1988)
느름적(느르미·화양적)		누름적	화양적
(조리법1)	(조리법2)*		
소고기	소고기	고기	소고기 우둔육
도라지	도라지	도라지	도라지
박오가리		박오가리	
배추	미나리		
밀가루		밀가루	
달걀		달걀	달걀
	파	파	
			표고버섯
	*석이버섯채와 달걀지단 채를 고명으로 사용함		당근
			오이

1924년의 《조선무쌍신식요리제법》에는 느름적 형태와 재료 각각의 특성을 살려 꽂이에 꿴 형태의 두 가지 조리법을 제시하고 있다. 이 양자를 모두 느름적 또는 화양적이라 칭하고 있으며, 1930년의 《조선요리 제법》에서는 화

양적이란 명칭을 기재하지 않고 느름적이라고만 하고 있고, 1988년 황혜성이 쓴 《한국의 요리, 궁중음식》에서는 화양적이라고만 기재하고 있다. 앞서도 언급한 바와 같이 1924년의 《조선무쌍신식요리제법》에서 제시한 두 가지 조리법의 화양적은 조선왕조 궁중음식의 계승 차원에서 본다면 정확한 것이다.

느름적(느르미·화양적): 연한 고기를 2푼 두께로 저며서 너비 2푼 길이 2치씩 자른다. 도라지를 삶아 고기 길이와 똑같이 썰고 배추 데친 것과 박오가리도 고기와 같이 썬 다음 모두에 참기름·깨소금·후춧가루·다진 파를 넣어 양념한 후에 꽂이에 색 맞추어 꿴 다음 도마에 올려놓고 칼로 두들겨서 밀가루와 달걀을 씌워 지져 낸다. 이것은 제사에도 쓰고 일부러 만들어 먹기도 한다. 혼인이나 큰 잔치에 올릴 때에는 위의 것보다는 넓이도 좁고 길이도 적게 하여 도라지·고기·파·미나리만 꿰어 만드는데 고명으로 석이버섯채와 달걀지단채를 얹는다.

- 《조선무쌍신식요리제법》

1924년과 1930년에 소개되고 있는 느름적 형태의 화양적은, 황혜성이 쓴 《한국의 요리, 궁중음식》(1988)의 화양적에서는 사라지고 다만 재료 각각의 특성을 살려 꽂이에 꿴 것만을 화양적으로 소개하고 있다. 여기에서는 1943년까지도 존재하지 않았던 당근과 오이가 재료로서 첨가되고 달걀은 두껍게 지단을 지져 막대 형태로 썬 다음 꽂이에 꿰는 용도로 사용하고 있다. 따라서 황혜성의 화양적은 소고기·도라지·당근·오이·달걀황백지단·표고버섯의 7종류가 꽂이에 꿰어져 화려한 화양적으로 변신한 것이다. 하지만 단언컨대 이러한 화양적은 조선왕조 궁중연회식 의궤의 어떤 책에도 존재하지 않는다.

| 병자·빈자·빙자떡·빈대떡 |

오늘날 우리들이 즐겨 먹는 3대 기호음식 중 녹두로 만든 빈대떡이 있다. 빈대떡이란 어원의 기원은 빈자들이 먹던 음식에서 유래한다고도 하고,[7] 정동貞洞의 옛 이름인 빈대골에 빈자떡 장수가 많아서 빈대떡이 되었다고도 한다.[8] 그러나 필자의 생각은 다르다.

《영접도감의궤》(1634)에는 명나라 사신 접대 때 내놓은 음식을 기록하고 있는데, 여기에 병자餅煮란 찬품이 있다. 병자의 재료 구성을 보면 녹두와 참기름으로서, 녹두를 물에 불려 맷돌에 갈아 참기름에 지져 낸 것을 병자라 한 것임을 곧 알 수 있다. 그런데 1643년에 나온 《영접도감의궤》에서는 이와 똑같은 재료 구성의 음식을 녹두병菉豆餅이라 하고 있기 때문에 결국 병자와 녹두병은 같은 찬품으로 볼 수 있다.

필자는 이 궁중의 병자가 민간에 전해져 빈자가 된 것으로 생각한다.《음식지미방》(1670)에서는 '빈쟈법'이라 적고 다음과 같이 조리법을 설명하고 있다.

녹두를 뉘 없이 거피해 되직하게 갈아 번철에 기름을 부어서 끓으면 조금씩 떠놓는데, 이때 꿀로 반죽한 거피팥을 소로 놓고 또 그 위에 녹두 간 것을 덮어 빛이 유잣빛같이 되도록 지져야 좋다.

《음식지미방》의 빈자와 궁중의 병자와의 차이점은, 전자는 꿀에 반죽한 팥소를 넣고 후자는 팥소를 넣지 않았다는 차이가 있다. 어찌되었든 이 양자는 오늘날의 빈대떡 재료 구성과는 사뭇 다르다. 그로부터 약 150년 후에 나

---

[7] 이용기,《조선무쌍신식요리제법》, 124쪽, 영창서관, 1923.
[8] 이성우,《한국요리문화사》, 197쪽, 교문사, 1999.

온 《규합총서》(1815)에는 '빙자떡'이란 명칭 아래 다음과 같은 조리법이 보인다.

녹두를 되게 갈아 즉시 기름에 지지는데, 번철에 기름을 몸이 잠길 만큼 붓고, 녹두즙을 수저로 떠 놓는다. 그 위에 꿀에 버무린 밤소를 얹은 다음 다시 녹두즙을 덮고 수저로 염접해 눌러 가며 작은 꽃전(花煎) 모양으로 만들고, 위에 잣을 박고 대추를 잣의 주변 사면에 박아 지진다.

150년 전 《음식지미방》에서 '빈자'와 같은 방법이지만, 꿀에 버무린 거피 팥소 대신에 꿀에 버무린 밤소를 얹는 것과 잣과 대추로 꽃 모양의 고명 장식을 하여 보다 아름답게 만드는 차이밖에 없다.

그런데 이 병자·빈자·빙자떡이 《조선무쌍신식요리제법》(1924)에 와서는 '빈대떡'이라 적고 한자어로 '빈자병貧者餅'이라 하고 있는 것이다. 이 책을 근거로 한다면 한자어의 빈자병이 빈대떡으로 발음된 셈이다. 이 빈대떡은 오늘날의 빈대떡과 1800년대 초까지 먹었던 빙자떡의 중간 단계로 생각되기에 그 조리법을 적는다.

빈대떡(貧者餅): 녹두를 거피해 찹쌀과 함께 물에 담갔다가 매(맷돌)에 갈아서 달걀을 깨뜨려 휘저어 많이 섞은 다음 전병 부치듯이 부친다. 기름을 많이 넣어 부쳐야 맛이 좋으며, 달걀은 많이 넣을수록 서벅서벅해져서 좋다. ……떡 속에 넣는 것은 여러 가지이다. 물에 데쳐 낸 파·미나리·배추흰줄거리, 잘게 썰어 양념해 볶아 낸 소고기·닭고기·돼지고기, 기름에 볶아 낸 표고버섯·석이버섯·목이버섯·황화채, 물에 불려서 저민 해삼, 전복 및 실고추·실백, 채로 썬 밤채·대추채, 달걀을 완숙으로 삶아서 널찍널찍하게 저민 것 등등 무엇이든지 넣을 만한 것은 다 넣어 부친다. 초장에 찍어 먹는다.

갖은 야채·갖은 버섯·소고기·닭고기·돼지고기, 심지어는 밤·대추까지 녹두 간 것에 집어넣어 지지고 있다. 《음식지미방》이나 《규합총서》에서 제시했던 꿀에 버무린 거피팥고물소라든가 꿀에 버무린 밤소가 없어진 대신 녹두에 각색육류와 각색야채 그리고 밤·대추가 혼합되어 빈대떡이 되고 있는 것이다.

《영접도감의궤》(1634, 1643)에 기록된 지진 떡이라는 뜻을 가지고 있는 병자 또는 녹두병은 원래 소선의 하나였다. 고기가 들어 있는 재료를 전혀 사용하지 않은 찬품들로 구성된 상차림을 소선이라고 하는데, 이 지극히 불교의 살생 금지에 영향받은 소선은 고려왕조에 이어 조선왕조로 계승된 것이다.

'어전 소선'이라고 적힌 음식상에 포함되어 있던 병자는 전어생선煎魚生鮮(전유어에 해당) 대신에 올랐던 찬품으로 기록되어 있기 때문에,[9] 소선을 차릴 경우 당시 병자가 전유어를 대치하였다고 판단된다.

소선의 하나로서 전유어 대신 올랐던 지진 떡이라는 의미를 지니고 있는 궁중의 병자는 민가에 전해져 빈자로 불리다가 1800년대 초반에 빙자떡으로 불리게 되었다. 그러므로 빙자의 '빙'은 떡을 가리킨 '병'에서 유래한 단어이기 때문에 빙자떡이란 명칭 안에는 떡을 뜻하는 글자로 '빙'과 '떡', 이 두 글자가 들어 있는 셈이며, 《규합총서》(1815)에 나오는 '빙자떡' 역시 고기가 전혀 들어가지 않은 소선 찬품의 성격을 잘 반영하고 있는 것이었다.

1800년대 초까지 소선의 성격을 간직했던 빙자떡은 그로부터 100년 후인 《조선무쌍신식요리제법》에 기록된 바와 같이 소고기·돼지고기·닭고기를 넣은 빈대떡으로 변해져 현재까지 이어져 오고 있기 때문에, 1800년대 중반부터 1800년대 말 사이에 소선적 성격이 무너져 버린 것으로 판단된다. 《조선무쌍신식요리제법》의 빈대떡은 재료 중 밤채·대추채·달걀을 제외하면 현재

---

[9] 김상보, 《조선왕조 궁중의궤 음식문화》, 95쪽, 수학사, 1995.

우리들이 먹는 빈대떡과 매우 가깝다.

반가 조리서에 나타나고 있는 전류 찬품은 다음과 같다.

- 《음식방문》(1800년대 중반): 난적, 석이느르미, 화양느르미, 동아느르미, 계란느르미.
- 《역주방문》(1800년대 중반): 토란전, 두부전, 난적, 석화인, 우육인.
- 《윤씨음식법》(1854): 갖은 지짐, 소지짐, 게느르미, 생선느르미, 동아느르미, 제육느르미, 난느르미, 낙지느르미, 각색느르미, 생치느르미.
- 《이씨음식법》(1800년대 말): 동화느르미, 잡느르미.
- 《시의전서》(1800년대 말): 참새전유어, 느르미.

밥반찬이었던 젓갈

조선시대의 최상층부는 1일 7식을 먹었다. 이것은 중간중간에 다과상 3식을 포함해 7식인데, 아침 일찍 먹는 것을 조반早飯, 10시경 먹는 밥을 조반朝飯, 14시경에 먹는 밥을 주반 또는 중반中, 19시경에 먹는 밥을 석반이라 하였다. 대개의 경우 조반早飯은 죽상이라 하여 죽을 먹는 것이고, 나머지는 밥을 중심으로 차렸다.

다음의 그림은 1609년 명나라 사신에게 제공된 밥을 중심으로 차린 조반·주반·석반이다. 수저와 밥을 담는 그릇은 은으로 만든 은접시(銀貼)와 은바리(銀鉢)를 썼으나, 그 밖의 그릇은 자기로 만든 사발(椀), 접시(貼是), 종지(鍾子)를 사용해 음식을 담고 있다.

그림의 5에서 9까지의 '좇바디'(좇아 받드는 음식)는 이두 글자로 '추봉지追奉持'(받들어 올리는 생선과 육류로 만든 적으로 해석됨)'[1]라 쓴 것을 한글로 설명한 것이다. 이 다섯 종류의 생선과 육류로 만든 구이를 모아 한 그릇에 담은 것이 그림의 4에 해당하는 이른바 오색적합성五色炙合盛이다. 재미있는 사실은 5에서 9까지는 자기 사발에 담고, 5에서 9까지의 구이를 하나씩 덜어 모아 한 그릇에 담은 4는 자기 접시에 담았다는 사실이다.

작은 자기접시에 담고 있는 10은 각색해各色醢인데, 각색이란 여러 가지

---

[1] 김상보, 《조선왕조 궁중의궤 음식문화》, 68쪽, 수학사, 1995.

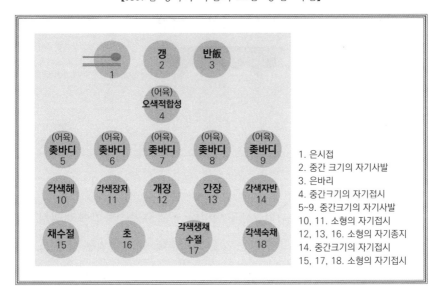

1. 은시접
2. 중간 크기의 자기사발
3. 은바리
4. 중간크기의 자기접시
5~9. 중간크기의 자기사발
10, 11. 소형의 자기접시
12, 13, 16. 소형의 자기종지
14. 중간크기의 자기접시
15, 17, 18. 소형의 자기접시

란 뜻이고, 해는 젓갈을 지칭하는 한자어이므로, 각색해란 여러 가지 젓갈을 담았다는 의미이다. 즉 작은 접시에 다양한 종류의 젓갈을 담은 것이다. 이 젓갈은 죽상과 밥상 모두에 올라가는 반찬이었다. 다시 말하면 젓갈은 밥반찬이었다.

《원행을묘정리의궤》에는 밥반찬으로서 어떠한 종류의 젓갈을 왕과 왕족들이 먹었는지를 잘 나타내 주고 있다. 전복·굴·조개·새우(자하·세하·백하)·새우알·명태알·대구알·연어알·조기알·송어알·밴댕이알·왜방어·조기·청어·게·조기아가미·명태이리·곤쟁이가 젓갈의 주재료가 되고 있다.

고문헌에 나타난 젓갈류 찬품은 다음과 같다.

• 《원행을묘정리의궤》(1795)：생복해, 석화해, 합해, 하란해, 명태란해, 대구란해, 세하해, 왜방어해, 연어란해, 약게해, 계란해, 고지교침해, 감동해, 황

석어해, 소어란해, 침청어, 석어아감해, 석화잡해, 석어란해, 자하해, 송어란
해, 백하해.

- 《음식지미방》(1670): 게젓, 약게젓.
- 《주방문》(1600년대말): 약게젓.
- 《규합총서》(1815): 비웃젓(청어젓), 교침해, 게젓.
- 《시의전서》(1800년대 말): 게젓, 청어젓, 조기젓, 굴젓, 새우젓, 곤쟁이젓,
황새기.
- 《부인필지》(1915): 게젓.

회와 조선 사람

| 생선회를 사서 먹은 민중들 |

《산림경제》(1715)에는 '조회개법造膾芥法'이라 해서 회에 쓰이는 겨자 만드는 법이 나온다.

새로 나온 겨자씨에 물을 부어 담가 놓는다. 4~5일 따뜻한 곳에 놓아두면 수면에 물방울이 생기는데 이때 겨자씨를 건져서 말려 두고 쓴다. 이것은 종자로 사용하지 못한다.

또 한 가지 방법은 겨자씨를 씻어 돌을 일어 건진 다음 햇볕에 말리는데, 밤에 이슬 맞히기를 4~5일 계속하면 쓴맛이 없어진다. 붉은 겨자는 좋지 못하다. 반드시 노란 겨자 1홉에 백미를 반 수저 넣고 함께 찧어 체에 친다. 무거리는 버리고 가루를 사기그릇에 담아 냉수를 넣어 진흙처럼 되게 갠 다음 수저로 매우 저으면서 입김을 불어넣는다. 매운 내가 날 때 그릇을 습한 땅위에 엎어 놓았다가 잠시 후에 초장으로 조미해서 그 맛을 적절하게 하여 체에다 거르고 꿀을 조금 넣는다. 또는 참깨즙을 넣으면 그 독한 맛이 조금 감해진다. 또 겨자를 개어서 더운 김에 잠시 쏘이면 더 매운맛이 생긴다. 겨자를 개고 쓰다 남은 것은 병에 넣고 그 입을 밀봉하면 10여 일을 두어도 맛이 변치 않는다.

이상의 조회개법은 물론 생선회를 먹을 때 곁들이는 장, 즉 겨자장 만들기를 지칭한 내용이다. 겨자장을 찍어 먹는 생선횟감 재료로는 숭어·눌치·쏘가리·은어·소어(밴댕이)·웅어·민어·고등어·전복·해삼·대합·굴(석화)이 있음을 《산림경제》는 기록하고 있다.

생선회에 겨자장을 찍어 먹도록 한 배선법이 문헌상 처음 등장하는 것은 필자가 아는 한 《의례》〈공식대부례〉이다. 공이 대부에게 식사를 대접할 때 가찬으로 올랐던 음식 중에 어회가 있었는데, 이 어회는 겨자장과 세트가 되어 차려졌다.[1]

겨자장에 찍어 먹는 생선회의 역사는 《의례》 시대 이후(혹은 훨씬 그 이전부터) 현재까지 장기간 이어진 음식문화의 상징적 존재이다. 아마 우리의 조상들은 해변가나 강가에 살면서 가장 신선하고도 영양이 풍부한 생선회를 즐겨 먹었을 것이다. 그렇다 하더라도 문헌상으로는 생선회와 겨자장은 적어도 주나라 시대 이후 상층부의 사람들에게 대접하는 가찬에 속했던 찬품이었다.

《임원십육지》(1825~1827)에는 원나라의 《거가필용》과 당나라의 《선부경膳夫經》 및 《대업습유기大業拾遺記》를 인용하면서 생선회·붕어회·쏘가리회를 소개하고 있으므로,[2] 중국의 당나라와 원나라에서는 모두 생선회를 식용했다고 보인다.

한편 우리나라의 조리서에 회가 나타나는 것은 《음식지미방》(1670)의 '대합회'가 처음이며, 《도문대작》(1611)에서는 '동숭어'가 등장한다. 그러므로 적어도 생선회는 조선왕조 중기에 일반 민중들이 애식했던 찬품의 하나였음

---

[1] 김상보, 《조선왕조 궁중연회식의궤 음식의 실제》, 14쪽, 수학사, 1995.
[2] 《한국요리문화사》(이성우, 교문사, 1999) 276쪽의 《임원십육지》 글 인용.

은 분명하다.

조선의 민중들은 생선회를 사서 먹었다. 《동국세시기》(1849)에는 3월의 시식으로 웅어회를 다음과 같이 소개하고 있다.

소어蘇魚(밴댕이)는 안산 앞바다에서 나며, 자어紫魚는 葦魚(웅어)라고도 하는데 한강 하류 고양군 행주에서 난다. 사옹원 소속의 위어소葦魚所를 두어, 이것을 관망官網으로 잡아서 왕가에 진상한다. 어상魚商이 거리로 돌아다니면서 횟감으로 판다.

【신윤복, 《여속도첩》 중 〈저잣길〉】
생선을 파는 여성에 대한 사실적인 묘사이다. 싱싱한 생선인 것으로 보아 횟감을 파는 것인지도 모른다.

3월에 한강 하류 행주에서 잡은 위어를 일부는 궁중에 진상하고 일부는 생선장수가 갖고 다니면서 민중에게 횟감으로 판다는 것이다. 《동국세시기》보다 약 70년 앞서 나온 《경도잡지》(1770년대)에는 더욱 사실적으로 기록되어 있다.

자어紫魚는 속명 위어葦魚(웅어)라 한다. 한강 하류 행주나루터 근처에서 늦은 봄이나 초여름에 잡힌다. 사옹원은 관망으로 잡아서 진상한다. 생선장수가 거리로 소리치고 다니면서 파는데 도화桃花가 떨어질 무렵에 횟감으로 쓴다.

이 글로 미루어 행주나루터에는 횟집이 있었고 자연스럽게 술안주로 회를 파는 주막이 형성되었으리라고 짐작된다. 사옹원에서 진상했던 웅어는 웅어회로서 임금이 잡수신 기록이 《원행을묘정리의궤》에 남아 있으며, 웅어회와 고초장苦椒醬이 세트가 되도록 배선해 고초장이 겨자장을 대신하도록 하고 있다. 그러므로 1700년대 말에는 생선회를 먹을 때 겨자에도 찍어 먹고 고초장에 찍어 먹었음을 알 수 있다. 당시 임금의 일상식에 올랐던 생선회의 종류로는 웅어회 외에 생복회·금린어(쏘가리) 회도 있었다.

조선왕조에서는 생선회를 일상식에만 올렸던 것은 아니다. 1719년부터 1902년까지의 조선왕조 궁중연회식 의궤에서도 꾸준히 등장하고 있다. 이를 통해 당시에는 생복, 생합, 숭어, 민어, 웅어, 금린어 등을 생선 횟감으로 즐겨 먹었음을 알 수 있다.

- 생복회: 1719년, 1829년, 1848년, 1868년, 1877년, 1887년, 1892년, 1901년, 1902년.
- 생합회: 1827년, 1829년, 1877년, 1892년, 1901년, 1902년.
- 동숭어회: 1877년, 1887년.
- 숭어회: 1901년, 1902년.
- 민어회: 1901년.[3]

이상의 생선회는 생회이고, 또 다른 생선회로 숙회熟膾가 있었다. 문어와 낙지 등과 같은 것을 끓는 물에 살짝 데쳐 내어 썰어서 먹는 것을 《시의전서》에서는 숙회라 하였고 《주방문》에서는 낙지채라 하였다. 회의 종류에 따

---

[3] 김상보, 《조선왕조 궁중의궤 음식문화》, 372쪽, 수학사, 1995.

라 찍어 먹는 장의 종류도 달리하였음은 물론이다.[4]

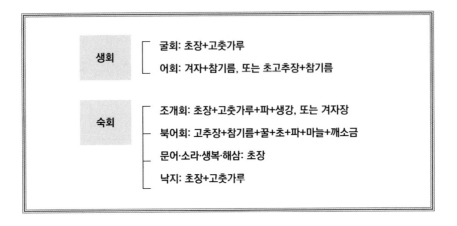

생회
- 굴회: 초장+고춧가루
- 어회: 겨자+참기름, 또는 초고추장+참기름

숙회
- 조개회: 초장+고춧가루+파+생강, 또는 겨자장
- 북어회: 고추장+참기름+꿀+초+파+마늘+깨소금
- 문어·소라·생복·해삼: 초장
- 낙지: 초장+고춧가루

고문헌에 나타나는 어회류 찬품은 다음과 같다.

- 《도문대작》(1611): 동숭어.
- 《음식지미방》(1670): 대합회, 대구껍질.
- 《주방문》(1600년대 말): 낙지채(낙지, 숙회).
- 《산림경제》(1715): 눌치(訥魚) 회, 쏘가리(鱖魚) 회, 은어(銀口魚) 회, 밴댕이(蘇魚) 회, 웅어회, 민어(民魚) 회, 고등어(古刀魚) 회, 숭어회, 대합회, 전복회, 해삼회.
- 《경도잡지》(1770년대): 웅어회.
- 《옹희잡지》(1800년대 초): 동숭어회.
- 《동국세시기》(1849): 웅어회.
- 《음식방문》(1800년대 중반): 어채, 낙지채.
- 《규곤요람》(연세대본, 1896): 어채, 회.
- 《시의전서》(1800년대 말): 굴회, 북어회, 민어회, 작은 생선회, 조개회,

---

[4] 《시의전서》(19세기 말경) ; 《주방문》(1600년대 말경).

어회, 어채.

- 《원행을묘정리의궤》(1795) : 웅어회, 생복회, 금린어회.
- 조선왕조 궁중연회식 의궤(1719~1902) : 생복회, 생합회, 숭어회, 동숭어회, 민어회.

| 화려했던 어채문화 |

조선시대에 먹던 음식 중에 생선숙회의 일종인 어채魚菜가 있다. 어채의 대상 생선은 숭어(秀魚)인데, 숭어를 이용해 어떻게 어채를 만들었는가에 대해서는 《규합총서》(1815)를 통해 살펴보기로 한다.

싱싱한 숭어를 얇게 저며 가늘게 썰어 녹말을 묻힌다. 천엽·양·곤자소니(소의 막창·부아(소의 허파)·대하·전복해삼·삶은 돼지고기를 모두 얇게 저며 가늘게 채로 썬다. 빛이 푸른 오이를 껍질 벗겨서, 미나리·표고버섯·석이버섯·파·국화잎·생강·달걀황백지단·고추와 함께 모두 채로 썬다. 이들 모두를 녹말에 굴려 삶아 내는데, 한 가지씩 체에 담아 차례로 삶아 낸다. 무를 곱게 채로 썰어 연지를 들여 삶아 낸 다음, 그릇에 어육과 채소 등은 밑에 담고, 달걀황백지단·석이버섯·대하·국화잎 데친 것·붉은 무채·생강·고추를 위에 담으면 맛이 청량하고 풍요로울 뿐만 아니라 보기에도 오색이 영롱하여 좋다. 3월부터 7월까지 쓴다.

여러 가지 재료가 합해져 어채가 되었지만, 숭어가 주재료가 되기 때문에 어채라 한 것이다. 생선숙회와 어채의 차이점은 생선숙회는 생선 그 자체만을 끓는 물에 살짝 데쳐 내어 썰어서 초장에 찍어 먹는 것이고, 어채는 다양

한 재료와 함께 녹말가루를 묻혀서 끓는 물에 살짝 데쳐 내어 초장과 곁들이는 것이다.[5]

《원행을묘정리의궤》에는 어채라 하지 않고 수어채秀魚菜라 하고 있는데, 이를 일상식에서 임금께 올리고 있고, 그 밖의 조선왕조 궁중연회식 의궤에서는 어채 또는 각색어채各色魚菜란 음식명으로 1827년부터 1902년까지 등장하고 있다. 《진찬의궤》(1873)에 기록된 어채의 재료와 분량은 다음과 같다.

숭어 10미, 곤자선 5개, 표고버섯 2되, 생강 4단, 해삼 40개, 부아 1부, 석이버섯 2되, 소금 5홉, 전복 15개, 달걀 15개, 국엽 3되, 녹말 5되, 생합 100개, 잣 3홉, 도라지 3되.[6]

한편 《동국세시기》(1849)에는 4월의 시식으로 어채를 적고 있다. 이는 적어도 1800년대 중반에는 어채가 시식으로 자리 잡고 있었음을 뜻한다.

어채魚菜: 생선을 얇게 저며 익힌 다음, 과엽瓜葉·국엽菊葉·총아葱芽(쪽파)·석이버섯·숙복熟鰒·달걀 등을 곁들인 것을 말한다.

| 육회와 갑회 |

원래 회膾는 육류회를 나타낼 때 쓰는 한자였고, 생선회는 육류와 구별해 회鱠라 썼다.[7] 그것이 이제는 생선이든 육류든 가늘게 썰어 날것으로 먹는 음식 모두를 회膾란 한 글자로 쓰게 되었다.

---

[5] 《원행을묘정리의궤》(1795) ; 《규합총서》(1815).
[6] 김상보, 《조선왕조 궁중의궤 음식문화》, 375쪽, 수학사, 1995.
[7] 조재삼, 《송남잡지》(1800년대 말 또는 1900년 초).

《의례》〈공식대부례〉에서는 공이 대부에게 식사를 대접할 때 가찬으로 육회를 올리고 있는데, 이때 등장하는 육회에는 우자牛胾·양자羊胾·시자豕胾·우지牛脂가 있어서 각각은 젓갈(醢)에 찍어 먹도록 배선하였다.[8] 여기서 자胾란 '산적점 자'이기 때문에 모든 육회는 산적 썰듯이 가늘게 써는 것이 원칙이었던 것 같다.

고대 중국의 육회 섭취는 실로 오랜 역사를 지니고 있다. 원나라의 《거가필용》에는 양의 간이나 천엽을 가늘게 썰어 강초장을 곁들이는 이른바 '양육회방羊肉膾方'이 있었기 때문에, 오랫동안 불교문화에 젖어 있었던 한반도에서 육회 섭취는 고려 말 몽고인을 통해 배우거나 남하해 한반도에 자리 잡고 살던 여진족과 같은 유목민들에 의해 배웠을 가능성이 있다. 하지만 역시 대중화된 것은 몽고인을 통해서였으리라고 본다.

조선시대에 들어서서 숭유주의는 주나라에로의 복고주의를 의미했다. 《의례》〈공식대부례〉에 나타난 우자·양자 등과 같은 육회는 상하 계층을 불문하고 모두 즐기는 음식이 되어 있었다.

육회에는 생회와 숙회가 있었다. 생회에는 다양한 방법이 동원된 조리법이 개발되었다. 《증보산림경제》(1766)에는 '동치회방凍雉膾方'이란 것이 있어서, 겨울철에 꿩을 잡아 빙설 위에 얼려서 칼로 얇게 저민 후 강초장과 곁들이는 것이 소개되고 있다. 동숭어회凍秀魚膾처럼 조선 사람들은 얼려서 회로 먹는 법이 발달해 있었다. 일반적인 육회는 소고기를 이용한 것이었는데 《시의전서》(19세기 말경)의 기록을 보자.

기름기 없는 소고기의 살을 얇게 저며서 물에 담가 핏기를 빼고 다시 가늘게 채로 썬다. 파·마늘을 다져 후춧가루·잣가루·깨소금·참기름·꿀을 화합하고 이것을 소고기채에 섞어 잘 주물러 잰다. 윤즙은 후추나 꿀을 섞어서

---

[8] 김상보, 《한국의 음식생활문화사》, 199쪽, 광문각, 1997.

식성대로 만든다.

　이것은 오늘날의 육회법과 같다. 이러한 육회법은 《옹희잡지》(1800년대 초)에도 등장하기 때문에 전형적인 육회법으로 사료된다. 《원행을묘정리의 궤》에서는 '육회'란 찬품명으로 임금께 일상식의 하나로서 올리고 있는데,[9] 이것도 《시의전서》와 같은 조리법을 채택했을 것이다. 《옹희잡지》에 따르면 천엽·양 등의 회는 뜨거운 물에 데쳐 내어 엽葉처럼 싸서 초장이나 겨자장을 곁들인다고 하였다. 이것은 숙회이다. 조선왕조 궁중연회식 의궤에는 갑회甲膾·양색갑회兩色甲膾·삼색갑회三色甲膾·각색갑회各色甲膾란 찬품이 1827년부터 1902년까지 등장하고 있다. 《진찬의궤》(1829)에 기록된 삼색갑회의 재료 및 분량은 다음과 같다.

　천엽 2부, 생복 75개, 생강 1홉, 잣 3홉, 콩팥 3부, 고추 15개, 생총(쪽파) 1단.[10]

　천엽·콩팥·생복으로 이루어진 회를 삼색갑회라 한 것이다. 《옹희잡지》대로 해석한다면 천엽과 콩팥은 끓는 물에 데쳐 낸 것이고, 끓는 물에 데쳐 내어 가늘게 썬 콩팥을 천엽에 쌀 때 생복 저민 것과 잣·파·생강·고추를 함께 싸서 전복껍질(甲)에 담은 형태가 삼색갑회이다.

　갑甲이란 '껍질 각'이다. 여기에서 껍질은 전복을 가리키기 때문에 전복껍질에, 천엽에 싸서 만든 삼색회를 담은 것이 바로 삼색갑회이다. 갑회를 할 때 반드시 전복과 전복껍질만 사용한 것은 아니었다. 때로는 생합을 쓰기도 하였으며, 콩팥 대신에 양을 재료로 하기도 하였다. 이러한 갑회의 등장은 연

---

[9] 김상보, 《조선왕조 궁중의궤 음식문화》, 226쪽, 수학사, 1995.
[10] 김상보, 《조선왕조 궁중의궤 음식문화》, 374쪽, 수학사, 1995.

회 때 보다 먹기 쉽도록 배려한 결과일 것이다. 연회에 참석한 사람들이 생합껍질 혹은 전복껍질에 담긴 회를 집어서 먹는 것이다. 즉 소 내장으로 만든 숙회 및 조개 생회와 결합된 것, 그것이 갑회 문화이다.

버터를 만든 사람 - 수유치

광해군 원년(1609), 명나라 사신에게 차린 조반상에 우유를 재료로 한 타락죽(酏酪粥)이 올랐다.[1] 이처럼 조선왕조의 상층부에서는 유제품이 상식되고 있었다. 유제품의 하나로 현재에도 널리 애식되고 있는 버터는 조선 전기에 전문적으로 제조하는 업자가 있었는데, 그들을 수유치(酥油赤)라 하였다.

수유치들은 주로 황해도와 평안도에 살고 있었다. 이들의 명칭으로 보아서 고려시대 때부터 이어져 온 계급이 아닌가 사료된다. 수유치들은 대부분이 '달단족'[2]으로 구성되었다고 하며, 이들은 유목을 주업으로 하면서 버터를 제조하고 있었던 것이다.

버터는 국가에 공납하는 물품이었다. 공납된 버터는 임금의 약이나 가끔 늙고 병든 신하들에게도 나누어 주는 귀한 식품의 하나였다. 달단족들은 짐승 도살을 생업으로 하면서 버터를 제조해 사용방에 진공하는데, 버터 제조 종사자들은 군역을 면제받는 관계로 달단족이 아닌 자들도 군역을 피하기 위해 달단족인 척하면서 붙어사는 자가 많게 되었다.

이 사실을 안 태종은 수백 호나 되는 수유치의 버터 제조를 금지시켜 버

---

[1] 김상보, 《조선왕조 궁중의궤 음식문화》, 64쪽, 수학사, 1995.
[2] 달단족은 만주 흥안령 서쪽 기슭이나 음산陰山산맥 부근에 살던 몽고 민족의 한 부족인 타타르Tatar 족을 말한다. 명나라 이후로는 몽고지방 또는 몽고민족 전체를 가리키게 되었으며, 다시 널리 몽고인과 남부 러시아 일대에 사는 터키인을 포함하는 중국 북방 또는 북아시아 여러 민족의 총칭으로 쓰이게 되었다. 백정 종족을 달단이라고도 했다.

렸다.

황해도와 평안도에 수유치가 있는데 달단족의 후예라고 한다. 짐승 도살을 생업으로 삼아 온 이들은 매 호마다 버터 한 덩이를 사옹방에 바치면 온 집안이 신역 부담이 없어지는 까닭에 많은 군역 기피자들이 그들에게 가서 붙어살고 있다.

참의 윤회가 제의하기를 '우유로 만든 버터는 임금의 약으로 사용하기 위해 올리는 것이고, 또 늙고 병든 여러 신하들에게 주는 것인 만큼 없어서는 안 될 듯합니다'라고 말하였으나, 태종은 무려 수백 호나 되는 수유치의 버터 제조를 금지시켰다.[3]

조선왕조 초기 병역 기피 등의 사회적 부작용 때문에 버터 제조를 금지시켰다는 이야기이다.

---

[3] 《세종실록》(제14권), 세종 3년 11월 정해조.

포와 절육, 하설다식과 황육식

《도문대작》(1611)에는 '화복花鰒'이란 이름 아래 '경상도 바닷가 사람들은 전복을 꽃 모양으로 깎아 이것을 꽂는다. 또 큰 것은 얇게 편을 떠서 만두를 만들면 또한 좋다'는 기록이 있다. 이것은 전복 말린 것, 즉 건전복을 얇은 칼로 오려 내어 꽃으로 만든 것을 지칭하며, 만두 운운한 것은 이른바 오늘날의 전복쌈이다. 이렇듯 건어물을 오려서 봉황 또는 꽃 모양 등으로 만드는 것을 절육折肉(截肉)이라 한다.

이 절육은 조선왕조의 연회 때에 반드시 올라가는 찬품의 하나였는데, 《진찬의궤》(1848)에 기록된 각색절육의 재료는 다음과 같다.

【절육】

황대구, 오징어, 광어, 추복, 황포, 건치, 다시마, 건대구, 문어, 강요주, 전복, 편포, 잣.

《도문대작》에서 지적한 대로 1600년대 초 궁중의 전복 절육은 궁궐을 벗어나 경상도에까지 보급될 정도로 전국에 퍼져 있었다고 보아야 할 것이다.

어포든 육포든 오려서 아름다운 꽃처럼 만든 것을 절육이라 한다면, 포 자체를 가루로 만들어 다식판에 박거나, 다식판에 박아 내어 말려서 먹는 이른바 하설다식蝦屑茶食이나 황육다식黃肉茶食 등도 있었다.

정육精肉(소고기)을 꿩고기와 섞어 난도(곱게 다지는 것)하여 유장油醬(참기름과 간장)을 섞은 다음 소각판小刻板에 찍어 내어 잠깐 건조시켜 먹으면 매우 좋다.

이러한 다식류는《원행을묘정리의궤》에 다양하게 기록되어 있다. 당시 정조대왕께 올린 일상식 중의 하나였던 이들 다식에는 대구다식·전복다식·광어다식·하설다식·생치다식·황육다식 등이 있었다.[1] 대구다식·전복다식·광어다식·하설다식·황육다식은 건대구·건전복·건광어·건새우·우포를 가루로 만들어 참기름과 간장을 넣고 버무려서 다식판에 찍어 낸 것이다.

조선왕조에서는 일상식과 연회식의 찬품 명칭을 구분하였는데, 연회식에서 절육으로 지칭했던 포류는 일상식에서 좌반佐飯이라 지칭해 배선하였다. 하설다식·황육다식 등을 포함한 포류는 좌반이라 칭하였고 이들 좌반은 장을 곁들였다. 건문어 등은 오려서 아름답게 봉황이나 꽃 모양으로 좌반으로 했음은 물론이다.[2]

한편 이들 포류는 군대의 행군용이나 여행용을 위한 저장식품이기도 했다.[3] 군인들의 전투용 식품으로서도 포는 조선시대에 중요한 위치를 차지한 것이다.

---

[1] 김상보,《조선왕조 궁중의궤 음식문화》, 236쪽, 수학사, 1995.
[2]《시의전서》(19세기 말경).
[3] 여인거사如因居士,《조선잡기》, 춘상당, 1894.

반가 조리서에 나타나는 포류 찬품은 다음과 같다.

• 《음식방문》(1800년대 중반) : 전복쌈.

• 《윤씨음식법》(1854) : 당저다식, 건치다식, 포육다식, 광어다식, 당애다식, 게포, 어포, 대하, 강요주.

• 《규곤요람》(연세대본, 1896) : 마른안주.

• 《시의전서》(1800년대 말): 게포, 어포, 강요주, 전복쌈, 약포, 산포, 꼴뚜기, 뱅어포, 광어포, 대구포, 홍합, 대하, 오징어포, 편포, 문어오림.

나물

| 정조대왕이 잡수신 나물 찬품 |

국어사전에서 나물을 찾아보면 '먹을 수 있는 풀이나 나뭇잎의 총칭. 또 그것을 조미해 무친 반찬'이라 하였다. 이로써 미루어 보면 식용 가능한 모든 풀이나 나뭇잎을 나물이라 말하고, 이들을 재료로 하여 만든 반찬도 나물이라고 함을 알 수 있다. 즉 나물이란 채와 반찬 양쪽의 뜻을 모두 갖고 있는 셈이다. 이것은 최세진(1473~1542)의 《훈몽자회訓蒙字會》(1527)에 나타나는 나물의 해석과도 동일하다. 즉 '채菜는 풀로서 먹을 수 있는 것을 모두 채菜라 한다'는 것이다. 여기서 채菜는 '나물 채'이다. 나물의 어원에 대해 《동언고략東言考略》(1836)에서는 다음과 같이 적고 있다.

신라 사람은 흔히 물건 이름의 위에 국호를 붙였다. 국國을 나라羅(나라이름 라)라 했고, 도稻를 나락이라 함은 나록羅祿에서 온 것이며, 채소를 나물이라 함은 나물羅物에서 온 것이고, 수목을 나무라 함은 나목羅木에서 온 것이다.[1]

---

[1] 《한국요리문화사》(이성우, 교문사, 1999) 281쪽 글 인용.

나물 찬품의 발달은 불교 전래 후 살생 금지에 따라 소선의 발달 및 구황 식품의 개발에 따른 것으로 생각된다. 나물을 크게 구분하면 산채나물·들나물·재배나물로 나눌 수 있다. 그리고 산채나물에는 도라지·고사리·두릅·고비·산개·버섯 등이 있으며, 들나물로는 고들빼기·씀바귀·냉이·소루쟁이·달래·물쑥 등이 있고, 재배나물로는 오이·아욱·가지·토란·고구마잎·상치·부추·호박·풋고추·박·무·고춧잎·파·마늘·미나리·신감채 등이 있다. 이들 중 대부분은 조선왕조 초기부터 문헌에 빈번히 등장한다.

• 《용재총화》(1400년대 말): 무청, 무, 백채白菜, 토란, 홍아紅芽, 총채葱菜, 마늘, 생강.

• 《도문대작》(1611): 동아, 죽순, 황화채, 순채, 석채石菜, 무, 거여목, 표고버섯, 토란, 파, 달래, 고수풀, 머위, 마늘, 고사리, 고비, 아욱, 콩잎, 염교, 미나리, 송이버섯, 배추, 참버섯.

• 《음식지미방》(1670): 동아느르미, 동아선, 동아돈채, 동아적, 가지느르미, 가지찜, 오이찜, 잡채, 비시非時나물(신감채·산갓·파·마늘), 오이화채, 연근채, 연근전.

• 《산림경제》(1715): 도라지, 죽순구이, 죽순초채, 신순, 진순, 노각생채, 토란, 박나물, 원추리, 자총, 황화채, 송이구이, 고사리.

이상과 같이 《산림경제》까지 등장하는 일반 서민들이 먹은 나물류는 현재 우리가 먹는 것들과 매우 비슷하다. 그러면 궁중의 왕은 어떠한 나물을 먹었을까. 《원행을묘정리의궤》에는 정조대왕이 드신 나물 찬품이 다음과 같이 소개되고 있다.

박고지朴古之, 미나리(水芹), 도라지(桔梗), 무순(菁笋), 죽순竹笋, 움파(葱

笋), 오이(青瓜), 물쑥(水艾), 거여목(苜蓿), 신감초辛甘草, 숙주나물(綠豆長音), 겨자순(芥子長音), 파(生葱), 동아(冬瓜), 잡채雜菜, 도라지숙채(桔梗熟菜), 도라지잡채(桔梗雜菜), 육채肉菜, 도라지생채(桔梗生菜), 고들빼기(古乭朴只), 애개생채艾芥生菜, 생강순(薑笋), 미나리생채(水芹生菜), 무숙채(菁根熟菜)[2]

다양한 나물을 재료로 하여 생채·숙채·잡채 등으로 만들어 올리고 있는데, 산채나물(도라지·거여목), 들나물(죽순·물쑥·고들빼기), 재배나물(박고지·미나리·무·오이·움파·파·신감초·숙주·겨자순·동아·생강)을 망라하고있다. 생채나 숙채 또는 잡채로 조리했을 뿐만 아니라 국을 끓여 먹기도 한이들 나물은 선비들이 읊는 시조의 대상이 되기도 했다.

어젯밤 좋은 비로 산채가 살쪘으니,
광주리 옆에 끼고 산중에 들어간다.
주먹 같은 고사리요 향기로운 곰취로다.
빛깔 좋은 고비나물 맛 좋은 어아리다.
도라지 굵은 것과 삽주 순 연한 것을,
낱낱이 캐어 내어 국 끓이고 나물 무쳐
취한 쌈 입에 넣고 국 한 번 마신다.
입 안의 맑은 향기 삼키기가 아깝다.

─ 이이(1536~1584), 〈전원 사시가〉 중 '봄'

<hr />

[2] 김상보, 《조선왕조 궁중의궤 음식문화》, 225~232쪽, 수학사, 1995.

| 잡채와 밀쌈에서 생겨난 지금의 구절판 |

《원행을묘정리의궤》에 기록된 정조대왕께 올린 잡채는 어떠한 재료로 만든 음식이었을까. 광해군 때의 이충李冲(1568~?)은 왕이 잔치를 베풀 때 잡채를 맛있게 만들어 바친 공으로 호조판서가 되었다[3]고 할 정도로 당시 잡채는 꽤나 애식되는 나물음식의 하나였던 것 같다. 한편 《음식지미방》(1670)에는 사대부가의 잡채 만드는 법이 다음과 같이 소개되고 있다.

오이·무·참버섯·석이버섯·표고버섯·송이버섯·녹두길금(綠豆長音[4]=숙주나물)은 생으로, 도라지·거여목·박고지·냉이·미나리·파·두릅·고사리·시금치·동아·가지·생치生雉(꿩)는 삶아 가늘게 찢어 놓는다. 생강이 없으면 건강乾薑·후추·참기름·간장·밀가루를 양념으로 쓴다.

각색 재료를 1치씩 썰어 각각 기름간장에 볶아 교합하기도 하고 혹은 따로따로 담되, 커다란 대접에 담는다. 밀가루즙의 묽기를 적당하게 하여 위에 붓고 천초·후추·생강을 뿌린다. 또 밀가루즙을 달리하려면 꿩을 잘게 다져서 된장을 걸러 삼삼하게 하여 붓고 참기름을 넣은 후 밀가루를 푼 다음 한소끔 끓여 걸쭉한 즙을 만들어 붓는다.

동아는 생으로 간을 약간하여 쓰고, 빛깔을 곱게 하려면 도라지에 맨드라미로 붉은 물을 들이고 없으면 머루 물을 들이면 붉게 된다.

생것 또는 끓는 물에 삶아 데친 여러 가지 색깔의 각색나물과, 꿩고기를 약 3~4센티미터 길이로 곱게 채 썰어서 기름장에 볶아 커다란 그릇에 옮겨 담고 그 위에 고기 다진 것과 된장으로 간을 한 밀가루 소스를 끼얹은 것이

---

[3] 이성우, 《한국요리문화사》, 279쪽, 교문사, 1999.
[4] 녹두장음綠豆長音을 녹두길금이라 쓰고 있다.

이른바 잡채인데, 오늘날의 구절판과 같다. 즉 밀가루 소스가 밀전병으로 대치된 것이 지금의 구절판이다. 색깔을 아름답게 하기 위해 도라지에 맨드라미나 머루로 붉은 물을 들였으니 적·청·황·백·흑의 다섯 가지 색깔이 어우러져 아름다운 잡채가 탄생된다. 정조대왕께서 잡수신 잡채도 《음식지미방》의 그것과 크게 다르지 않을 것이다. 《음식지미방》의 잡채는 《조선무쌍신식요리제법》(1924)으로 이어져서, 1924년만 해도 여러 가지 채소와 해삼·전복 등을 채로 썰어 볶아 겨자장이나 초장에 찍어 먹었으며, 당면을 넣지 않았다.

우리나라에서 당면의 기원은 《제민요술》(6세기 초)에서 찾을 수 있고 《음식지미방》(1670)에도 기록되어 있지만, 본격적으로 상품화된 것은 1912년 평양에서 일본인이 그전부터 소규모 당면공장을 운영하던 중국인으로부터 기술을 배워 대량생산을 시작하면서이다. 그 후 1920년 우리나라의 양재하란 사람이 황해도 사리원에 광흥공창을 개설하고 다수의 중국인을 고용해 천연동결에 의한 대량생산을 시작한 이후 평양의 일본인 공장은 경쟁에 이기지 못하고 문을 닫았다.[5] 그러므로 오늘날 우리들이 즐겨 먹는 당면을 주재료로 한 잡채는 1912년 이후 당면의 폭넓은 보급에 따른 일종의 중국식 잡채이지 조선식 잡채는 아니다. 그럼 《조선무쌍신식요리제법》의 잡채를 구체적으로 살펴보도록 하자.

잡채: 도라지를 기름에 볶고, 미나리를 7푼 길이로 썰어 소금에 절였다가 기름에 볶고, 목이와 황화채로 7푼 길이로 잘라 돼지고기와 양념하여 볶고, 표고버섯을 채 쳐 기름에 볶고, 움파를 데쳐 많이 넣는 것이 좋고 장·기름·깨소금·후춧가루를 쳐서 한데 섞어 넣어 기름에 볶아 내어…… 접시에 담고, 달걀 고명·붉은 고추·표고버섯을 실과 같이 채로 썰어 고명으로 얹는데 잣도 함께 얹는다. 해삼·전복을 채 썰어 넣어도 좋으나 당면을 넣는 것은 좋지

---

[5] 이성우, 《한국요리문화사》, 160쪽, 교문사, 1999.

못하다. 먹을 때 겨자나 초장에 찍어 먹는다.

　잡채를 접시에 돌려 담고 이것을 밀전병에 싸서 먹는 소위 '밀쌈'이라는 음식이 있다. 이 밀쌈이 문헌에 처음 등장한 것은 《조선무쌍신식요리제법》이다. 한편 《조선요리제법》(1930)에서는 각종 나물을 밀전병에 싸서 먹는 것을 '밀전병 별법' 또는 '밀쌈'이라 하여 소개하고 있는데, '밀쌈'은 《조선무쌍신식요리제법》이나 《조선요리제법》 모두에서 '떡부(餠部)'에 삽입시키고 있으면서 화전과 같은 유로 취급하고 있기 때문에 봉선화 꽃을 박아서 꿀에 버무린 채소를 넣고 지지는 '밀쌈'은 원래 화전 계열이라고 볼 수 있다.

　《조선무쌍신식요리제법》에서 보여 주는 복숭아꽃을 박고 채소를 넣어 만든 '밀쌈'은 《조선요리제법》으로 이어지면 두 종류로 분화된다. 하나는 전자와 똑같은 화전 형태이고, 다른 하나는 밀전병에 각종 채소를 싸서 먹는 형태이다. 그러니까 《조선요리제법》에서는 같은 음식 소개를 '밀쌈' 또는 '밀전병 별법'으로 소개하고 있는 것이다.

　'밀전병 별법'이 암시하는 바는 《조선요리제법》이라는 책을 저술할 당시 그때까지 없었던 찬품이 새롭게 등장함에 따라 소개하고 있는 특별음식을 나타낸 것이며, 이 밀전병 별법을 다시 밀쌈이라 하고 덧붙여 기술하였다고 볼 수 있다.

　밀쌈: 밀가루를 묽게 반죽하여 전병을 부칠 때에 작은 접시 크기로 부치고, 국화잎이나 봉선화 꽃을 색 맞추어 박아서 부치는데, 볶은 깨에 설탕과 계핏가루를 섞어 소로 만든 것을 뭉쳐 넣은 다음 셋으로 접어 꼭 붙여서 합에 담아 놓고 꿀에 찍어 먹는다.

　또 애호박이나 오이를 채로 썰어 소금으로 약간 절인 후에 기름에 볶고 채로 썬 석이버섯·표고버섯·목이버섯을 볶아 놓고, 채로 썬 소고기에 갖은 양념하여 볶고, 채로 썬 둥근파를 볶아 놓고, 이상의 채소들을 접시에 모양 있게 색 맞추어 담은 다음, 밀전병을 접시에 놓고 고추장찌개를 곁들인다.

밀전병 별법: 밀전병을 만들고, 무·미나리·파를 1치 길이로 잘라 기름에 잠깐 볶고, 고기를 채로 썰고 표고버섯도 채로 썰어 양념하여 볶은 후 전병에 놓고 돌돌 말아서 초장에 찍어 먹는다. 무슨 고기든지 무슨 채소든지 채로 썰어서 볶아 가지고 전병에 싸서 먹어도 좋다. 전병의 크기는 작은 접시 만큼씩 부치는데 합에 담아 초장에 찍어 먹는다.

- 《조선요리제법》

이로써 오늘날 '구절판'이라고 불리는 음식은 잡채에서 출발하여 밀쌈이 되었다가 구절판으로 변경되었음을 알았다. 1900년대 초 일본 제국주의 시대 때 생겨난 요릿집 문화에서 새롭게 탄생된 음식이 오늘날의 '구절판'이라고 필자는 생각하고 있다.

| 진채식인 콩나물과 숙주나물 |

오늘날 우리들이 즐겨 먹는 콩나물과 숙주나물은 인위적으로 발아시킨 것이다. 《동국세시기》에는 상원上元의 시식으로 진채식陳菜食을 다음과 같이 기록하고 있다.

저장하였던 박오가리·버섯 말린 것·대두황권大豆黃卷(콩나물) 말린 것·순무와 무 말린 것을 진채陳菜라 한다. 이것은 정월 대보름날에 나물로 만들어 먹는다. 또 호박·가지고지·시래기 등도 모두 버리지 않고 말려 두었다가 삶아서 먹는다. 이것들을 먹으면 더위를 먹지 않는다. 복리福裏란 채엽菜葉과 해의海衣(김)로 밥 싸 먹는 것을 말한다. 생각건대《형초세시기》에는 인일人日(음력 정월 초이렛날)에 7종의 채소로 국을 끓인다고 하였으니, 이것이 지금은 상원일上元日로 바뀌었다.《시경詩經》〈위풍衛風〉〈곡풍谷風〉에 있는 것처럼 이 풍속은 엄동에 대비해 채소를 저장하자는 취지에 있다.

진채식이란 엄동에 대비해 말렸던 박·버섯·콩나물·순무·무·가지·호박·시래기를 더위 먹지 않기 위해 정월 대보름날 삶아서 나물로 만들어 먹는 것을 뜻한다는 것이다. 그런데 진채식의 하나로 콩나물이 들어 있다.

콩나물은 한자로 대두황권大豆黃卷이라 하고 숙주나물은 녹두장음綠豆長音이라 한다. 대두를 콩이라 하니 콩으로 만든 나물이라는 뜻에서 콩나물로 표기하였지만, 녹두로 만든 나물을 굳이 숙주나물로 표기한 까닭에 대해《조선무쌍신식요리제법》에서는 다음과 같이 설명하고 있다.

숙주라는 것은 우리나라 세조 임금 때에 신숙주가 여섯 신하를 고변하여 죽인 고로 미워하여 이 나물을 숙주라 한 것이다. 이 나물을 만두소로 넣을 적에 짓이겨 넣는 고로 신숙주를 이 나물 찧듯 하자 하여서 숙주라 하였으니 이 사람이 나라를 위하여 그리하였다 하나 어찌 사람을 죽이고 영화를 구할까 보냐, 결코 성인군자는 못 된다.

만두소의 재료가 되는 녹두나물의 특성을 참작해 육신을 등지고 세조의 공신이 된 신숙주의 이름을 그 나물에 붙여 '숙주나물'이라 했다는 어원이 무척 흥미롭다.

궁중의 청포채에서 유래된 탕평채

조선왕조 궁중연회식 의궤에는 청포채淸泡菜란 찬품이 있다. 《진찬의궤》(1873)에 기록된 청포채의 재료와 분량은 다음과 같다.

청포 1우판, 돼지 사태육 1/4, 참기름 7작, 후춧가루 1작, 달걀 5개, 미나리 4수, 간장 1홉, 잣 2작, 고추 5작, 김 5장, 초 5작.

이상의 재료로 판단하면 청포묵·김·고추·달걀·돼지고기·미나리·잣에 양념을 넣은 초간장으로 버무린 것이 청포채이다. 그런데 이와 비슷한 것으로 탕평채蕩平菜가 있다. 《동국세시기》에는 3월의 시식으로 탕평채를 기록하고 있다.

녹두로 묵을 만들어 썰어서 돼지고기·미나리순·김을 화합한 다음 초장으로 버무려서 극히 차게 한 뒤 늦은 봄에 먹는데 이를 탕평채라 한다.

《동국세시기》의 탕평채는 그 재료 구성으로 보았을 때 《진찬의궤》(1873)의 청포채와 같다. 궁중의 청포채가 반가로 전해지면서 탕평채가 된 것이다. 《동국세시기》를 지은 홍석모는 풍산홍씨로 부사府使 벼슬에까지 오른 사람이므로 궁중음식을 접할 기회가 많았을 것이다. 《동국세시기》 탕평채는 《시의전서》(19세기 말경)와 《규곤요람》(연세대본, 1896) 및 조재삼의 《송남잡식》(1900년대 초)으로 이어져 기록되고 있는데, 그중 《시의전서》의 탕평채는 《동국세시기》의 탕평채보다는 약간 변형되어 나타나고 있다.

묵을 가늘게 치고 숙주·미나리는 데쳐서 잘라 양념해 같이 무치고, 정육은 다져서 볶고, 수육도 채 쳐서 넣고, 김도 부셔 넣는다. 깨소금·고춧가루·기름을 섞어서 간장에 간 맞추어 묵과 함께 무쳐 담는다. 그 위에 김을 부셔 얹고 깨소금·고춧가루를 뿌린다.

《시의전서》의 탕평채는 오늘날 우리가 알고 있는 바 소고기·숙주·청포묵·미나리·양념장으로 구성된 탕평채와 같은 맥락이다. 그러므로 현재의 탕평채는 궁중음식이 아니라 《시의전서》의 조리법이 대중화된 것임을 알 수 있다.

초시에서 유래된 고초장

허균이 지은 《도문대작》(1611)에는 '초시椒豉: 황주에서 만드는 것이 가장 좋다'라고 해서 '초시'란 말이 등장한다. 당시 초椒는 천초川椒를 지칭하고 시豉는 장醬을 뜻했기 때문에, 천초를 넣은 장을 초시(천초장)라 한 것 같다. 즉 허균의 생존 당시 천초를 넣은 된장이 있었고, 이는 황주산이 유명했다는 이야기이다. 그런데 《도문대작》이 나온 지 2년 후 이수광(1563~1628)이 지은 《지봉유설芝峯類說》(1613)에는 남만초南蠻椒라는 것이 기록되어 있다. 남만초란 물론 고추를 지칭한 것으로, 당시에는 고추가 전래되어 민간에 퍼져 있었다는 이야기이다.

만초蠻椒는 번초蕃椒라고도 한다. '만'이나 '번'은 모두 남쪽의 오랑캐를 나타내는 말이기 때문에 남만초나 만초는 같은 뜻으로 '남쪽 오랑캐의 초'라는 의미를 지니고 있다. 즉 고추는 남쪽에서 왔음을 뜻한다. 당시 일본을 가리킬 때에는 '왜' 자를 썼다. 따라서 남만이란 중국 남쪽의 오랑캐이다.

홍만선은 《산림경제》(1715년경)에서 '조만초장법造蠻椒醬法', '급조만초장법急造蠻椒醬法'을 기술하고 있다. 만초장이란 만초시蠻椒豉 또는 고초시苦椒豉이다. 지금의 고추장이다. 그런데 '조만초장造蠻椒醬에는 불용만초혹대천초不用蠻椒或代川椒'라는 구절이 있다. 즉 '만초장(고초장)을 만들 때 만초(고추)를 재료로 하지 않을 경우에는 대신 천초를 재료로 한다'는 뜻이다.

《도문대작》이 나올 당시 황주의 것이 가장 좋았다는 초시(천초장)는 《산림경제》의 만초시(고초장)가 보급되기 전까지 조선의 민중들이 먹던 장이었으며, 고추가 보급됨에 따라 천초 대신에 고추로 대치된 것이 만초장(고추장)이다.

본격적으로 고추장이란 이름을 붙인 시기는 1700년대 전기에서 중기 사이로 보인다. 필자가 아는 한 고초장에 대한 기록이 처음 등장하는 것은 이표의 《수문사설》(1746)이다. 이 책에 '순창고초장조법淳昌苦椒醬造法'이라 하여 메주콩·백설병白屑餠으로 메주를 만들어 가루로 한 다음 고초말苦椒末·맥아·찹쌀·감장에 섞어 고초장 재료로 쓰고 있다. 그러므로 순창 고추장은 18세기 중반에 이미 전국적으로 유명했을 뿐만 아니라 오늘날의 고추장 제조법과 거의 비슷한 방법을 채택했음을 알 수 있다.

| 초시에서 유래된 고초장 |

고추가 보급되기 전 김치에 넣었던 천초

김치류에 대한 가장 오래된 기록은 고려 중반 이규보(1168~1241)의 《동국이상국집東國李相國集》에 수록된 시문인 〈가포육영家圃六詠〉에서 찾아볼 수 있다. 이 시에는 '파김치·무장아찌·무김장김치' 등이 소개되어 있는데, 이후 권근(1352~1409)이 쓴 《양촌집陽村集》에서는 축채蓄菜로 표기한 김장이 등장한다.

김치를 언제부터 김치라 불렀는지는 분명하지 않다. 다만 고려 말 이색(1320~1396)의 시에 '침채장沈菜藏'이란 어구가 출현하고 있기 때문에, 이때 이미 김치의 뜻으로 저菹와 침채沈菜가 혼용되어 쓰였을 것으로 짐작된다.

조선시대에 들어서서 김안국(1478~1543)이 지은 《구급벽온救急辟瘟》(1518)에서 저즙菹汁을 '딤채국'으로 언해하고 있으며, 《훈몽자회》에서는 저를 '딤채'라고 기록하고 있고, 《태종실록》에는 침장고沈藏庫란 말이 나오고 있는 사실에서 이미 1300년대에 침채沈菜라고 표기해 이것이 오늘날 김치가 되었으며, 김장은 침장沈藏에서 유래되었음을 알 수 있다.

같은 동아시아 문화권인 중국이나 일본과는 달리, 유난히 발달한 우리의 김치문화를 어떠한 각도에서 바라보고 규명할 것인가는 앞으로 고고학·민족학·역사학·지리학·인류학·기후풍토학·종교학 등의 많은 조사와 연구가 선행되어야 할 것이다. 하지만 필자는 우선 동이문화권과 백제사로 유추해 보았을 때, 《제민요술》이 쓰였던 당시의 산둥반도가 백제문화권에 속해 있음을 제기하고 한반도 김치의 기본은 《제민요술》에서 찾을 수 있음을 주장한 바 있다.[1]

중국이나 일본의 저에 비해 유난히 발달한 한국의 저인 김치류는 분명 중국 고대의 저와는 그 성격이 다르다. 중국의 저는 단순한 신맛의 저라고 말할 수 있고, 일본의 저는 백제 때 한반도에서 건너간 것으로 생각되기 때문에 그 종류는 《제민요술》에서 나타난 저의 종류와 비슷하다.

《제민요술》에 나타나는 저에는 염저鹽菹·곡물저穀物菹·조저糟菹·초저椒菹·장저醬菹로 구성되어 있다. 그러나 19세기 말경에 쓰인 《시의전서》에는 이들 중에서 조저는 빠지고 염저·곡물저·초저·장저만이 보이는데, 저는 김치류로, 곡물저·초저·장저는 장아찌류로 발전하고 있음이 나타나고 있다. 또 이수광의 《지봉유설》에 고추에 대한 기록이 있긴 하지만, 김치에 고춧가루를 넣은 시기는 그동안 만들어 먹던, 장에 천초를 넣은 천초장 대신 장에 고추를 넣은 본격적인 고추장에 대한 기록이 있는 《산림경제》(1715)와 거의 비슷한 시기로 판단된다. 다시 말해 고추장 때문에 천초장을 버렸듯이, 고추를 넣은 김치 때문에 천초를 넣은 김치를 버린 시기가 1700년대 전후가 되는 것이다.

《음식지미방》에는 마늘장아찌를 할 때 마늘·소금·천초로 하고 있고, 《산림경제》에서는 김장김치에서 천초를 넣고 있다. 김치에 천초 대신 고춧가루를 넣게 된 이후 다양한 종류의 젓갈과 육어품도 비로소 넣게 되었다.

현재 우리가 먹는 김치류와 장아찌류는 1900년대 말 거의 모두 만들어 먹던 것들로 생각되기 때문에 이들 김치류를 소개한다.[2]

---

[1] 김상보, 〈'제민요술'의 菹(저)가 백제의 김치인가에 관한 가설의 접근 연구〉, 《한국 식생활문화학회지》(Vol. 13. No. 2), 한국식생활문화학회, 1998.
[2] 강수기 외 2인, 《김치》, 25, 57쪽, 농민신문사, 1995.

| 고추가 보급되기 전 김치에 넣었던 천초 |

——— 김치류

보쌈김치, 씨도리배추김치, 오징어김치, 배추김치, 양념김치, 배추물김치, 백김치, 동지김치, 솎음배추물김치, 고갱이짠지, 어리김치, 장김치, 햇배추김치, 솎음배추김치, 풋배추물김치, 통배추국물김치, 연배추물김치, 배추동치미, 봄동겉절이김치, 보김치, 쌈김치, 강지, 전복김치, 분디김치, 우거지김치, 얼갈이김치, 백보쌈김치, 배추겉절이, 곤쟁이젓김치, 동김치, 골림김치, 호배추소박이김치, 찌개김치, 배추물김치, 즉석보쌈김치, 배추잎말이김치, 멸치젓통김치, 배추시래기지, 겨자김치, 호박김치, 가지물김치, 가지짠김치, 오이소박이, 오이물김치, 박나박김치, 오이비늘김치, 박김치, 박물김치, 가지무청 김치, 가지통김치, 오이깍두기, 호박지, 배추쌈, 오이소박이, 오이송송이, 즉석오이소박이, 오이장김치, 오이별식소박이, 오이마른새우김치, 오이다시마김치, 배추쌈 오이소박이, 열무오이깍두기, 열무오이물김치, 생치김치, 꽁치김치, 무국화김치, 무명태김치, 무백김치, 무묶음김치, 창란젓깍두기, 무배김치, 무말랭이파김치, 무겉절이김치, 열무겉절이김치, 쑥갓깍두기, 삶은무깍두기, 알타리김치, 나박김치, 빨간무김치, 깍두기, 무말랭이김치, 명태깍두기, 열무감자김치, 서거리김치(서거리깍두기), 골금짠지, 물말랭이짠지, 어리김치, 애무김치, 비늘김치, 달랭이동김치, 총각물김치, 대구아가미깍두기, 마른고기식해, 가자미식해, 굴깍두기, 게거리무김치, 동치미, 총각김치, 북어김치, 채김치, 무청동치미, 총각무동치미, 알타리동치미, 알타리국물김치, 무배추고춧잎짠지, 즉석용 흰깍두기, 장아찌김치, 오징어생채, 궁중동치미, 석류김치, 마른오징어김치, 창란젓깍두기, 창란김치, 무짠지, 알타리동치미, 즉석동치미, 비지미, 젓지, 무청김치, 도루묵채김치, 무북어짠지, 열무물김치, 대구 알깍두기, 동태깍두기, 석류백김치, 즉석굴깍두기, 전복나박김치, 달랑무김치, 해물깍두기, 충청도양념채김치, 무송송이, 숙깍두기, 무청소박이, 닭깍두기, 닭김치, 게거리김치, 흰깍두기, 빨간무소박이, 분디물김치, 나복동치미,

| 고추가 보급되기 전 김치에 넣었던 천초 |

【김홍도, 《모당평생도》 중 〈돌잔치〉】

돌잔치 하는 장면. 장소는 대청인 듯하고, 바로 옆에는 정갈한 장독대가 보인다. 장독의 크기로 보아서 간장독·된장독·고추장독·장과(장아찌)독인 것으로 생각된다. 한 살 된 아이는 돌상을 받고 처음에 대로 만든 활을 집은 듯하다. 아마 이 아이는 커서 무인이 될 것이다. 활을 집고 있는 아이의 모습을 온 식구들이 쳐다보고 있다.

무말랭이고춧잎짠지, 방울동김치, 모젓깍두기, 알타리막동치미 통대구소박이, 묘삼나박김치, 지름석박지, 젓국석박지, 동아석박지, 무석박지, 궁중식석박지, 멸치젓석박지, 갈치석박지, 배추석박지, 동아석박지, 고추소박이, 호배추소박이김치, 삼갓지, 삼갓김치(고수김치), 고들빼기김치, 고춧잎김치, 쓴냉김치(씀바귀김치), 돌나물김치, 콩잎김치, 갓지, 갓김치, 갓소박이, 오징어파김치, 부추젓지, 파강회짠지, 파짠지, 쪽파김치, 부추김치, 깻잎보쌈김치, 삭힌풋고추김치, 깻잎김치, 메밀순김치, 풋고추김치, 갓물김치, 마나리김치, 미나리지, 쑥갓김치, 풋고추깍두기, 상치생절이, 양배추김치, 율장김치, 참나물김치, 풋고추김치, 콩잎쌈김치, 상추물김치, 풋고춧잎깍두기, 실파겉절이, 깻잎양파겉절이, 부추겉절이, 분디물김치, 삭물김치, 더덕물김치, 돌나물물김치, 죽순김치, 제육김치, 우엉깍두기, 꿩김치, 더덕김치, 과일동치미, 미역줄기김치, 파래김치, 톳김치, 청각물김치, 해물김치, 명란채김치, 더덕소박이, 더덕물김치, 동아김치, 고구마줄기김치, 인삼오이물김치, 우엉김치, 청각김치, 마늘쫑짠지, 돌나물물김치, 마늘열무김치, 도라지김치, 파래물김치, 파래젓김치, 콩잎김치, 고구마순오징어김치,

| 고추가 보급되기 전 김치에 넣었던 천초 |

둥근파깍두기, 둥근파물김치, 달래김치, 콩나물젓김치, 고수김치, 부추깍두기, 시금치김치, 실파김치, 달래김치, 원추리김치, 붓추젓김치, 시금치물김치, 감, 대추물김치, 인삼물김치, 마늘김치, 콩나물물김치.

—— 장아찌류

가지장아찌, 계란장아찌, 고춧잎장아찌, 굴비·복어장아찌, 굴장아찌, 김장아찌, 깨줏지, 단풍든콩잎장아찌, 달래장앗지, 당귀장아찌, 더덕장아찌, 도라지장아찌, 깻잎장아찌, 도토리묵장아찌, 동아장아찌, 두릅장아찌, 두부장아찌, 둥근파장아찌, 깻잎젓갈장아찌, 마늘잎장아찌, 마늘장아찌, 마늘장아찌, 마른오징어장아찌, 머우장아찌, 무말랭이장아찌, 무멸치젓장아찌, 무숙장아찌, 무채장아찌, 무청장아찌, 무장아찌, 묵장아찌, 미나리장아찌, 미역귀장아찌, 배추꼬리장아찌, 부추장아찌, 복어장아찌, 산초장아찌, 속대장아찌, 숙장아찌, 씀바귀장아찌, 양애장아찌, 언무장아찌, 열무장아찌, 오이장아찌, 오이통장아찌, 우무장아찌, 잔고추장아찌, 장채장아찌, 전복장아찌, 쪽파장아찌, 파장아찌, 참외장아찌, 콩잎장아찌, 토란장아찌, 풋감장아찌, 풋고추장아찌, 호박장아찌, 홍합장아찌, 후춧잎장아찌, 배추꽂이장아찌, 배추무말랭이장아찌, 무청장아찌, 무말랭이젓장아찌, 배춧잎장아찌.

반가 조리서에 나타나는 김치류 찬품은 다음과 같다.

- 《음식지미방》(1670): 삿갓침채, 마늘침 하는 법, 고사리 하는 법.
- 《주방문》(1600년대 말): 약지히(藥沈菜), 오이 담그는 법, 가지 담그는 법, 생강침 하는 법, 고사리 하는 법, 청태침 하는 법.
- 《음식보》(1700년대 초): 침강법, 가지약지히, 동침이(冬沈法).
- 《수문사설》(1765): 초산醋蒜.

- 《역주방문》(1800년대 중반) : 즙저汁菹.

- 《윤씨음식법》(1854) : 침채, 장과.

- 《시의전서》(1800년대 말) : 어육침채, 동침이, 석박지, 동아석박지, 산갓침채, 배추통김치, 장침채, 호과침채, 박김치, 얼젓국지, 오이지, 생강지, 장앗지, 외장앗지, 무숙장앗지, 장짠지, 더덕장앗지, 송이장앗지, 무장앗지, 가지장앗지, 고초장앗지, 생감장앗지, 두부장앗지, 전복장앗지, 문어장앗지, 생강장앗지, 관목장앗지, 신감채줄기장앗지, 마늘장앗지.

| 고추가 보급되기 전 김치에 넣었던 천초 |

유밀과

| 매엽과 |

매작과는 현재 한국을 대표하는 궁중 조과류의 하나로 널리 알려져 있는 과자로서 황혜성의 《한국의 요리, 궁중음식》(1988)에는 이것을 궁중음식 찬품의 하나로 분류하고 있다. 이 과자의 재료 구성 및 조리법은 다음과 같다.

—— **재료 구성**

밀가루 110그램, 소금 1/2작은술, [가]생강 20그램, 물 3큰술, [나]설탕 1컵, 물 1컵, 꿀 2큰술, 계핏가루 1/2 작은술, 튀김기름 3컵, 잣가루 2큰술.

—— **조리법**

(1) 밀가루에 소금을 넣어 체에 받친다.

(2) [가]의 생강을 껍질을 벗겨서 곱게 갈아 물과 함께 밀가루와 고루 섞어서 잘 치대어 젖은 행주를 덮어서 30분 정도 둔다.

(3) 집청할 꿀은 [나]의 설탕물을 각 1컵씩 냄비에 담아 중간불에 올려서 젓지 말고 끓인다. 설탕 시럽은 1컵 정도가 되면 농도가 적당하다. 설탕 시럽을 식힌 후에 꿀을 섞고 계핏가루를 넣어 고루 섞는다.

(4) 반죽한 밀가루를 0.3센티미터 두께로 얇게 밀어서 길이 5센티미터 폭 2센티미터의 갸름한 네모로 썰어 한문의 '내 천川' 자처럼 길이로 칼집을 세 번 넣어 제일 가운데로 한끝을 넣어 뒤집어서 마치 리본처럼 모양을 만든다.

(5) 튀김기름을 150도로 덥혀서 재료를 넣어 옅은 갈색이 나도록 튀겨서 건져 기름이 빠지면 집청꿀에 담갔다가 망에 건진다.

(6) 집청한 매작과를 그릇에 담고 잣가루를 고루 뿌린다.[1]

그런데 이 매작과의 명칭은 어디에서 유래된 것일까.《조선무쌍신식요리 제법》(1924)에는 매작과는 아니지만 '매잡과梅雜果'란 명칭으로 그 조리법을 다음과 같이 소개하고 있다.

밀가루를 반죽해 얇게 밀어서 길이가 2치, 넓이가 5푼 되게 칼로 잘라 한 가운데를 길이로 썰어, 과자 한쪽 끝을 구멍으로 집어넣어 빼면 뒤집어진다. 이것을 기름에 넣어 잠깐 지져 낸다.[2]

현재의 매작과 만드는 방법과 일치하고 있다는 점에서 1924년의 '잡과'가 80여 년이 지난 오늘날에는 '매작과'란 명칭 변화를 일으켜 통용되고 있음을 알 수 있다.

궁중에서 내진연內進宴을 치르고 나서 그 전말을 기록한 책인 1828년의 《진작의궤》에는 '매엽과梅葉果'란 과자가 등장하고 있다. 밀가루 7되·꿀 1 도·백당 1근·사탕 1/10원·참기름 3되·계핏가루 2작·후춧가루 2작·잣 6작 으로 구성된 이 매엽과는 궁중약과와 그 재료 구성이 같은 점으로 짐작건대, 약과와 같이 만들되 매화나무 잎 모양의 틀에 박아 내어 기름에 튀겨 낸 다

[1] 황혜성 외,《한국의 전통음식》, 408쪽, 교문사, 1990.
[2] 이용기,《조선무쌍신식요리제법》, 240쪽, 영창서관, 1924.

음 고물을 묻힌 과자로 판단된다.

매엽과란 과자는 그 명칭이 암시하듯이 '매화나무 잎 모양의 과자'를 뜻한다. 1765년의 《수작의궤》에는 매엽과를 아주 작게 만든 소소매엽과小小梅葉果라는 과자가 소개되고 있다. 따라서 매화나무 잎 형태로 만든 매엽과는 적어도 조선왕조 후기의 연회 때에 종종 오르던 찬품의 하나였다고 볼 수 있다.

결론적으로 말하면 1828년의 '매엽과'는 그로부터 약 100년 후인 1924년 이용기에 의해 '매잡과'가 되어 《조선무쌍신식요리제법》이란 책에 소개되었던 것이며, 다시 그로부터 80여 년이 지난 현재에는 '매작과'가 되어 통용되고 있는 것이다.

매엽은 '매화나무 잎'으로 해석이 가능하나 '섞일 잡·섞을 잡'이 들어 있는 매잡은 어떠한 해석도 가능하지 않기 때문에 매잡과와 만드는 방법이 일치하고 있는 현재 매작과의 원형은 매엽과梅葉果로 단언해도 좋다. 그런데 현재 매작과의 모양이 매화나무 잎 형태가 아닌 것과 매작과 반죽 때 재료 구성이 매엽과 반죽 때 재료 구성과 다른 것을 어떻게 설명할 것인가.

1765년의 《수작의궤》, 1892년의 《진찬의궤》, 1901년의 《진찬의궤》, 1902년의 《진찬의궤》에 등장하는 조과 중에 양면과란 과자가 있다. 양면이란 물론 '앞면과 뒷면', '두 면'이라는 뜻을 지니고 있다. 그러므로 양면과는 '앞면과 뒷면이 같은 과자'라는 의미로 해석이 가능하다.

1892년의 《진찬의궤》에서 소개되는 양면과의 재료 구성을 보면 밀가루 3되·꿀 1되·사탕 1/10원·참기름 1되·계핏가루 3/10전·후춧가루 3/10전·잣 1/2작으로서, 앞서 살펴본 1828년의 《진작의궤》에 등장하는 매엽과의 재료 구성과는 사뭇 다르다. 즉 매엽과는 밀가루를 반죽할 때 참기름을 넣고 반죽한 데 반해 양면과는 반죽할 때 참기름을 넣지 않고 반죽한 것이다. 밀가루 반죽에 참기름을 넣지 않고 반죽했다면 그것은 오늘날 매작과의 재료 구성과 같다.

《조선무쌍신식요리제법》에서 소개하고 있는 바 '한가운데를 길이로 썰어, 과자 한쪽 끝을 구멍으로 집어넣어 빼면 뒤집어진다. 이것을 기름에 넣어 잠깐 지져 낸다'는 매잡과는, 바로 앞뒤 양면의 모양이 똑같은 과자가 된다는 점에서 조선왕조의 양면과가 구한말의 격변기를 겪으면서 잘못 전해져 매잡과가 되었던 것이고, 그 후 80여 년이 지난 현재 매잡과는 다시 매작과가 되어 전해졌다고 볼 수 있다. 다시 말해 매작과란 명칭의 전신은 궁중 조과류의 하나인 매엽과라고 보지만, 매작과의 재료 구성과 조리법의 전신은 양면과라고 필자는 생각하는 것이다.[3]

| 약과 |

약과는 조선왕조의 조과류 중에서 가장 대표적인 것이다. 이것은 조선통신사가 일본을 방문할 때 왕복 6개월 걸리는 장기간의 여행에 대비해 여행 음식으로 일본까지 가지고 갔으며, 진연·진찬·제례 등 각종 의례에도 반드시 올라가는 귀한 유밀과에 속하는 찬품의 하나였다.

유밀과란 '기름과 꿀을 재료로 하여 만든 과자'란 뜻인데, 여기에서 기름은 참기름(眞油)을 뜻한다. 조선왕조 궁중연회식 의궤에는 약과의 재료와 분량이 기록으로 남아 있다.

다음에 제시한 표는 1827년에서부터 1873년까지의 조선왕조 궁중연회식 의궤에서 나타나는 약과의 재료와 분량인데, 밀가루 1되에 대해 꿀 2홉이 정량으로 보인다. 왜냐하면 1873년에 밀가루 1되에 대해 꿀 2홉을 하고 있고, 기름에 튀기고 나서 묻히는 집청용으로 조청 2홉 사용을 제시하고 있는 데

---

[3] 김상보, 《조선왕조 궁중과자》, 수학사, 2005.

반해, 1827년·1828년·1829년·1868년은 집청용 꿀을 조청으로 하지 않고 꿀로 함으로써 꿀의 양은 반죽용 꿀과 집청용 꿀이 합해져 4홉이 되고 있기 때문이다. 다시 말해 1827년부터 1868년까지의 재료에서 꿀 4홉은 반죽용 꿀 2홉과 집청용 꿀 2홉이 합해진 것이며, 밀가루와 꿀의 비율은 1873년의 그것과 같다고 볼 수 있기 때문에 조선왕조에서는 적어도 1827년부터 1873년까지는 밀가루:꿀의 비율이 5:1이 되는 셈이다.

【조선왕조 궁중연회식 의궤에 나타난 약과의 재료와 분량】

	1827년	1828년	1829년	1868년	1873년
밀가루	1되	1되	1되	1되	1되
꿀	4홉	4홉	4홉	4홉	2홉
사탕	1/50원	1/30원	1/40원	1/100원	
조청					2홉
진유	4홉	4홉	4홉	4홉	4홉
후춧가루	2/5작	2/3작	1/4작	1/10작	1작
계피가루	1/3작	1/2작	1/5작	약간	1작
잣	1.5작	1.5작	1.3작	1작	
					6립*

*6립은 밀가루 1되로 약과를 만들면 6개가 나온다는 뜻

이상의 조선왕조 궁중연회식 의궤에서 나타나는 밀가루와 꿀의 비율이 반가의 고조리서에는 어떻게 적용되고 있는가를 나타낸 것이 다음의 표이다.

《음식지미방》에서는 조선왕조 궁중연회식 의궤와 마찬가지로 5:1로 구성되고 있었지만, 19세기 말경에 쓰였다고 보이는《시의전서》이후에는 10:1 정도로 바뀌고 있음을 알 수 있다.

밀가루와 꿀의 비율을 5:1로 한다면 반죽할 때 상대적으로 참기름의 양은 적게 들어갈 것이다. 조선왕조 궁중연회식 의궤에 기록된 참기름 4홉은 반죽

【고조리서에 나타난 약과의 재료와 분량】

	《음식지미방》 (1598~1680)	《규합총서》 (1759~1824)	《주방문》 (1600년대 말)	《주방문》 (1600년대 말)	《시의전서》 (19세기 말)	《조선무쌍신식요리제법》 (1924)	《한국의 요리, 궁중음식》 (1924)
밀가루	1말	1말	1말	1말	1말	1말	30큰술
꿀	2되	임의대로	1되 5홉	1되 4홉	1보시기	1되	3큰술
참기름	5홉	7홉		5홉	1보시기	8홉	3큰술
술	3홉		5홉(청주)		1보시기	○(소주)	2큰술(청주)
끓인 물	3홉		5홉		1보시기		
즙청	1되	○	○	○	○		설탕 1컵 +물 1컵
지짐용 기름							1컵
잣가루					○(고물용)		1큰술
계피가루		○			○(고물용)		1큰술
후춧가루							1/4작은술
생강즙							1큰술
소금							1작은술
호칭	약과	약과	약과	연약과	약과	약과	약과

*○ 표시된 것은 재료는 들어가되 정확한 분량은 기재되어 있지 않은 경우임.

용과 튀김용을 합해 기록한 분량이기 때문에, 밀가루 1회당 참기름이 과연 얼마만큼 들어갔는지는 불분명하다. 그러나 밀가루와 꿀의 비율을 조선왕조 궁중연회식 의궤와 같이 5:1로 기록하고 있는 《음식지미방》의 참기름 분량을 참고한다면 무리가 없을 것이다.

밀가루 1되(1말)에 대해 참기름 1/2홉(5홉)으로 설정된 《음식지미

【약과】

방》에서 제시하는 참기름 분량을 조선왕조 궁중연회식 의궤에 적용시킨다면, 반죽할 때 밀가루:꿀:참기름의 분량은 밀가루 1되:꿀 2홉:참기름 1/2홉, 즉 20:4:1이 된다. 이러한 비율로 약과가 만들어진다면 기름의 양이 적고 꿀의 양이 많기 때문에 앞서 말한 바 조선통신사 일행의 6개월 여행을 위한 보존식으로서의 약과의 이용도 이해가 되지만, 그러나 현재의 약과 비율인 밀가루:꿀:참기름의 10:1:1의 비율은 보존식으로서는 무리가 따른다.

《시의전서》 이후 밀가루:꿀:참기름의 비율로 정해진 10:1:1은 황혜성의 《한국의 요리, 궁중음식》(1988)의 약과에도 그대로 적용되어 오늘날까지도 보급되고 있다.

또 한 가지 의문이 있다. 조선왕조 궁중연회식 의궤의 약과는 무엇으로 고물을 묻혔는가 하는 것이다. 앞서 표에는 사탕이 등장하고 있다. 집청을 위해서는 꿀 또는 조청을 사용하고 있기 때문에 집청을 만들기 위한 사탕은 아니다. '원'이라는 단위에 대한 정확한 양을 현재로서는 계량할 수 없기 때문에 사탕의 양을 가늠할 수는 없으나, 사탕이 집청용 사탕으로 쓰이지 않았다면 재료 구성상 사탕은 고물용이라고 말할 수 있다. 사탕을 글자 그대로 해석하면 '모래당'이란 뜻이 되므로 오늘날의 설탕에 해당된다.

앞서 조선왕조 궁중연회식 의궤의 1873년 항목을 보면 '6립立'이란 말이 나온다. 이것은 밀가루 1되로 약과를 만들면 6개가 나온다는 뜻이다. 1827년·1828년·1829년·1868년에도 6개를 적용한다면 약과 6개의 고물에 잣 1숟가락, 1.3숟가락, 1.5숟가락이 가루로서 만들어져 고물이 되었다는 것인데, 필자는 이 잣가루에 사탕이 보태어져 고물이 되었다고 보는 것이다. 조선왕조에서는 약과를 만들 때 1873년의 경우와 같이 고물을 묻히지 않은 경우도 있었고, 1827년·1828년·1829년·1868년과 같이 잣가루에 설탕을 섞어서 고물로 한 경우도 있었던 것이다.[4]

---

[4] 김상보, 《조선왕조 궁중과자》, 수학사, 2005.

【엿 파는 모습】

유밀과류·당속·다식류는 당唐 문화의 유입에 의해 삼국시대 이후 한반도에 전해졌을 것으로 생각되고 있다. 불교문화의 발달과 함께 당과자唐菓子는 유밀과 및 당속으로 발전하였고, 차 문화는 다식으로 발전하였다.

유밀과류의 전분질 재료는 크게 두 가지로 나눌 수 있다. 하나는 찹쌀이고, 다른 하나는 밀가루이다. 전자에 대표되는 것이 강정이며, 후자에 대표되는 것이 약과이다. 《고려사》에서 끊임없이 대두되는 유밀과 금지령은 불교의 다공양에서 빼놓을 수 없는 식품이 유밀과였기 때문이다.

통일신라의 문화를 계승한 고려 시대의 연등회와 팔관회에서의 유밀과상은 그대로 조선왕조로 이어지게 된다. 조선왕조의 유교를 중심으로 한 국가정책은 불교를 배척했음에도 불구하고 조선왕조 말까지 각종 영접식·가례식·진찬식·일상식·제사식에 각종 유밀과가 상에 올려졌다.

역시 당과자의 하나인 당속류도 조선왕조의 각종 연회식 의궤에 등장하고 있다. 이들 당류는 설탕을 위주로 해서 만든 것과 엿을 위주로 해서 만든 것으로 대별된다. '흑당黑糖·백당白糖·이당飴'라고도 지칭되었던 엿은 삼국시대에 이미 존재했다.

한나라 시대에는 조미료로서 엿이 사용되었다. 엿을 제조하는 재료의 하나인 엿기름 보리싹을 이용해 전분을 발효시킴으로써 당화가 이루어지는 것

【김홍도, 《단원풍속화첩》 중 〈씨름〉】
씨름을 구경하기 위해 모인 구경꾼들에게 한 남자가 엿통을 목에 걸고 엿을 팔고 있다. 그림에 보이는 비교적 어린 나이에 엿 파는 사람을 매당아賣糖兒라고도 불렀다.

을 이용한 이 식품은 조선왕조 궁중연회식 의궤 상에 각종 과자류 제조의 재료로서 이용되고 있으며, 조선시대 전반에 걸쳐서 식품으로서 사용되었다. 《조선만화》(1909)에는 당시 엿 파는 풍경을 다음과 같이 묘사하고 있다.

　엿 판매: 커다란 갓을 쓰고 엿상자를 앞에 걸치고 인간의 목도 벨 것 같은 가위를 찰칵찰칵하면서 '엿, 엿, 엿 사려' 하고 외치면서 큰길을 걸어 다닌다. 상자 속에는 흰색과 검은색의 두 가지 색깔의 엿이 들어 있다. 흰 것은 보통의 엿, 검은 것은 대추가 들어 있는 엿으로 한 상자에 2관이 들어 있다. 하루 걸으면 전부 팔린다. 벌이는 1관을 1원에 사서 1원 50전에 파니까, 2관을 팔

| 유밀과 |

면 1원의 순이익이 남는다. 1식(한 끼)에 5전인 한인의 생활에 있어서는 엿과 같이 달콤한 일이다. 메밀가루(蕎麥粉)가 바람에 날린다.

1909년 당시의 엿 판매에 대한 풍경이다. 어린아이의 군것질로서는 최상 등품으로 쳤던 것이다. 흰 엿과 대추를 다져서 넣은 엿에 볶은 메밀가루를 입혀서 파는 모습을 설명하고 있다.

《시의전서》(19세기 말경)에 나타나 있듯이 찹쌀에 엿기름을 넣어 푹 고아서, 깨·강반·잣·호두·계피·후추·건강·대추 다진 것 등을 각종 고명으로 사용해 만들었던 이 엿은, 엿 제조 때에 월경하는 사람이나 피 묻은 옷을 입은 사람은 접근을 금하고 있다. 부정 타는 것을 두려워했기 때문이다.

반가 조리서에 나타나는 조과류 찬품은 다음과 같다.

• 《도문대작》(1611): 약과, 대계大桂, 중박계中朴桂, 홍산자, 백산자, 빙과 氷果, 과과瓜果, 봉접과蜂蝶果, 만두과饅頭菓, 백산자白散子(속명은 박산薄 散, 전주에서 많이 만듦), 차수叉手(가는 국수, 여주에서 많이 만듦), 다식茶 食(안동 것이 가장 맛있다), 밤다식(栗茶食, 밀양·상주의 것이 가장 맛있다), 이飴(개성부의 것이 상품이고, 전주·서울 안 송침교松針橋에서도 이것을 잘 만든다).

• 《음식지미방》(1670년경): 약과법藥果法(밀가루·꿀·참기름·술·즙청), 연약과법軟藥果法(볶은 밀가루·꿀·참기름·청주·즙청), 중배끼(中朴桂, 쌀 가루·꿀·참기름·물), 빙사과氷沙果(찹쌀·청주·꿀·참기름·엿), 강정법(찹 쌀·멥쌀·청주·참기름·깨), 박산법(찹쌀가루·청주·들기름·꿀), 앵도편법 (앵두·꿀), 다식법(볶은 밀가루·청밀·참기름·청주).

• 《주방문》(1600년대 말): 약과(밀가루·청밀·청주·참기름), 연약과(볶은

밀가루·청밀·청주·참기름), 중배끼(꿀·물·밀가루·참기름), 우근겨(밀가루·꿀·물), 산자算子(쌀가루·꿀·엿·강반), 강정(찹쌀가루·술·기름), 빙사과(찹쌀가루·술·기름·엿·고물), 조청(찹쌀가루·엿기름).

• 《규합총서》(1815): 약과법(밀가루·참기름·꿀), 만두과(밀가루·참기름·꿀대추·계피), 강정(찹쌀·멥쌀·초·기름·꿀·흰엿·참깨 고물·청태·신감채·건강말·잣가루·송황가루·흑임자·홍색(쌀 튀긴 것·지초기름)), 빙사과(찹쌀·멥쌀·초·엿·기름·꿀·치자·지초기름), 매화산자(강정과 같으나 네모반듯하게 썰음), 밥풀산자, 묘화산자(밀가루·꿀물), 중계법(밀가루·꿀물), 계강과(메밀가루·찹쌀가루·생강·계핏가루·소(잣가루·꿀)·참기름·꿀), 앵두편(앵두·백청·녹말), 복분자편(산딸기·백청·녹말), 엿 고는 법(쌀밥·맥아).

• 《음식방문》(1800년대 중반): 생강편, 무정과, 녹말정과.

• 《역주방문》(1800년대 중반): 앵도편, 유자편, 송이정과, 약과, 중박계, 소요화, 서여다식.

• 《윤씨음식법》(1854): 앵도편, 산사편, 살구편, 생강편, 벗편, 산딸기편, 모과편, 조란, 율란, 생강정과, 유자정과, 감자정과, 모과정과, 연근정과, 맥문동정과, 산사쪽정과, 동아정과, 다식과, 만두과, 연약과, 타래과, 연사과, 매화산자, 잣박산, 산자, 메밀산자, 강정, 계강과, 다식, 황률다식, 흑임다식, 진임다식, 녹말다식, 잣다식, 잡과다식, 상실다식, 송화다식, 용안육식.

• 《규곤요람》(연세대본, 1896): 생강병, 생강정과, 모과정과, 연근정과, 산사정과.

• 《이씨음식법》(1800년대 말): 앵도편, 녹말편, 율강편, 약과, 별약과, 강정.

• 《시의전서》(1800년대 말): 앵두편, 산사편, 살구편, 녹말편, 들쭉편, 생강편, 어름소편, 생강정과, 유자정과, 감자정과, 모과정과, 들쭉정과, 연근정과, 인삼정과, 도라지정과, 당행인정과, 청매정과, 생신승, 메밀산자, 매작과, 계강과, 다식, 강분다식, 갈분다식, 강정(찹쌀가루·술·기름), 매화산자법(찰

벼·술·기름·흰엿·꿀), 메밀산자(메밀가루·밀가루·기름·흑임자·참깨·송홧가루·숭검초가루), 감사과, 연사과, 약과(밀가루·꿀·참기름·소주·잣가루·계핏가루), 다식과, 만두과, 중계(밀가루·꿀·참기름), 매작과(밀가루·꿀·참기름), 빈사과, 흑임자다식(흑임자·조청·꿀·잣가루), 송화다식(송홧가루·꿀), 황률다식(황률·꿀), 녹다식(녹말·오미자국·연지·꿀), 율란栗卵(생밤·꿀·계핏가루·잣가루), 조란棗卵(대추·꿀·계핏가루·잣가루), 엿 고는 법(찹쌀밥·엿기름·고명(볶은깨·강반·잣·호두·계피·후추·건강·대추 다진 것), 월경하는 사람, 피 묻은 옷을 입은 사람은 엿을 고을 때 피한다), 수수엿(수수가루·엿기름), 꿀 만드는 법 (찰기장·엿기름, 사기 항아리에 넣어 30일 만에 꺼내면 백청白淸이 된다), 엿기름 기르는 법(겉보리·물), 당속 종류(사탕·옥춘당·오화당·용·귤병·당대추).

• 《부인필지》(1915): 유밀과(밀가루·참기름·꿀·소주·꿀·계피·건강가루·잣가루), 흑임자다식(흑임자·설탕), 녹말다식(녹말·오미자 국·연지·계핏가루·건강가루·꿀), 용안육다식(용안육·설탕물), 쪽정과(굵은 산사·백청), 앵도편(앵두·녹말), 모과편(모과·녹말), 광주 백당법(쌀밥·엿기름·고물(깨와 후추를 섞은 것), 흑당에 말뚝을 박아 늘이면 백당이 된다)[5].

[5] 김상보, 《한국의 음식생활문화사》, 424~429쪽, 광문각, 1977.

떡

| 어떤 종류의 떡을 먹었을까 |

떡은 크게 두 종류로 분류된다. 하나는 멥쌀떡, 다른 하나는 찹쌀떡이다. 조선왕조 궁중에서는 멥쌀떡을 경미병粳米餠, 찹쌀떡을 점미병粘米餠으로 지칭해 각 떡을 분류하고 있다.

떡을 만드는 주재료로 들 수 있는 것이 찹쌀·멥쌀이고, 소로 들어가는 것이 볶은 거피팥가루·계피·건강가루·꿀·대추·밤·잣가루·황률 등이며, 고물로서는 볶은 거피팥·잣가루·황률가루·대추채·밤채·건시채·녹두고물·팥고물·석이버섯·흑임자·임자 등이 쓰이고 있다. 이 밖에 쌀가루에 각종 과일이나 약재를 섞어서 떡의 이름을 붙인 것도 많아서 나복병·복령병·감자병·살구단자·신감채단자·유자단자·토란병·석이단자·호박떡 등이 그것이다. 《조선만화》(1909)에서는 당시의 떡 만드는 풍경을 다음과 같이 묘사하고 있다.

판 위로 떡을 치는 일은 전쟁 만화에 있을 법한 그림이다. 절구는 10전으로도 살 수 없는 고가의 제품이다. 마주 보고 둘이서 친다. 매우 조심스러운 일이지만 혼자서 하기에는 벅찬 일이기 때문에 둘이서 하는 것이다. 한 사람은 그사이에 잠깐 쉰다. ……한인의 떡은 쌀을 찜통에서 찌는 것이 아니라,

일단 쌀을 가루로 만들어 반죽해 둥글게 빚은 다음 찜통에서 쪄서 이것을 친다. 이 떡은 진백색으로 대단히 상등으로 보인다. 조선의 국수집에서 가는 국수와 함께 이 떡을 팔고 있다. 양반들은 꿀을 찍어 먹고 있다. 그 밖의 사람들은 그대로 먹는다. 구우면 향기가 있고 미미美味이다.

요즘도 떡을 방앗간에서 팔고 있는데, 그 당시 방앗간에서 국수를 뽑았기 때문에 국수집에서 떡을 팔고 있다고 기록하고 있다.

《조선인의 의식주》(1916)에 나타난 떡에 관한 기사에서는 떡은 축제, 주식의 보조 및 간식으로서 각 지역마다 모두 만들어 먹고 있다. 각종 곡물을 이용해 그 전분을 반죽한 후 찌거나, 혹은 찹쌀을 쪄서 친 다음에 여기에 콩가루·깻가루·밤채·대추채로 옷을 입힌다고 쓰고 있다. 아울러 기름에 튀긴 유병油餠이라는 것도 있고, 그 밖에 전병煎餠도 있어서 떡에 꿀을 혼합한 것, 잣 열매를 섞은 것 등이 있다는 것이다. 즉 인절미·화전·주악에 대한 설명이다. 그 당시에도 찹쌀을 쪄서 절구에 친 다음에 인절미를 만들어 먹었던 것이다.

반가 조리서에 나타나는 병류 찬품은 다음과 같다.

- 《도문대작》(1611): 약반藥飯, 석이병石栮餅(메밀가루·꿀물·석이), 경고瓊糕, 나시병糯柿餅(감찰떡).
- 《음식지미방》(1670년경): 중편법蒸片法(멥쌀가루·누룩·밤·술·콩감·밤고물·대추채·잣), 석이편법石相片法(백미가루·찹쌀가루·석죽), 밤설기법(찹쌀가루·밤·꿀물), 잡과편법雜果片法(찹쌀가루·곳이가루·잣가루), 인절미 굽는 법(맛질 방문: 인절미·엿), 섭산적법(더덕·찹쌀가루·참기름·꿀), 전화법煎花法(찹쌀가루·메밀가루·두견화·장미화·출단화·참기름·꿀), 빈자

법(녹두가루·참기름·팥·꿀).

• 《주방문》(1600년대 말): 화전花煎(메밀가루·찹쌀가루·꿀물·진달래꽃·참기름), 기증편起蒸餅(멥쌀가루·누룩), 상화霜花(멥쌀가루·누룩(팥소 또는 콩가루·꿀·채소)), 겸절병법兼節餅法(밀가루·메밀가루·녹두가루·소(만두소나 상화소), 간장에 생강·마늘·초를 넣어 찍어 먹는다).

• 《산림경제》(1715년경): 율고栗糕(찹쌀가루·밤가루), 석이병법石栮餅法(찹쌀가루·석이가루·꿀, 대추·밤·꿀, 참기름·잣가루), 풍악의 석이병법(귀리가루·꿀물·석이가루).

• 《규합총서》(1815): 석탄병惜呑餅(멥쌀가루·꿀·수시水柿가루·설탕가루·얇게 저민 민강閩薑·잣가루·대추채·밤채), 신과병新果餅(쌀가루·햇밤·풋대추·얇게 저민 생감·청태콩·꿀·거피녹두고물), 혼돈병(찹쌀가루·꿀·신감채가루·소(황률·계핏가루·후춧가루·생강가루·잣가루·꿀)·거피두 볶은 것·계핏가루), 약식藥食(차쌀·황률·백청·참기름·진간장·대추), 석이병石栮餅(찹쌀가루·석이가루·꿀·소(대추·밤·꿀)·잣가루), 송편松片(멥쌀가루·소(거피팥·꿀·계피·후추·생강가루)·솔잎), 잡과편雜果片(찹쌀가루·대추채·건시채·생률채·꿀·소(황률·꿀·계피·후춧가루)·잣가루), 증편蒸片(멥쌀가루·탁주·참기름·소(꿀·계피·건강·후춧가루·거피팥)·신감채가루), 빙자떡(녹두·소(삶은 밤·꿀)·잣·대추), 건시단자(저민 건시·꿀·황률가루·잣가루), 토란병土卵餅(연한 토란·꿀·밤가루·잣가루).

• 《음식방문》(1800년대 중반): 잡과편, 약조악, 석이조악, 국화잎조악.

• 《역주방문》(1800년대 중반): 잡과병, 소병燒餅, 모해병毛海餅, 목맥병木麥餅, 산약병, 석이병, 유고油糕.

• 《윤씨음식법》(1854): 잡과편, 마단자, 대초조악, 밤조악, 당귀조악, 송편, 당귀단자, 중편, 갖은 웃기, 약밥, 준시단자, 대조편.

• 《규곤요람》(연세대본, 1896): 곱장떡, 백설기, 약밥, 떡볶이.

• 《이씨음식법》(1800년대 말): 석이병, 증편, 두텁떡, 흰찰병, 추절병, 신감채단자, 백자병, 약식.

• 《시의전서》(1800년대 말): 시루편 안치는 법, 팥편(멥쌀가루·거피팥 고물·고명(대추·삶은 밤)), 녹두팥편(찹쌀가루·거피녹두고물·고명(대추·삶은 밤)), 꿀찰편(찹쌀가루·꿀·볶은 거피팥고물(거피팥·꿀·계피)), 팥찰편(찹쌀가루·거피팥고물·고명(대추·삶은 밤)), 깨찰편(찹쌀가루·꿀·볶은 흰깨가루고물), 꿀편(멥쌀가루·꿀물·고명(대추와 밤 채 친 것·잣)), 신감채편(멥쌀가루·꿀물·신감채가루·고명(대추와 밤 채 친 것·잣)), 백편(찹쌀기루·고명(대추채·석이채·잣·과래)), 잡과편(찹쌀가루·고물(대추채·건시채·생채·계피·후춧가루)·잣가루), 두텁떡(찹쌀가루·꿀·소(팥가루·꿀·계피·잣·대추·밤)·볶은 거피팥가루), 무떡(찹쌀가루·얇게 저민 무·고명(밤·대추)), 적복령편赤茯苓片(찹쌀가루·적복령가루·설탕·계핏가루·꿀·잣고명·팥고물), 상실편橡實片(찹쌀가루·도토리가루·고명(대추·밤)·팥고물), 증편蒸片(멥쌀가루·탁주·참기름·소(거피팥·꿀·계피 또는 깨소금·꿀)·잣·대추), 막우설기(멥쌀가루·꿀·밤·대추), 호박떡(찹쌀가루·멥쌀가루·호박·팥고물), 석이단자(찹쌀가루·석이가루·꿀대추 다진 것·잣가루), 신감채단자(찹쌀가루·신감채가루·꿀·팥소·잣가루), 건시단자(찹쌀가루·건시·꿀·황률소·잣가루), 밤단자(찹쌀가루·소(밤가루·꿀·계핏가루)·꿀·밤가루), 계광과桂薑果(생강·계핏가루·메밀가루·찹쌀가루·소(잣가루·꿀)·참기름·잣가루·꿀), 경단(찹쌀가루·꿀·콩가루), 쑥송편(멥쌀가루·쑥·소(거피 팥고물·꿀·계핏가루·건강가루·후춧가루)·참기름·솔잎), 송편(맵쌀가루·소(거피팥고물·녹두고물·꿀·계피·대추·밤)·참기름·솔잎), 대추인절미(찹쌀가루·대추·거피팥고물 또는 콩가루), 깨인절미(찹쌀·깨고물, 증편 위에 얹어 쓴다), 쑥인절미(지에밥·어린 쑥), 쑥절편(멥쌀떡쑥·참기름), 송기절편(멥쌀가루·소나무껍질·팥소·참기름), 개피떡(흰색: 멥쌀가루·거피팥소 | 푸른색

(쑥): 멥쌀가루·쑥·거피팥소 | 홍색: 멥쌀가루·맨드라미·거피팥소 | 황색: 멥쌀가루·치자·거피팥소), 어름소편(멥쌀가루·소(숙주·미나리·오이·채소)·참기름, 초장에 찍어 먹는다), 꼽장떡(산병), 골무편(흰떡), 약식(찹쌀·대추·꿀·참기름·잣·밤), 흰주악(찹쌀가루·소(팥소)·참기름·꿀·잣가루·계핏가루), 치자주악(흰주악의 재료·치자), 대추주악(흰주악의 재료·곱게 다진 대추), 밤주악(흰주악의 재료·황률가루·백청·소(잣가루·계핏가루·건강가루·꿀)), 생산승(주악 반죽으로 화전같이 빚어 참기름에 지진 다음 집청해 잣가루를 묻힌 것), 화전(메밀가루·찹쌀가루·꿀·소(밤소)·참기름·계핏가루·잣가루·당귀잎·국화잎·두견화·장미), 떡볶이(흰떡·소고기·양·등심살·참기름·간장·파·표고버섯·석이버섯·잣·깨소금·후춧가루), 떡국(흰떡·고기장국·고기 볶은 국물·약산적·후춧가루), 떡산적(흰떡·소고기·파).

- 《부인필지》(1915): 석탄병惜吞餅(감가루·멥쌀가루·계피·대추·황률·잣가루고물), 복령병(멥쌀가루·백복령가루·설탕물·계피·잣가루), 잡과편(찹쌀가루·고물(대추채·건시채·생률채·잣가루·소(황률·계피·호두)), 두텁떡(찹쌀가루·볶은 거피팥가루·대추·건시), 나복병(쌀가루·무), 감자병柑子餅(쌀가루·감자가루), 대추인절미(찹쌀·대추 또는 찹쌀·대추·밤·건시·꿀·참기름·진간장·대추 삶은 물), 중편(멥쌀가루·탁주·참기름·고물(대추채·건시채·석이채·잣)), 송편(멥쌀가루·소(거피팥·계피·건강가루·호두·잣가루)·솔잎·참기름), 복숭아단자(찹쌀가루·복숭아·설탕물·고명(대추·잣·호두·계피)), 살구단자(찹쌀가루·살구·설탕물·고명(대추·잣·호두·계피)), 도행桃杏단자(도행·찹쌀가루·소(거피팥 볶은 것·꿀)·고물(잣가루)), 유자단자(찹쌀가루·유자껍질가루·건시가루·당귀가루·설탕물·고물(황률·꿀·후춧가루·계피)), 신감채단자(찹쌀가루·두견·장미·국화), 토련병土蓮餅(찹쌀가루·토란·참기름), 밤주악(황률가루·꿀·소(건강가루·잣가루·계피·꿀)·꿀·잣가루), 메밀주악(메밀가루·밀가루·소(잣가루·후춧가루·석이버

섯) · 참기름), 떡볶이(떡 · 소고기 · 양 · 등심살 · 참기름 · 간장 · 파 · 표고버섯 · 석
이버섯 · 잣 · 깨소금 · 후춧가루).[1]

| 화전 |

【화전】

화전에 대해 조선왕조 궁중
연회식 의궤에 처음 등장하는
것은 《원행을묘정리의궤》이다.
재료 구성을 보면 찹쌀 5홉 · 대
추 1홉 · 치자 5개 · 감태 1/2장 ·
지초 1돈 · 참기름 6홉 · 꿀 1홉으
로 되어 있다. 그중 대추 · 치자 ·
감태 · 지초는 색을 내는 데 사용
되었을 것으로 판단되기 때문에
흰색을 합하면 도합 5가지 색으로 구성된 화전이 된다. 찹쌀 5홉에 참기름이
6홉이나 들어간 것으로 보아, 참기름은 지짐기름으로서가 아니라 튀김용 기
름의 용도였으며, 튀긴 후에는 꿀에 재웠다 꺼낸 것이다.

1795년 이후 조선왕조 궁중연회식 의궤에 화전은 1827년 · 1828년 · 1829
년 · 1848년 · 1868년 · 1873년 · 1877년 · 1887년 · 1892년 · 1901년 · 1902년에 계속해
등장하고 있으며, 재료 구성은 1795년과 달리 찹쌀 · 참기름 · 꿀 · 계핏가루 · 잣
으로만 되어 있으면서 참기름의 양은 튀김용으로 쓰였을 만큼 많기 때문에
다만 흰색 화전을 튀겨 내어 계핏가루를 넣은 꿀에 재웠다 꺼낸 다음 잣가루
를 뿌린 것으로 생각된다. 단적으로 말하면 조선왕조 궁중 화전은 5가지 색

---

[1] 김상보, 《한국의 음식생활문화사》, 413~418쪽, 광문각, 1997.

을 가지도록 찹쌀가루에 각각의 재료를 넣어 빚어서 참기름에 튀겨 낸 다음 꿀에 재웠다 꺼내든가 혹은 꿀에 재웠다가 꺼내어 잣가루를 입힌 것이라고 말할 수 있다.

《원행을묘정리의궤》에는 화전 외에 당귀엽전·국화엽전도 있어서 찹쌀가루·당귀잎·국화잎·참기름·꿀로 재료 구성이 되어 있는데, 이것은 《시의전서》에 나타난 바대로 소금물에 적신 국화잎을 찹쌀가루에 넣고 반죽해 튀겨 낸 것이다. 궁중 화전의 영향을 받았다고 사료되는 반가 조리서에 나타나는 화전이 시대별로 어떻게 전개되었는가를 살펴봄으로써 화전 만드는 법은 더욱 명료해질 것이기 때문에 이를 소개한다.

— 《음식지미방》(1598~1680)

• 전화법: 찹쌀가루에 거피한 메밀가루를 조금 넣고 두견화·장미화·출단화 꽃을 많이 넣은 다음 눅게 말아 끓는 기름에 뚝뚝 떠 넣어 바삭하게 튀겨서 한 김 나간 다음 꿀을 얹어 쓴다.

— 《주방문》(1800년대 중반)

• 화전: 찹쌀가루와 메밀가루를 1:2의 비율로 하여 반죽한 후 튀겨 내는데, 버석버석하며 누릇하게 지져 더울 때 꿀에 재웠다 꺼낸다. 진달래꽃을 많이 섞어야 좋다.

— 《시의전서》(19세기 말경)

• 화전: 찹쌀가루에 끓은 소금물로 바슬바슬하게 반죽하여 화전 접시굽에 명주수건을 펴서 반죽을 펴 담아 집을 때 밤소를 박은 다음 족집게로 가는 살을 잡아 지져 집청한 후 계핏가루와 잣가루를 뿌린다. 당귀잎·국화잎은 살짝 적셔 찹쌀가루를 묻혀 기름에 띄워 지져 낸다. 두견화 장미화를 넣을 때

는 많이 넣어야 좋고 국화는 많이 넣으면 쓰다.

―《부인필지》(1915)

• 화전: 찹쌀가루에 끓은 소금물로 반죽하는데 두견화·장미화는 많이 넣고 반죽하고, 국화는 많이 넣으면 쓰기 때문에 적게 넣어 반죽한다.

―《조선무쌍신식요리제법》(1924)

• 차전병: 찹쌀가루를 냉수에 반죽하여 묽게 만든 다음 지짐질 냄비에 기름을 발라 가며 얇게 부친다.

• 돈전병: 이것은 차전병처럼 만들되 돈 모양으로 작고 둥글게 하여 지진 후에 꿀을 발라 먹는다.

• 대추전병: 차전병을 만들 때 씨를 없앤 대추를 콩알만큼씩 썰어 꽃모양으로 박아서 지진다.

• 두견전병: 찹쌀가루를 만들어 삶은 밤에 꿀을 섞어 으깨어 소를 넣은 후 차전병과 같이 지질 때 술을 따서 없앤 두견꽃을 대추 박듯 한다.

• 화전: 전병 만드는 방법과 같다. 다만 접시만큼 크게 부쳐 1치 5푼 길이로 썰어 설탕을 묻힌다. 끓는 물에 반죽한다. 두견과 장미는 많이 넣어도 좋지만 국화는 많이 넣으면 쓰다. 화전이나 꽃전은 이름은 같으나 모양이 다르기 때문에 각각 기록한다.

• 꽃전: 찹쌀가루를 끓는 물에 반죽하여 작은 밤알만큼씩 떼어서 둥글게 빚은 다음 손가락 끝으로 구멍을 파고, 두 손가락으로 이리저리 꼬집어서 우둘투둘한 것이 마치 꽃봉오리 피어 나오는 것처럼 만들어 기름에 띄어 지진다. 여기에 설탕을 뿌리는데 반죽할 때 희게도 하고 색으로 물들여 여러 가지로 색스럽게 반죽하여 지진다.

— 《조선요리제법》(1930)

• 찰전병: 찹쌀가루를 냉수에 반죽하여 숟가락으로 떠서 쏟아 보아 겨우 흘러 떨어질 만큼 반죽을 묽게 하여 번철에 기름을 바르고 얇게 지진다.

• 돈전병: 찰전병과 같은 것인데 모양만 적게 하고 대추는 얇게 저며서 꽃 모양으로 붙여서 지져 내어 꿀이나 설탕에 찍어 먹는데 크기는 종지 아구리만 하다.

• 석류병: 찹쌀가루를 끓는 물에 되게 반죽하여 도토리만큼씩 떼어서 둥글게 빚은 다음 손가락 끝으로 구멍을 파서 골무처럼 만든 후 손가락 끝에 꿰어 두 손가락으로 이리저리 집어 우둘투둘하게 하여 꽃봉오리와 같이 만들어 기름에 띄워 지져 설탕을 뿌린다. 반죽할 때 여러 가지로 색을 들여서 지져 낸다.

• 화전: 찰전병을 크게 부치고 대추는 채 쳐서 뿌리고 국화 잎사귀나 두견꽃·장미꽃을 펴 붙여서 지진 다음 1치 길이 5푼 넓이로 썰어서 설탕을 묻힌다. 또는 찰전병을 작은 보시기의 아구리만큼씩 부쳐서 쪘어서 만든 삶은 밤에 계핏가루와 설탕을 넣어 소로 만든 후에 전병에 넣고 접은 다음 가장자리를 맞붙여 반달 모양으로 해서 합에 담아 설탕이나 꿀에 찍어 먹는다.

— 황혜성, 《한국요리백과사전》(1976)

• 두견화전: 찹쌀가루에 소금을 넣고 연하게 익반죽하여 직경이 4센티미터 정도 되게 납작납작하게 빚어 번철에 기름을 두르고 지진다. 한쪽이 익으면 뒤집어 진달래 꽃잎을 붙여 타지 않을 정도로 지져서 뜨거울 때 설탕을 뿌린다.

• 화전: 찹쌀가루를 삼색(감국잎 식용물감·식홍·식청)으로 익반죽하여 동그랗게 빚고 씨를 뺀 대추는 채 썰어 위에 놓아 가며 지져 내어 식기 전에 설탕을 뿌린다. 봄에는 진달래꽃, 가을에는 감국잎을 붙여서 계절의 맛을 낸다.

《음식지미방》이 나온 1500년대부터 《부인필지》가 나온 1915년까지 등장하는 화전은 많은 기름을 사용해 튀겨 낸 것으로 해석되나, 1924년의 《조선무쌍신식요리제법》에는 차전병·돈전병·대추전병·두견전병·화전·꽃전으로 분류해 꽃전은 튀김 형태로, 꽃전을 제외한 그 밖의 것들은 지짐 형태의 조리법을 택하고 있다.

《조선무쌍신식요리제법》에 소개된 이러한 화전 조리법은 1930년의 《조선요리제법》에 꽃전이 석류병으로 된 것 외에는 변함없이 이어지고 있다. 그 후 한참이 지나 황혜성의 《한국요리백과사전》(1976)에는 궁중음식의 하나로 두견화전과 화전을 소개하고 있는데, 이들은 모두 지짐 형태이다. 이상의 화전을 시대별로 분류하면 다음과 같다.

【화전의 시대별 분류도】

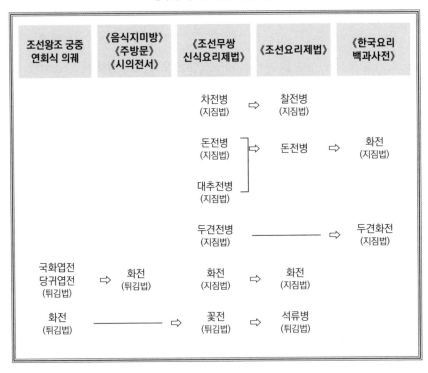

결론적으로 조선왕조 궁중연회식 의궤에 소개되고 있는 화전은 《조선무쌍신식요리제법》에 기록된 꽃전과 같은 형태이다. 그러나 황혜성의 《한국요리백과사전》의 화전은 《조선무쌍신식요리제법》과 《조선요리제법》에서 소개되고 있는 전병의 또 다른 변형이지 정통 궁중 화전은 아니다.[2]

---

[2] 김상보, 《조선왕조 궁중의궤 음식문화》(수학사, 1995) ; 《음식지미방》(1670년경) ; 《주방문》 ; 《시의전서》 ; 《부인필지》 ; 《조선무쌍신식요리제법》 ; 《조선요리제법》 ; 황혜성, 《한국요리백과사전》(삼중당, 1976).

음청 문화

　당나라를 통해 유입된 차는 고려시대에 융성한 불교의 영향 아래 음다飮
茶문화의 절정을 이루었다. 그러나 이러한 차 문화는 조선시대에 들어와 불
교가 배척되면서 세계사에 유례가 없는 사건, 즉 음다 풍습이 사라짐과 동시
에 차와 관련된 작물도 소멸되는 결과를 초래했다. 그 결과 독한 소주가 유
행하고 수정과가 보급되었으며, 심지어는 《경도잡지》(1770년대)에 '차는 거
의 대부분 북경에서 무역해서 들여오며, 있는 것은 작설차 정도이고, 궁에서
는 찹쌀미수를 마시고 이를 차라고 한다'고 소개되고 있는 바와 같이 원래의
차가 상실되면서 찹쌀미수도 차라고 부르게까지 되었다.

　《한국지》(1905)에 따르면 '차는 지극히 적은 면적에서 재배한다'고 되어
있으며, 《조선인의 의식주》(1916)에는 '음료로 차를 마시는 경우는 없다. 작
설 및 다른 잎을 쪄서 건조시킨 것 또는 약용 인삼의 잡미 등을 사용하는 경
우도 드물다. 인삼으로 끓인 차는 상류인에 한해 사용되고 있고, 일반인은 숭
늉과 물을 마신다'고 기록하고 있다. 즉 차로 불릴 수 있는 것에는 인삼차·작
설차 정도인데, 드물게 상류층만 마시고 일반 대중은 숭늉과 물을 마신다는
이야기이다. 이는 당시의 열악한 차 문화를 잘 보여 준다.

　조선왕조의 궁중에서는 작설차와 어다御茶라 하여 인삼·귤피·생강을 조
합해 만든 차를 마셨으며, 대부분의 음료는 세면細麵·청면淸麵·화면花麵·

수면水麵·수단水團·수정과水正果·가련수정과假蓮木正果·화채花菜·상설고霜雪膏·숙실과熟實果와 같은 음청류를 마시고 아울러 앞서 말한 찹쌀미수도 음료로서 마셨다. 이러한 조선시대의 풍습에 대해 《조선의 제佛》에서는 다음과 같이 적고 있다.

손님이 와도 조선의 풍속에서는 다과를 권하는 일은 없다. 차는 일반적으로 마시지 않는다. 옛날 귀족과 승려계급 일부가 애용하였다. 이것은 전다煎茶와 같은 것인데, 용도는 정신을 맑게 할 목적이었기 때문에 전하는 방법도 약과 마찬가지로 충분히 전하여 사용하였던 것 같다. ...... 바위틈에서 나오는 물을 약수라고 한다. 인조의 청량음료로서는 수정과와 식혜가 있다. 수정과는 곶감을 꿀물에 넣은 것이고, 식혜는 발효된 술을 물에 희석해 여기에 꿀을 첨가하고 잣과 과일을 띄운 것으로 일반 민가의 최상의 음료이다.

반가 조리서에 나타나는 음청류 찬품은 다음과 같다.

• 《도문대작》(1611): 작설차(순천의 것이 가장 좋고 변산 것이 다음간다).
• 《산림경제》(1715년경): 작설차, 기국차杞菊茶(들국화·구기자·차순·참깨·소금·참기름), 청천백석차淸泉白石茶(호두·잣가루·밀가루), 매화차(매화꽃·밀랍·꿀·끓인 물), 유자차(생유자·배·잣), 산사차山査茶(산사·꿀물·잣), 당귀차(당귀싹·꿀물·잣), 오매차烏梅茶(오매가루·꿀물).
• 《경도잡지》(1770년대): 작설차, 생강차, 귤차, 찹쌀미수(볶은 찹쌀가루·꿀물), 삼아차杉芽茶(백두산의 삼아로 만든 차. 차는 중국 북경에서 무역해 온다. 궁에서는 찹쌀미수를 마시고 이를 차라 한다).
• 《규합총서》(1815): 향설고香雪膏(문배·통후추·꿀물·생강·계핏가루·잣), 식혜법(멥쌀밥·엿기름·꿀물·대추·밤·잣·배, 식혜를 멀리 보낼 때에는

밤·대추 등을 넣어서는 안 된다).

- 《음식방문》(1800년대 중반): 화채.

- 《역주방문》(1800년대 중반): 다수茶水.

- 《윤씨음식법》(1854): 향설고, 수단, 보리수단, 오미자고, 화채.

- 《규곤요람》(연세대본, 1896): 수정과, 이숙, 춘일화채.

- 《이씨음식법》(1800년대 말): 원소병.[1]

- 《시의전서》(1800년대 말): 수정과(건시·생강·꿀물), 배숙(배·꿀물·잣),
장미화채(장미꽃·녹말가루·오미자국·잣), 두견화채(진달래꽃·녹말가루·
오미자국·잣), 순채화채蒪菜花菜(순채·녹말가루·오미자국·잣, 순채는 수련
과에 속하는 다년생 수초로서 연못에서 나는데 어린잎을 식용한다), 배화채
(배·오미자국·잣), 앵두화채(앵두·꿀물·잣), 복분자화채(멍석딸기·꿀·잣),
복숭아화채(유월도·꿀물·잣), 밀수蜜水 타는 법(볶은 참쌀가루·꿀물), 수단
(흰떡·녹말가루·꿀물·잣), 보리수단(보리·녹말가루·오미자국·잣), 식혜(멥
쌀밥·밀엿기름·꿀·유자·감·잣·석류).

- 《부인필지》(1915): 화채국(녹말·오미자국·꿀·배·잣), 향설고(문배·후
추·꿀물·생강·계핏가루·잣), 원소병(참쌀가루·설탕물·대추즙).

---

[1] 중국의 삼국시대에 하북의 원소袁紹가 만들어 먹었기 때문에 원소병(袁紹餠 또는 圓小餠, 元宵
餠)이라 한다.

가양주문화

고조리서에 등장하는 술은 대체로 세 가지로 대별된다. 청주 혹은 약주, 소주, 탁주 혹은 막걸리이다. 재료는 멥쌀·찹쌀·밀가루·누룩가루·물을 기본으로 밑술을 담고, 두 번째 덧술, 세 번째 덧술을 합해 양조하고 있다.

술을 빨리 마시기 위해 이미 만들어 놓은 술에 누룩과 곡식을 혼합해 양조하는 경우도 종종 눈에 띈다. 과하주過夏酒가 대표적인 예로서 더운 여름철 저장기간이 짧기 때문에 생겨난 술이다. 소국주·두견주·도화주·송순주 등은 봄에 양조해 여름에 마시는 술이고, 감홍로·벽향주·이강고·죽력고·계당주·노산춘·삼해주는 소주로서 역시 봄에 양조해 여름에 마셨다. 약주는 저장이 곤란해 대부분 겨울철 술로서 양조되었으며, 술 중의 술이자 연회와 제사 때에 필수적이었던 질 좋은 약주는 찹쌀에 멥쌀을 혼합해 여기에 소맥으로 만든 누룩으로 양조하였는데 과실주와 유사한 맛을 내고 황적색을 띠고 있었다 한다.

황해도 이남 특히 경성 근처에서 많이 음용되었던 약주는 10월 말에 시작해 다음 해 5월 말에 끝냈다. 술집에서 양조하는 외에 상류층의 개인 집에서도 양조하였다. 자가용 약주에는 몇 종류의 향료와 계피 등을 첨가하는 것이 통상적인 방법이었다. 양반집에서는 십수 년 동안 저장해 진중하게 사용되기도 하였으며, 부패를 막기 위해 솔잎으로 뚜껑을 덮고 육계피를 넣기도 하였다. 가장 유명한 곳이 경성과 김천, 그리고 공주였다고 한다.

소주는 소맥(밀)·누룩·멥쌀·찹쌀·기장 등으로 양조한 것으로서 각 지방에서 마셨으나 북쪽은 알코올 도수가 50도 정도, 남쪽은 30도 정도였다. 사계절 음용되었지만 가장 많이 마시는 시기는 6월에서 8월까지였다. 북쪽보다는 남쪽이 많이 마셨고 품질은 평양산이 제일 좋았다. 홍국紅麴을 술 증류 때 넣거나 소주에 꿀·설탕 등을 혼합해 마시기도 하였다.

탁주는 소맥분(밀가루)과 누룩에 찐 찹쌀과 찐 멥쌀을 합해 여기에 물을 넣고 양조한 것을 여과시킨 흰색의 탁한 액체로 일반 민중의 기호음료로서 수요량이 많았다. 부패하기 쉽기 때문에 사계절 내내 양조하였다. 그러나 가장 수요가 많던 시기는 2월에서 8월까지였다. 알코올 도수는 16~17도 또는 7도 정도였다고 한다. 노동자의 대부분은 탁주를 간식 대용으로 하였다.

이 밖에도 소주가 기본이 되어 여기에 당이나 꿀 등을 첨가한 혼성주인 홍주·감홍로·이강주, 약주와 탁주의 혼합물을 물에 희석한 백주, 찹쌀·소맥국·엿기름에 소주를 넣어 양조한 과하주 등도 있었으나 가장 수요가 많았던 것은 역시 약주·소주·탁주였다.

《조선인의 의식주》(1916)에는 당시 술의 가격과 판매량이 기록되어 있다. 가격은 약주 1되에 경성 38전, 금천 36전, 조치원 27전 5리, 공주 77전, 목포 30전, 군산 13전이었는데, 이들의 가격 차이는 품질 때문이었다. 그리고 판매량은 12월부터 다음 해 3월까지가 가장 높았으며, 하루에 경성 7말~1말 5되, 금천 6말~1섬, 조치원 8말, 공주 1섬 3말~1섬 4말이었다고 한다.

탁주는 1말에 1원이었고, 소주는 1되에 평양 75전, 남쪽의 조선은 1원 50전~1원 60전, 원산은 2원이었다. 이들 술은 양조자와 판매업자가 따로 있어서 양조자는 현주가·집주가라 하였고, 판매업자는 내외주가·목석주가·색주가·모주가·탁주가 등으로 불렀다.

【삼해주三亥酒】

일수	재료	10말 빚이
첫 해亥일	백미	2말(가루·죽)
	끓인 물	3말
	누룩가루	3되
	밀가루	1.5되
둘째 해亥일	백미	3말(가루·죽)
	끓인 물	4.5말
셋째 해亥일	백미	5말(술밥)

【사오주四午酒】

일수	재료	10말 빚이
첫 오午일	누룩가루	7되
	밀가루	7되
	냉수	4말
	백미	
둘째 오午일	백미	5말(술밥)
셋째 오午일	백미	5말(술밥)
넷째 오午일	백미	5말(술밥)

반가 조리서에 나타나는 가양주류 찬품은 다음과 같다.

• 《도문대작》(1611): 술(개성부 봉상사의 태상주가 가장 좋다. 자주는 더욱 좋고, 삭주(평안도) 것도 좋다).

• 《음식지미방》(1670년경): 누룩 다리는 법(밀기울·물), 술독 간수하는 법, 술 빚는 법(밑술: 백미 4말·물 4말·누룩가루 6되·밀가루 1.8되 | 첫 번째 덧술: 백미 6말·끓는 물 6말·누룩가루 4되·밀가루 1.2되 | 두 번째 덧술: 찹쌀 6되·멥쌀 4되·누룩가루 1되, 기본 분량은 쌀 1말에 누룩 1되, 밀가루 3홉이

다), 술을 빚어 놓고 주의할 점, 시급주時急酒(탁주·찹쌀 5되·밀가루 5홉·누룩가루 5홉), 일일주一日酒(술 1사발·누룩가루 2되·물 3말·백미 1말), 칠일주七日酒(밑술: 백미 1말·누룩 가루 1되 | 덧술: 백미 2말·끓는 물 6말·누룩가루 2홉), 사시주四時酒(밑술: 백미 1말·물 3말·누룩가루 1되 5홉 | 덧술: 백미 2말·밀가루 3홉), 하절삼일주夏節三日酒(백미 1말·물 1되·누룩가루 2되), 과하주過夏酒(찹쌀 1말·누룩가루 2되·물 1되·소주 16복자), 행화춘주杏花春酒(밑술: 백미 4말·끓는 물 10말·누룩가루 6되 | 덧술: 찹쌀 1말·밀가루 5홉), 향온주(백미 10말·찹쌀 1말·더운물 16병·누룩가루(밀가루·녹두가루) 1말 5되·엿기름 1되), 차주법(술 1병·대추 20개·잣 20개·후추 30개·꿀 1돈·계피), 송화주松花酒(밑술: 찹쌀 5말·송화 5되·끓인 물 3말·누룩가루 7되 | 덧술: 백미 10말·송화 1말·물 5말·누룩가루 3되), 이화주梨花酒(백미 1말·누룩가루(백미누룩) 3되, 배꽃이 성하게 피었을 때 담그는 술), 죽엽주(백미 10말·물 9사발·누룩가루 7되 | 덧술: 찹쌀·밀가루 1되. 7일 후면 빛깔이 죽엽 같고 맛이 향기롭다), 약산춘 10말 빚이(정월 첫 해일亥日: 백미 5말·누룩가루·물 5병, 동쪽으로 뻗은 복숭아 가지로 서너 번 저어 놓고 싸매고 거품이 생긴 것을 매일 걷어 낸다 | 2월 그믐께: 백미 5말·물 2말(덧술), 4월 초순에 뜬다), 오가피주五加皮酒(백미 5말·오가피 1말·누룩가루 5되, 통풍과 수전증을 고치는 술), 찹쌀소주(밑술: 찹쌀 1되·멥쌀 1되·정화수 40복자·누룩 4개 | 덧술: 찹쌀 1말. 7일 후에 불에 고면 16~18복자의 소주가 나옴), 밀소주(밀 1말·누룩가루 5되·냉수 1동이, 5일 후에 불에 고면 양푼이 나옴), 소주(쌀 1말·끓인 물 2말·누룩 5되).

- 《경도잡지》(1770년대): 술의 종류(소국주小麴酒·도화주桃花酒·두견주杜鵑酒), 감홍로甘紅露(평양의 명주), 이강고梨薑膏(황해도의 명주), 竹瀝膏(호남의 명주).

- 《규합총서》(1815): 소국주, 백화주, 오가피주, 삼일주, 녹파주, 감향주, 한

【옛날의 소줏고리(왼쪽)와 양조 도구들(오른쪽)】

산춘, 송순주, 송절주, 방문주, 구기주, 도화주, 연엽주, 일일주, 화향입주법 花香入酒法(술 1말·배꽃 2되·유자껍질), 두견주(정월 첫 해일(밑술): 백미 2 말·끓인 물 2말·누룩가루 1되 3홉·밀가루 3홉 | 정월 둘째 해일(덧술): 백미 3말 찹쌀 3말·물 6말·진달래꽃 1말), 일년주(정월 첫 해일(밑술): 찹쌀 1되 5 홉·누룩가루 1되·밀가루 1되 | 2월 첫 해일(첫 번째 덧술): 멥쌀 1말 | 3월 첫 해일(두 번째 덧술): 찹쌀 3말, 5~6월에 술을 떠낸다), 약주(밑술: 멥쌀 2되 5 홉·누룩가루 5홉 | 덧술: 찹쌀 5되·냉수 7주발. 삼칠일 경과 후에 불을 켜 불 이 꺼지지 않으면 익은 것이다), 과하주(밑술: 백미 2되·누룩가루 5홉 | 첫 번 째 덧술: 찹쌀 1말 | 두 번째 덧술: 소주, 술 1말에 소주 20복자를 넣는다. 7일 만에 뜬다), 소주(밑술: 찹쌀 1되·멥쌀 1되·누룩가루 9되·끓인 물 8되 | 덧술: 찹쌀 2되, 7일 후 소줏고리에 앉혀 소주를 만든다. 소줏고리에 앉힐 때 홍곡· 계피·사향·지초 등을 소줏고리 부리에 넣고 고는데, 참나무나 보릿짚으로 때서 곤다), 술의 신맛 없애는 법(붉은팥 1말을 볶아 전대에 담아 술항아리 가운데 넣어 두면 신맛이 곧 걷힌다).[1]

---

[1] 김상보, 《한국의 음식생활문화사》, 437~438쪽, 광문각, 1997.

참외를 즐겨 먹었던 조선사회

여름 과일로서 빼놓을 수 없는 참외는 가히 우리 민족의 과일이라 할 만하다. 《조선인의 의식주》(1916)에 따르면 당시 참외 생산량은 2,000만 관으로서, 여름에는 참외로 주식을 대용하는 일도 있었다고 한다. 그리고 《조선만화》(1909)에는 참외 식용에 대해 이렇게 기록하기도 했다.

조선의 참외는 대단한 산물이다. 7월 초부터 8월 내내 '참외 사려' 하는 소리가 문 앞에서 끊이지 않는다. 참외가 나오면 한인가의 쌀집은 매상이 70퍼센트나 떨어진다고 한다. 하층계급의 조선인은 밥 대신에 참외를 먹고, 참외 먹기 내기를 한다. 진 사람은 이긴 사람이 먹는 참윗값을 지불하는 것이다. 그럴 경우 참외를 20개나 먹기도 한다고 하니 대단한 폭식이다. 일본인의 경우 8월 가장 더운 철에 참외 1개를 먹어도 즉시 병원에 가게 되지만, 조선인은 아무리 먹어도 병원에 갔다는 소리를 들어 보질 못하였다. 그들은 말하기를 '참외는 곧 소변으로 나오고 대변통도 좋게 하는 음식이다'라고 한다.

조선인이 1년 중 가장 애식하고 폭식하는 것은 참외다. 밤도 많이 나오지만 1되에 20전 정도 하기 때문에 조선인의 생활 정도로는 배불리 먹을 수 없다. 하지만 참외는 여름 한철 일시에 나오기 때문에 싸므로 누구도 만족할

만큼 먹을 수 있다. 길을 걸어
가면서도 먹고, 길가에 쭈그리
고 앉아서도 먹는다. 참외는 시
중 도처에서 판다. ……조선인
은 여름에 참외로 살아가는 것
이다. 조선 왕이 조정의 신하 모
두에게 참외를 하사하는 상례
에 따라 올해도 많은 하사가 있
었다. 지독히 맛이 없어서 일본
인은 먹을 수 없는데, 조선인은
익지 않은 딱딱한 참외를 팔고
있다. 참외가 연해지면 안 된다
고 한다. 조선인이 설사가 나지

【농부가 참외를 먹고 있는 모습(구한말)】

않는 것은 딱딱한 것만 먹기 때문일 것이다. 조선의 산물은 오곡을 제외하면
참외와 밤이다.

참외는 민중의 과일이었고, 그에 버금가는 것이 밤으로서 이 둘은 우리 민
족을 대표하는 과일이었다. 그러므로 길가 도처에서 참외장수의 목소리를
듣는 것은 아주 흔한 일이었던 것이다.

반가 조리서에 나타나는 과일류 찬품은 다음과 같다.

• 《도문대작》(1611): 천사이天賜梨(강릉 배가 가장 좋다), 금색이金色梨
(정선 배가 가장 좋다), 현이玄梨(평안도 배가 가장 좋다), 홍이紅梨(석왕사
배가 가장 좋다), 대숙이大熟梨(문배, 황해도 곡산, 강원도 이천의 것이 가장

| 참외를 즐겨 먹었던 조선사회 |

좋다), 금귤(제주산이 좋다), 감귤(제주산이 좋다), 청귤(제주산이 좋다), 감자柑子(제주산이 좋다), 유감柚柑(제주산이 좋다), 유자(제주산이 좋다), 감류甘榴(석류. 전라도의 영암·함평의 것이 가장 좋다), 조홍시早紅枾(온양산이 좋다), 각시角枾(경기도 남양산이 좋다), 오시烏枾(지리산의 것이 가장 좋다), 밤(상주와 밀양의 밤이 가장 좋다), 죽실竹實(대나무열매. 지리산의 것이 좋다), 대추(보은 것이 좋다), 앵두(평안남도 저자도 것이 좋다), 당행唐杏(살구, 서울 서교, 즉 자하문 밖의 것이 좋다), 자두(삼척·울진 것이 좋다), 황도(춘천·홍천 것이 좋다), 녹이綠李(서울 자하문 밖의 것이 좋다), 반도盤桃(복숭아, 시흥·과천의 것이 좋다), 승도僧桃(복숭아, 전주·일경의 것이 좋다), 포도(신천의 것이 좋다), 서과西瓜(충주·원산 것이 좋다), 첨채甛菜(참외, 의주 것이 좋다), 모과(경북 예천 것이 좋다), 달복분達覆盆(산딸기, 함북(申山府) 것이 좋다).

- 《음식지미방》(1670년경): 수박 저장하는 법(독·쌀겨), 동아 저장하는 법(독·쌀겨), 복숭아 저장하는 법(독·밀가루죽·소금).

- 《산림경제》(1715년경): 청매 수장법(동청銅靑의 고운 가루를 납설수에 풀어 담가 둠), 도자桃子 수장법(소금 간한 밀가루죽 속에 수장함), 임금林檎(능금) 수장법(임금을 짓이겨 같은 양의 물에 넣고 항아리에 담아 임금을 수장함), 대추 수장법, 포도 수장법(술독에 담아 포도를 넣고 밀봉함), 연자蓮子 수장법, 능각菱角(마름) 수장법, 첨과甛瓜(참외) 수장법, 이자梨子(배) 수장법(항아리에 담아 그늘진 곳에 둠), 감귤 수장법(참깨 또는 녹두와 섞어 두면 변치 않음), 해송자海松子 수장법(방풍防風으로 덮어 두면 찌들지 않고 방풍도 상하지 않는다. 또는 성근 포대에 잣을 넣어 통풍이 잘되는 것에 매달아 둔다), 인仁(살구씨) 수장법(묵은 인을 쪄서 겉껍질을 버리고 속의 인을 꺼내어 대의 속껍질 위에 놓고 불을 쬐면 햇것과 같다), 호두 수장법(성근 포대에 담아 바람이 잘 통하는 곳에 매달아 둔다), 율자栗子(밤) 수장법(볶

은 모래를 사기그릇에 담고 여기에 밤을 수장함. 또는 소금물에 담갔다가 건져 말려서 참깨와 함께 수장함), 홍시 수장법(굴참나무 잎으로 한 개씩 싸서 싸리그릇에 담아 둠, 또는 끓여서 식힌 소금물에 담가 두거나, 단단하게 얼려서 빙고氷庫 속에 넣어 둠), 석류 수장법(가지째 꺾어 새 항아리에 넣고 종이로 열 번 이상 밀봉함).

• 《경도잡지》(1770년대): 추향秋香(배, 황해도 해주와 봉산 것이 좋다), 월화月華(감, 경기도의 남양과 안산 것이 좋다), 귤유(귤·유자, 제주도 것이 좋다), 석류(남쪽 산이 좋다), 승도僧桃(털 없는 복숭아, 울릉도 것이 좋다), 유월도(털이 많고 조숙한 복숭아, 울릉도 것이 좋다).

• 《시의전서》(1800년대 말): 밤 삶는 법(밤을 삶을 때 유지를 같이 넣어 삶으면 껍질이 저절로 벗겨진다), 은행 삶는 법(은행을 삶을 때 유지를 같이 넣어 삶으면 껍질이 저절로 벗겨진다), 호두 다루는 법(호두를 속껍질까지 벗겨 바싹 말려 다지면 잣가루 대신으로 쓸 수 있다), 낙화생 다루는 법(낙화생을 곱게 다져도 잣가루와 같다), 생감침 하는 법(항아리에 생감을 넣고 따끈한 물을 부은 다음 감잎으로 덮어 봉해서 더운 곳에 이불로 싸서 둠), 생실과의 조류(생률·은행·자두·대추·황률·사과·배·건시·능금·연시·참외·포도·유자·수박·감자·오얏·석류·살구·호두·앵두·잣·복분자, 배는 쪄서 잣을 박고 청하기도 한다. 건시는 접어 잣을 박는다).[1]

---

[1] 김상보, 《한국의 음식생활문화사》, 419~422쪽, 광문각, 1997.

시식과 절식 문화

해마다 같은 시기에 주기적으로 반복되는 전승적 행사로서 개인적 행사가 아닌 집단적 공동 관습이 있다. 이러한 관습을 우리나라에서는 세시풍속이라 부르고, 중국에서는 세시 또는 월령月令이라 하며, 일본에서는 연중행사라 하고 있다.

사계절의 변화가 뚜렷한 우리나라에서는 한 해의 벼농사를 시작할 때나 벼의 생장이 진행 중인 봄과 여름에 작물의 무사한 생장을 빌었으며, 가을철 추수기에도 수확에 감사하는 제의가 있었는데 이러한 것들은 하나의 농경의례로 정착되었다. 농민들의 생활에서 농경의례는 지배적 생활관습이 되어 내려왔고 민간신앙은 연중행사의 근간적 구실을 하였다.

농경의례로는 여름철에 단오제·농신제·유두제·풋굿·기우제 등이 있고, 가을철이 되면 수확에 앞서 천신이 있으며, 모든 수확이 끝나면 제천의식이 있다. 연중행사 중에서도 농경의례의 요소를 포함하고 있는 것이 대단히 많다. 대표적인 것이 음력 12월부터 정월 상원上元을 중심으로 거행되는 예축의례豫祝儀禮이다. 1년을 통해 생산노동의 과정과 그 중간에 해당하는 휴식적 과정은 지역의 풍토에 알맞게 전승적으로 형성되어 왔다. 이것이 곧 세시풍속이다. 세시풍속은 그때그때 시대에 따라 변천해 왔고 지금 이 순간에도 변해 가고 있다.

한편 농경의례와 관련된 세시식歲時食은 농경의례와 음식생활문화를 연결시켜 주는 대표적인 집단의례이다. 조선왕조 중기 및 후기의 시식과 절식을 고문헌을 통해 살펴보고자 한다.[1]

— 《도문대작》(1611) 중 〈서울의 시식〉

- 봄: 애고艾糕(쑥떡), 유엽병楡葉餠(느티잎떡), 두견전(두견화전), 이화전(배꽃화전).
- 여름: 장미전, 수단水團, 쌍화雙花, 소만두小饅頭.
- 가을: 경고瓊糕(두텁떡), 국화병, 시율나병柿栗耰餠(곶감과 밤이 든 찰떡).
- 겨울: 탕병(떡국).
- 사시四時: 증병(증편), 월병(달떡), 삼병蔘餠, 송고유밀松膏油密(송기떡), 설병舌餠(개피떡), 자병煮餠(전병).

— 《경도잡지》(1770년대)

- 원일元日: 병탕(떡국, 흰떡·꿩고기·후춧가루), 산개山芥와 신감채를 진상.
- 상원上元(정월대보름): 약반藥飯(나미반糯米飯(찹쌀밥)·대추·건시·밤·잣(海松子)·봉밀·참기름(胡麻油)·진장) | 작절嚼癤(맑은 새벽에 생률과 나복蘿蔔(무)을 씹으면서 1년이 무사하기를 '일년십이삭무사태평一年十二朔無事太平'이라고 축원한다) | 치롱주治聾酒(귀를 맑게 하기 위해 소주 1잔을 마신다) | 상원채上元菜(볕에 말린 과노瓜顱(박오가리), 가피茄皮(가지), 나복을 끓여 먹으면 더위에 앓지 않는다 한다) | 백가반百家飯(소아나 병을 앓고 마른 사람은 상원에 100집에서 밥을 얻어 절구에 타고 개와 대좌해 개에

[1] 김상보, 《한국의 음식생활문화사》, 183~184쪽, 광문각, 1997.

게 한 숟가락을 먹이고 자신이 한 숟가락을 먹으면 다시는 앓지 않는다 한다).

- 중삼重三(3월 3일=삼짇날): 두견화전(찹쌀가루·두견화·참기름).
- 사월 초파일(4월 8일): 느티잎떡·삶은 콩·데친 미나리로 손님에게 소찬을 베푼다.
- 유두流頭(6월 15일): 수단水團(분단粉團, 꿀물로 만드는데 이것을 유두음流頭飮이라 한다).
- 복날: 구장狗醬(개고기·파·달걀(수육)) │ 개고기탕(개고기·고춧가루(蕃椒屑)).
- 중구重九(9월 9일): 국화전(찹쌀가루·국화·참기름).
- 마일馬日(10월 5일): 적두병赤豆餠을 쪄서 마구간 가운데 놓고 말의 건강을 빈다.
- 동지冬至: 동지죽(찹쌀가루·적두죽·봉밀).
- 납일臘日: 납저臘猪를 잡아 진공한다. 황작(노란 참새)을 잡아 진공한다.

―《동국세시기》(1849)

- 정월: 신세차례新歲茶禮, 세찬歲饌과 세주歲酒, 백병(멥쌀가루로 만든 떡), 병탕(흰떡·소고기·꿩고기·고춧가루), 증병(멥쌀가루를 발효시켜 만든 떡), 진산채進山菜(움파·산갓·신감채를 진상한다).
- 정월대보름: 약반, 적두죽, 작절嚼癤(맑은 새벽에 생률·호두·은행·잣·만청근蔓菁根(무)을 씹으며, 1년 12달 무사태평과 부스럼이 나지 않고 이가 튼튼할 것을 기원한다), 치교齒較(소년 소녀와 남녀가 엿을 깨어 먹는다), 유롱주牖聾酒(청주 한 잔을 마신다. 귀밝이술), 진채식(박오가리·버섯 말린 것·콩나물·갓잎·무 말린 것을 진채라 한다. 호박·가지껍질·갓잎을 말려서

삶아 먹으면 더위에 병을 앓지 않는다 한다), 복리福裏(채엽菜葉과 김으로 밥을 싸서 먹는다. 추위에 견딜 수 있다 한다). 오곡잡반(종일 이것을 먹는다).

- 2월 15일: 송병松餠(이삭을 털어 내지 않은 곡식(禾竿穀)으로 송편을 만들어 노비들에게 나이대로 먹인다. 이날을 노비일이라고도 한다).

- 3월 3일(삼짇날): 두견화전(찹쌀·진달래꽃·참기름), 화면(녹두가루·오미자물·꿀·잣), 수면(녹두면·꿀물), 탕평채(녹두묵·돼지고기·미나리순·김·초장), 수란(달걀·초장), 웅어회(웅어를 잡아 진상하기도 하고 회를 만들어 먹기도 한다. 웅어를 자어告魚라고도 한다), 복어국(복어·청미나리·유장), 서여중식薯蕷蒸食(찐마·꿀), 과하주(소국주·두견주·도화주·송순주 등은 봄에 양조해 여름에 마신다), 소주(관서지방: 감홍로甘紅露·벽향주碧香酒 ｜해서지방: 이강고梨薑膏 ｜호남지방: 죽력고竹歷膏·계강주桂薑酒 ｜호서지방 노산춘魯山春(공덕孔德의 옹막甕幕에서 삼해주三亥酒를 만든다. 봄에 양조해 여름에 마신다)), 산병(개피떡), 환병環餠(청호원병菁蒿圓餠, 큰 것은 마제병馬蹄餠이라 한다), 증병甑餠(찹쌀·대추살), 사마주四馬酒(오일午日마다 네 번 양조하면 봄이 지나야 익는다. 1년이 지나도 변치 않는다).

- 4월 8일: 자두, 증병(멥쌀가루·막걸리·콩·대추살·당귀잎가루), 장미화전, 어채(생선·국화잎·실파·석이버섯·전복·달걀), 어만두(생선·소고기·채소·초장), 석남엽증병石南葉甑餠, 소찬.

- 5월 5일(단오): 술의戌衣(멥쌀가루·쑥), 침장沈醬.

- 6월 15일(유두): 유두연, 수단水團(멥쌀가루·꿀물·잣), 건단乾團(꿀물에 넣지 않은 떡), 상화병霜花餠(밀가루·소(콩·깨·꿀)), 연병連餠(연면碾麵·오이소(기름에 튀긴 것)) ｜연면·소(콩·들깨·꿀)), 유두면(밀가루, 구슬 모양으로 만들어 악신을 예방).

- 삼복: 구장狗醬(삶은 개·파·달걀), 개고깃국·고춧가루·백반(발한하면

더위를 물리칠 수 있다 하여 보허補虛한다고 한다), 복죽(적소두죽).

• 하월시식: 밀국수(밀국수·호박·닭고기·깨국탕), 백병찜(흰떡·호박·돼지고기), 밀전(밀가루·호박·기름), 미역밀국수(밀국수·닭고기미역국).

• 8월 15일(추석): 신주(햅쌀로 술을 빚는다), 송병松餠, 나복청근 증병(멥쌀가루·무), 남과증병(멥쌀가루·호박), 인병引餠(찹쌀·고물(검정콩·콩가루·깻가루)), 밤단자(찹쌀가루·꿀·밤고물), 토란단자.

• 9월 9일: 국화전(찹쌀가루·황국화), 화채(배·유자·석류·실백자·꿀물).

• 10월 오일午日(말날): 붉은팥시루떡.

• 10월 1일~15일: 내의원에서 우유락牛乳酪을 만들어서 나라에 진상하고, 기로소에서도 이것을 만들어서 모든 기신耆臣에게 정월 보름까지 공양한다.

• 10월 상월上月: 무당을 데려다가 떡과 과일을 준비해 성조지신成造之神에게 안택安宅 기도를 올린다.

• 10월 1일: 난로회(소고기에 간장·참기름·달걀·파·마늘·고춧가루를 조합한 불고기를 숯불 피운 화로에 올려서 석쇠구이를 하여 화로에 둘러앉아 먹는다. 추위를 막는 시식이다. 옛날부터 전해 내려오는 '난란회'이다).

• 10월: 열구자탕 혹은 신선로(소고기·돼지고기·여러 가지 나물·고채·훈채·달걀·장국), 만두(밀가루·소(채소·파·닭고기·돼지고기·소고기·두부)·장국), 변씨만두卞氏饅頭(밀가루로 반죽해 세모지게 만든 것을 변씨만두라 한다. 이것은 변씨가 시작한 것으로 그의 성을 따서 얻은 명칭이다), 연포軟泡(두부와 닭고기로 만든 국), 애탕艾湯(쑥의 싹·소고기·달걀로 만든 국), 애단자艾團子(어린 쑥·찹쌀가루·꿀·콩가루고물), 밀단고密團糕(찹쌀가루·꿀), 강정(찹쌀가루·술·기름·고물(볶은 흰깨·검정깨·콩가루·송홧가루), 오색강정, 송화강정, 매화강정), 침저沈菹(만청·배추·마늘·고추·소금), 잡저雜菹(석박지, 무·배추·마늘·생강·고추·청각·전복·굴·조기·새우젓·소금), 장저醬菹(장김치, 무·배추·미나리·생강·고추·간장).

• 동짓달: 동지적두죽(동짓날에 적두죽을 먹음. 부정을 제거하는 의미가 있다), 전약(계피·후추·당밀·우피牛皮), 천청어靑魚(동짓날에 청어를 종묘에 올리고, 가묘에도 청어를 올린다), 골동면(국수·잡채·배·밤·소고기·돼지고기·참기름·간장), 골동갱(여러 가지 재료를 골고루 섞어 끓인 국), 골동지반(반飯·자鮓·포脯·회膾·구이), 냉면(메밀국수·무김치·배추김치·돼지고기), 동침冬沈(동치미, 작은무·물), 수정과(건시·생강물·계핏가루·잣).

• 12월: 납육臘肉(납저臘猪와 황작黃雀), 납향臘享(동지 뒤 세 번째 오일 午日(말일)을 납일로 하여 묘사廟社에 대향을 지낸다), 납설수臘雪水(납일에 내린 눈을 녹여서 약용으로 하거나 김치에 넣으면 벌레가 생기지 않는다), 세찬歲饌(친지의 집에 생치·건시 등을 보내는데, 이것을 궤찬饋饌·궤세饋歲 라고도 한다).[2]

² 김상보,《한국의 음식생활문화사》, 441~448쪽, 광문각, 1997.

참고문헌

고문헌

《경국대전》,《경도잡지》,《고려사》,《고려사절요》,《광례람》,《규곤요람》,《규합총서》,《도문대작》,《동국세시기》,《동국이상국집》,《동언고략》,《동의보감》,《명물기략》,《목민심서》,《목은집》,《벽온방》,《본초강목》,《부인필지》,《사례집의》,《사례편람》,《산림경제》,《성재집》,《성호사설》,《송남잡식》,《수문사설》,《수작의궤》,《시의전서》,《양촌집》,《여유당전서》,《역주방문》,《열양세시기》,《영접도감의궤》,《오주연문장전산고》,《옹회잡지》,《용재총화》,《원행을묘정리의궤》,《윤씨음식법》,《음식방문》,《음식지미방》,《이순록》,《이씨음식법》,《임원십육지》,《자경전진작정례의궤》,《전원사시가》,《조선무쌍신식요리제법》,《조선부》,《조선왕조실록》,《조선요리제법》,《조선요리학》,《주방문》,《주식시의》,《증보문헌비고》,《증보사례편람》,《증보산림경제》,《진연의궤》,《진작의궤》,《진찬의궤》,《청장관전서》,《해동제국기》,《해동죽지》,《향약구급방》,《훈몽자회》.

현대문헌

강수기 외 2인,《김치》, 농민신문사, 1995.

거자오구앙(葛兆光), 심규호 역, 《도교와 중국문화》, 동문선, 1993.

권삼문·김영순, 《향촌의 유교의례와 문화》, 민속원, 2003.

김상보, 《조선왕조 궁중연회식의궤 음식의 실제》, 수학사, 1995.

김상보, 《조선왕조 궁중의궤 음식문화》, 수학사, 1995.

김상보, 《음양오행상으로 본 조선왕조의 제사음식문화》, 수학사, 1996.

김상보, 〈수원시의 식생활문화〉, 《수원시사》, 수원시, 1997.

김상보, 《한국의 음식생활문화사》, 광문각, 1997.

김상보, 〈17~18세기 조선왕조 궁중연향음식문화〉, 《조선후기 궁중연향문화》(권1), 민속원, 2004.

김상보, 《조선왕조 궁중음식》, 수학사, 2004.

김상보, 〈19세기 조선왕조 궁중연향음식문화〉, 《조선후기 궁중연향문화》(권2), 민속원, 2005.

김상보, 〈20세기 조선왕조 궁중연향음식문화〉, 《조선후기 궁중연향문화》(권3), 민속원, 2005.

김상보·장철수, 〈조선중기 한일 관계에서의 교역 물품과 일본사신 접대〉, 《한국식생활 문화학회지》(Vol. 13, No. 4), 한국식생활문화학회, 1998.

김상보·장철수, 〈조선통신사를 포함한 한일 관계에서의 음식문화 교류〉, 《한국식생활 문화학회지》(Vol. 13. No. 5), 한국식생활문화학회, 1998.

문옥표 외, 《조선시대관혼상제》(1), 한국정신문화연구원, 1998.

서윤길, 《한국불교사상연구》, 불광출판사, 1994.

서정록, 《백제금동대향로》, 학고재, 2001.

안길정, 《관아를 통해서 본 조선시대 생활사》, 사계절, 2000.

와타나베 쇼코(渡辺照宏), 한경수 역, 《불교사의 전개》, 불교시대사, 1992.

이능화, 《조선여속고》, 동문선, 1990.

이성우, 《한국식품사회사》, 교문사, 1995.

이성우, 《한국요리문화사》, 교문사, 1999.

이성우·김상보 외, 《식과 요리의 세계사》, 동명사, 1991.

이영화, 《조선시대 조선사람들》, 가람기획, 2003.

이익, 최석기 역, 《성호사설》, 한길사, 1999.

장철수, 《한국의 관혼상제》, 집문당, 1995.

편무영, 《한국불교민속론》, 민속원, 1998.

한국고문서학회 편, 《조선시대 생활사》, 역사비평사, 2000.

허균, 《사찰장식, 그 빛나는 상징의 세계》, 돌베개, 2000.

황혜성, 《한국요리백과사전》, 삼중당, 1976.

황혜성, 《한국의 요리, 궁중음식》, 삼중당, 1988.

—— **중국문헌**

《가례》, 《거가필용》, 《남사》, 《논어》, 《맹자》, 《북사》, 《삼국지》, 《선화봉사
고려도경》, 《수서》, 《양서》, 《예기》, 《위서》, 《음선정요》, 《의례》, 《전국책》,
《제민요술》, 《주서》, 《진서》, 《한서》, 《후한서》.

—— **일본문헌**

《料理物語》, 1647.

如因居士, 《朝鮮雜記》, 春祥堂, 1894.

薄田新雲 外 1人, 《朝鮮漫畫》, 日韓書房, 1909.

岡助, 《京城繁昌記》, 博文社, 1915.

村上唯古, 《朝鮮人の衣食住》, 大和上會圖書出版部, 1916.

朝鮮總督府, 《朝鮮事情》, 1922.

西村真太郎, 《朝鮮の弟》, 朝鮮警察協會, 1923.

內藝八十八,《古蹟と風俗》, 朝鮮事業及經濟社, 1927.

清水星丘,《朝鮮料理を前たして》, 1928.

韓東龜,《韓國の冠婚喪祭》, 國書刊行會, 1974.

菊地勇次郞,〈大饗と魚島料理の發達〉,《世界の食べもの(12)》, 朝日新聞社, 1984.

諸橋幟次,《大漢和辭典》, 大修館書店, 1986.

黃慧性·石毛直道,《韓國の食》, 平凡社, 1988.

張光直,《中國靑銅時代》, 平凡社, 1989.

《たべもの日本史總覽》, 新人物往來社, 1993.

金尙寶,〈東アジアにおける儀禮的饗宴〉,《國立民族學博物館硏究報告》(19卷 1号), 1994.

—— 이미지 출처

공유마당, https://gongu.copyright.or.kr/gongu/main/main.do

국립중앙박물관, https://www.museum.go.kr/site/main/home

문화포털, https://www.culture.go.kr/index.do

조선의 밥상

우리의 밥상은 어떻게 만들어져 왔을까

초판 1쇄 펴낸 날 | 2023년 7월 21일

지은이 | 김상보
펴낸이 | 홍정우
펴낸곳 | 도서출판 가람기획

책임편집 | 김다니엘
편집진행 | 홍주미, 박혜림
디자인 | 이예슬
마케팅 | 방경희

주소 | (04035) 서울시 마포구 양화로7안길 31(서교동, 1층)
전화 | (02)3275-2915~7
팩스 | (02)3275-2918
이메일 | garam815@chol.com

등록 | 2007년 3월 17일(제17-241호)

© 도서출판 가람기획, 김상보, 2023
ISBN 978-89-8435-581-1 (03910)